무역학 연습

무역학 연습

무역학 연습

박영기 지음

머리말

　무역학은 경제학과 경영학, 그리고 무역학만이 가지고 있는 무역실무 분야를 포함해 종합적인 성격을 가지고 있습니다. 그러다 보니 무역학은 그 분량의 방대함은 물론 각각의 각론에서 그 내용을 이해하는 데 어려움 또한 있는 것이 사실입니다.

　무역학 연습은 무역학의 기초를 이해하고자 하는 이들에게 도움을 주기 위해 만들었습니다. 물론 몇몇 정부와 공공기관에서 무역학을 시험과목으로 하고 있거나 국제무역사와 무역영어 등의 자격시험을 준비하고 있는 학생들에게 문제와 상세한 해설을 통해 무역학의 기본원리를 이해하고, 지식과 정보를 자기화할 수 있도록 길잡이 역할을 제공하기 위한 것이기도 합니다. 또한 사이버평생교육원의 무역학개론의 학습내용을 점검하기 위한 것이기도 합니다.

　다른 학문도 마찬가지이겠지만 특히 무역학의 경우에는 기초이론의 정확한 이해가 무엇보다 선행되어야 하며, 그러하기에 무역학원론과 같은 기본교재를 여러 번 검토한 후에 연습문제 풀이를 통하여 정리하는 것이 바람직할 것입니다.

　무역학 연습에 수록된 문제는 각종 무역학원론 서적과 기존의 무역학 기출문제와 관련 교재, 대학에서 강의를 위해 준비했던 자료, 그리고 신세계I&C사이버평생교육원에서 저자가 출제하였던 출제문제를 기본으로 하였기 때문에 기출문제와 그에 대한 해설이 아니라 이런 것들을 토대로 하여 만들어진 새로운 문제입니다.

　무역학 연습에 수록된 문제를 풀어 보고, 해설을 검토해 봄으로써 무역학에서 알려주고자 하는 기초적인 내용에 대한 이해도를 높일 수 있을 것입니다. 또한 무역학과 관련한 시험을 준비하는 데 도움이 될 것이라 생각합니다. 또한 시험 준비를 해왔던 내용을 점검해 볼 수 있는 기회로 활용할 수 있으며, 단기간에 핵심문제와 내용을 검토해 볼수 있는 기회로도 활용될 수 있을 것입니다.

　집필을 마치고 보니 부족한 점이 많아 보입니다. 더욱더 내실을 기해야겠다는 점이 마음에 닿습니다. 앞으로 더욱 학문에 정진하여 부족한 부분을 채워나가 내실 있는 무역학연습으로 거듭나겠습니다. 혹시라도 각각의 문제와 해설에 오타나 오류가 있다면 저자에게 전적으로 책임이 있으며, 여러분의 혜량과 지도편달을 부탁드립니다.

2013년 7월
저자 박영기

목차

제1부
심화편

제1장 무역과 환율, 국제수지

1. 다음 중 유형무역의 거래 대상에 해당하는 것을 모두 고른 것은?

> ㄱ. 원료 ㄴ. 기술 ㄷ. 자본 ㄹ. 공산품 ㅁ. 운임

(1) ㄱ, ㄴ　　　(2) ㄱ, ㄹ　　　(3) ㄴ, ㄷ, ㄹ　　　(4) ㄴ, ㄹ, ㅁ　　　(5) ㄷ, ㄹ, ㅁ

(해설)
- 유형무역(= 상품무역): 눈에 보이는 무역, 즉 국제교역의 주 대상인 상품과 원료 등을 포함한 무역거래 형태
- 수출입통관절차를 거쳐 무역통계에 나타나고, 상품수지에 표시
- 무형무역(= 서비스무역): 유체물인 상품과는 달리 생산요소(노동, 자본, 기술 등)나 용역 등을 대상으로 하는 무역
- 세관의 통관절차가 수반되지 않기 때문에 무역통계에 나타나지 않는다.

정답: (2)

2. 중국의 무역상이 한국의 무역상으로부터 자동차를 대당 USD10,000에 수입하여 필리핀으로 USD11,000에 재수출하였다고 한다. 이러한 무역의 형태를 무엇이라고 하는가?

(1) 중개무역　　　(2) 우회무역　　　(3) 스위치무역　　　(4) 중계무역　　　(5) 통과무역

(해설)
- 간접무역이란 거래당사자간에 직접적으로 체결된 매매계약에 의하지 않고 제3자, 즉 제3국의 상인을 통하여 이루어지는 무역을 말한다.
- 중개무역: 양국의 거래당사자 사이에 제3국의 상인이 개입하여 계약이 체결되는 무역거래 형태, 즉 양국의 거래당사자가 거래의사는 있으나 시장경험이나 정보의 부족으로 인해 거래상대를 찾지 못할 경우 쌍방의 거래의사를 인지한 제3국의 중개인이 거래를 알선함으로써 거래가 성립할 경우 제3국의 입장에서 볼 때의 무역형태
- 중계무역: 수출할 것을 목적으로 물품을 수입하여 제3국으로 수출하는 무역거래 형태로서 수입한 상품을 원형 그대로 혹은 약간 가공해서 수출하여 매매차익을 취하는 거래 형태
- 중개무역과 중계무역의 차이: 중계무역은 중간상인이 계약의 당사자로서 매매차익을 목적으로 하나 중개무역은 대리인으로서 중개수수료만을 목적으로 하는 거래
- 우회무역: 수출국과 수입국 사이에 외교관계가 없거나 수입규제 내지 외환통제 등에 의해 직접

거래가 어려울 경우 이러한 규제나 통제를 받지 않는 제3국을 통하여 이루어지는 무역
- 스위치무역: 매매계약은 수출입 양국 당사자 사이에 맺어지고 대금결제에 관해서만 제3국의 업자를 개입시키는 무역
- 통과무역: 수출물품이 수출국에서 수입국으로 직접 송부되지 않고 제3국을 통과하여 수입국으로 송부되는 경우에 제3국의 입장에서 본 무역거래 형태

정답: (4)

3. 이 방식에 의한 무역거래 형태는 수출국의 입장에서는 수출확대와 기술축적의 계기가 되는 이점이 있으나 수출국 상품에 대한 이미지 제고나 독자적인 수출시장의 개척이 어렵게 되는 불리한 점이 있다. 어떤 무역거래 형태를 말하는가?

  (1) 녹다운수출   (2) 주문자상표부착수출   (3) 중계무역

  (4) 외국인수수입   (5) 상쇄무역

(해설)
- 녹다운(Knock-down) 수출: 완제품을 수출하는 것이 아니라 조립할 수 있는 설비와 능력을 가지고 있는 거래처에 대하여 상품을 부품이나 반제품으로 수출하고, 실수요지에서 제품으로 완성시키도록 하는 현지 조립방식의 수출
- 주문자 상표부착(OEM: Original Equipment Manufacturing) 수출: 수입업자로부터 제품생산을 의뢰받아 주문상품에 상대방 상표를 부착하여 인도하는 방식의 수출
- 외국인수수입: 제3국 도착수입이라고도 하며, 수입대금은 국내에서 지급되나 수입물품은 외국에서 인수하는 수입으로서 산업설비수출, 해외건설 등에 쓰이는 기자재를 외국 혹은 현지에서 수입하려고 할 때 운송시간과 경비를 아끼기 위해 수입대금은 국내에서 지급하고, 물품은 곧바로 산업설비 수입국이나 해외현장으로 보내는 경우 이용되는 무역 형태
- 상쇄무역(상계무역, Offset trade): 무기, 항공기, 첨단기술제품 등을 수출할 때 쓰이는 방식으로, 수입국에서 생산된 부품이나 자재를 수출국이 수입하여 이것들을 수출상품의 생산에 활용함으로써 수출대금의 일부를 상쇄하는 방식

정답: (2)

4. 플랜트 수출(plant export)이란 다음의 어느 것들이 종합적으로 수출되는 것을 말하는가?

  (1) 의복, 신발, 완구   (2) 생산설비, 기술, 노하우(Know-how)

  (3) 컴퓨터, 카메라, 비디오   (4) 공책, 서적, 문구류

(해설)
플랜트수출: '산업설비수출'이라고도 하며, 각종 상품을 제조하기 위한 기계, 장치 등의 하드웨어

(hardware)와 그 설치에 필요한 엔지니어링, 노하우, 건설시공 등의 소프트웨어(software)가 결합된 생산단위체의 종합수출

정답: (2)

5. 다음의 설명 중에서 올바르지 않은 것을 모두 고른 것은?

> 가. 녹다운(Knock-down) 수출이란 완제품을 수출하는 것이 아니라 조립할 수 있는 설비와 능력을 가지고 있는 거래처에 대하여 상품을 부품이나 반제품으로 수출하고, 실수요지에서 제품으로 완성시키도록 하는 현지 조립방식의 수출을 말한다.
> 나. 외국인수수입이란 수출대금은 국내에서 받으나 국내에서 통관되지 아니한 수출품목을 외국으로 인도하는 수출을 말한다.
> 다. OEM방식 수출이란 일명 주문자상표에 의한 생산방식이라고도 한다.
> 라. 제품환매(product buy-back)란 각종 상품을 제조하기 위한 기계, 장치 등의 하드웨어와 그 설치에 필요한 엔지니어링, 노하우, 건설시공 등의 소프트웨어가 결합된 생산단위체의 종합수출을 말한다.

(1) 가, 나   (2) 가, 라   (3) 나, 다   (4) 나, 라   (5) 다, 라

(해설)
- 외국인도수출: 수출대금은 국내에서 받으나 국내에서 통관되지 아니한 수출품목을 외국으로 인도하는 수출
- 제품 환매(product buy-back)란 기계, 설비 또는 플랜트를 수출한 수출업자가 이의 수출대금을 제공한 기술, 설비 또는 플랜트에서 직접 파생되는 제품이나 이를 이용하여 생산된 제품으로 회수하는 방식으로 제품 환매 방식은 과거 동유럽과 같이 외환사정이 좋지 않은 국가들과의 교역에 많이 이용

정답: (4)

6. 우리나라 원화(KRW)의 미국 달러(USD)에 대한 환율이 USD1 = KRW950에서 USD1 = KRW980으로 되었다면 다음 설명 중에서 바른 것은?

> 가. 달러가 평가절하되었다.
> 나. 달러가 평가절상되었다.
> 다. 원화가 평가절하되었다.
> 라. 원화가 평가절상되었다.

(1) 가, 다   (2) 가, 라   (3) 나, 다   (4) 나, 라   (5) 다, 라

(해설)

환율이 USD1＝KRW950에서 USD1＝KRW980으로 인상되었다면 우리나라 원화(KRW)의 가치가 떨어졌다는 것이다. 이는 곧 미국달러(USD)의 가치가 높아졌다는 의미이기도 하다. 그러므로 달러의 가치는 평가절상되었다는 것이고, 원화의 가치는 평가절하되었다는 것이다.

정답: (3)

7. A국의 통화가치가 하락되었을 경우 일반적으로 A국에 미치는 영향에 관한 다음 설명 중에서 바르지 않은 것은?

  (1) A국의 상품수출이 증가할 것이다.　　(2) A국의 상품수입이 감소할 것이다.

  (3) A국의 물가를 상승시킬 것이다.　　(4) A국으로의 관광객 수는 감소할 것이다.

(해설)

A국의 통화가치가 하락하였다는 것은 A국 통화의 환율인상(＝평가절하, 원화가치 하락)을 의미한다.
・이러한 환율인상은 대외수출상품의 가격을 낮추게 되는 효과로 인해 수출을 증가시키게 되는 반면 대외수입상품의 가격 상승효과로 인해 수입의 감소를 초래하며, 물가 상승을 유발시키게 된다.
・또한 A국의 환율인상으로 타국에서는 이전보다 싸게 관광할 수 있기 때문에 관광객 수를 증가시키는 효과가 발생한다.

환율인상(평가절하)	환율인하(평가절상)
USD1＝KRW1,100 ← USD1＝KRW1,000 → USD1＝KRW900	
수출 증가 수입 감소 인플레이션 발생 가능성 외채부담 증가 국제수지 개선	수출 감소 수입 증가 국내경기 침체 가능성 외채부담 감소 국제수지 악화

정답: (4)

8. 국제수지의 구성에 있어서 경상수지에 해당되지 않는 것을 모두 고른 것은?

> 가. 일본에서 3박 4일 동안 여행경비를 사용하였다.
> 나. 특허권 사용료를 지불하였다.
> 다. 미국 채권을 매입하였다.
> 라. 영국기업에 상표권을 처분하였다.
> 마. 캐나다에 유학하고 있는 아들에게 1,000달러를 송금하였다.

  (1) 가, 나, 다   (2) 나, 라, 마   (3) 나, 다   (4) 다, 라   (5) 라, 마

(해설)
- 국제수지는 일정기간 동안 한나라의 거주자와 비거주자 사이에 발생한 상품 및 서비스, 자본 등의 모든 경제적 거래에 따른 수취와 지급의 차이를 의미하며, 어느 한 나라의 국제거래에서 발생하는 화폐지급과 화폐수입을 대조시킨 것
- 문제에서 살펴보면, 일본에서 3박 4일의 여행경비를 사용한 것은 경상수지 중 서비스수지에, 특허권 사용료 지불은 경상수지 중 서비스수지에, 캐나다에 유학하고 있는 아들에게 1,000달러 송금한 것은 경상수지 중 경상이전수지에 해당된다. 반면 미국 채권 매입은 자본수지 중 투자수지(투자수지 중에서도 증권투자에 해당), 영국기업에 상표권 처분은 자본 수지 중 기타자본수지(기타자본수지 중에서도 비금융자산의 취득과 처분에 해당)에 해당된다.

정답: (4)

※ 국제수지에서는 크게 경상수지와 자본수지로 구성되며, 경상수지는 상품수지, 서비스수지, 소득수지 및 경상이전수지의 4부문으로, 자본수지는 투자수지와 기타 투자수지로 구성
· 상품수지는 상품의 수출과 수입의 차이를 말하며, 과거에 사용하였던 개념인 무역수지(trade balance)로서 상품의 수출로 인하여 지급받은 돈과 상품의 수입으로 인하여 그 대가를 지불한 돈과의 차액으로 나타낸다.
· 서비스수지는 외국과의 서비스거래 결과로 획득한 돈과 지급한 돈의 차이를 말한다. 즉 우리나라의 선박이나 항공기가 상품을 나르고 외국으로부터 받은 운임, 외국 관광객이 쓰고 간 돈, 무역대리점의 수출입 알선수수료 수입 등이 서비스수입이 된다. 반대로 우리나라가 외국에 지급한 선박과 항공기의 운항경비, 여행경비, 특허권 사용료 등은 모두 서비스지급으로 나타난다.
· 소득수지는 이자수익, 배당금과 같이 우리나라가 외국에 투자한 결과 벌어들이는 돈과 외국인이 우리나라에 투자한 결과 벌어 가는 돈의 차이(＝투자소득수지), 우리나라 근로자가 외국에 나가 일해서 벌어들이는 돈과 외국인 근로자가 우리나라에서 일해서 벌어 가는 돈의 차이(급료 및 임금수지)를 나타낸다.
· 경상이전수지라 함은 거주자와 비거주자 사이에 아무런 대가없이 주고받은 거래, 즉 무상거래의 수지차를 말한다. 경상이전은 수혜자의 소득과 소비를 늘려주게 되는데 해외에 거주하는 교포가 국내의 친척 등에게 보내오는 송금, 종교기관이나 자선단체의 기부금과 구호물자, 정부 간의 무상원조 등이 기록된다.

9. 괄호 속에 들어갈 말을 순서대로 바르게 쓴 항목을 고르시오.

> 한 나라의 경상수지는 외국과의 배당, 이자, 임금 등의 수취 및 지급을 기록하는 (ㄱ)와 운수, 여행, 통신, 보험, 특허권사용료 등의 거래를 기록하는 (ㄴ), 그리고 해외송금, 자선단체의 기부금, 정부 간 무상원조 등을 기록하는 (ㄷ) 등으로 구성된다.

(1) ㄱ. 서비스수지　　ㄴ. 상품수지　　ㄷ. 경상이전수지
(2) ㄱ. 서비스수지　　ㄴ. 소득수지　　ㄷ. 경상이전수지
(3) ㄱ. 소득수지　　ㄴ. 경상이전수지　　ㄷ. 서비스수지
(4) ㄱ. 경상이전수지　　ㄴ. 상품수지　　ㄷ. 서비스수지
(5) ㄱ. 소득수지　　ㄴ. 서비스수지　　ㄷ. 경상이전수지

(해설)

경상수지는 상품수지, 소득수지, 서비스수지, 경상이전수지로 구성이 되며, 본 문제에서는 ㄱ의 경우 소득수지, ㄴ의 경우 서비스수지, ㄷ의 경우 경상이전수지에 관한 내용이다.

정답: (5)

10. 다음 중 (가), (나)는 국제수지 구성 항목 중 어느 부분에 해당하는 것인지 연결이 바르게 된 것은?

> (가) A기업은 B국에 있는 C기업에 대한 경영참여를 통해 영속적인 이익을 취득하기 위한 목적으로 투자를 하였다.
> (나) D기업은 E국의 F기업에게 상표권을 매각하였다.

(1) 직접투자수지 - 해외이주비수지
(2) 증권투자수지 - 비금융자산의 취득과 처분수지
(3) 직접투자수지 - 비금융자산의 취득과 처분수지
(4) 증권투자수지 - 해외이주비수지
(5) 기타투자수지 - 해외이주비수지

(해설)

- 경상수지가 상품·서비스와 소득거래를 대상으로 하는 데 비해 자본수지는 민간기업, 금융기관, 정부 등이 외국으로부터 차입 등의 방식으로 돈을 빌리거나 이와는 반대로 외국에 신용공여 등의 방식으로 돈을 빌려줌으로써 발생하는 외화의 유출과 유입의 차를 나타낸다.
- 자본수지는 크게 투자수지와 기타자본수지의 두 가지로 구분되며, 투자수지는 다시 직접투자, 증권투자, 그리고 기타투자의 3부문으로 나누어진다.
· 직접투자는 외국에 있는 기업에 대한 경영참여 등과 같이 영속적인 이익을 취득하기 위하여 행

하는 대외투자를 기록한다. 직접투자는 직접투자가와 직접투자기업의 관계를 발생시키는 최초거래뿐만 아니라 양자 간 및 계열기업 간 자금의 차입, 대출 등 후속거래도 포함한다.

· 증권투자는 외국과의 주식, 채권, 파생금융상품 거래를 나타낸다. 그런데 동일한 주식투자라 하더라도 기업의 경영참여를 통한 영속적인 이익추구를 목적으로 하였을 때는 직접투자로 계상하며 이와는 달리 단지 투자자본의 가치증가 또는 이윤획득만을 목적으로 한 경우는 증권투자로 기록한다.

· 기타투자는 직접투자와 증권투자에 포함되지 않는 외국과의 모든 금융거래를 기록한다. 여기에는 대출 및 차입, 상품을 외상으로 수출하거나 수입할 때 발생하는 무역관련 신용, 현금 및 예금 등의 금융거래가 기록된다.

· 기타자본수지는 특허권, 상표권 등을 사고파는 거래에서 발생하게 되는 비금융자산의 취득과 처분 및 해외이주자가 외국에 이주할 때 가지고 가는 해외이주비 등을 기록한다.

– 문제를 살펴보면, (가)의 경우 A기업은 B국에 있는 C기업에 대한 경영참여를 통해 영속적인 이익을 취득하기 위한 목적으로 투자를 하였다고 했으므로 투자수지 중 직접투자수지에, (나)의 경우 D기업은 E국의 F기업에게 상표권을 매도하였다고 했으므로 기타 자본수지중 비금융자산의 취득과 처분수지에 해당된다.

정답: (3)

11. A국의 국제수지표가 다음과 같이 주어졌을 이와 관련한 다음 설명 중에서 바른 것을 모두 고른 것은?

(단위: 억 달러)

거래	수취	지급
상품거래	2,100	1,800
서비스거래	50	70
경상이전거래	5	15
직접투자거래	16	21
증권투자거래	8	11

ㄱ. A국의 상품수지는 30억 달러 적자이다.
ㄴ. A국의 서비스수지는 20억 달러 흑자이다.
ㄷ. A국의 경상수지는 270억 달러 흑자이다.
ㄹ. A국은 국내투자보다 해외투자가 더 많다.
ㅁ. A국은 자본유출보다 자본유입이 더 많다.

(1) ㄱ, ㄹ　　(2) ㄴ, ㄷ　　(3) ㄷ, ㄹ　　(4) ㄱ, ㄹ, ㅁ　　(5) ㄴ, ㄷ, ㅁ

(해설)

– A국은 상품수출을 통해 수취한 금액이 2,100억 달러이고, 수입을 통해 지급한 금액이 1,800억 달러이므로 상품수지는 300억 달러 흑자

– 서비스수지의 경우 50억 달러 수취하고, 70억 달러 지급하였으므로 20억 달러 적자

– 경상수지는 상품수지＋서비스수지＋소득수지＋경상이전수지이므로 A국의 경상수지는 수취가

2,155억 달러이고, 지급이 1,885억 달러이므로 270억 달러 흑자
– 또한 해외로부터 A국내로 16억 달러 투자된 반면 A국이 해외에 21억 달러 투자하였으므로 국
  내투자유치보다 해외투자가 더 많은 상황이며, A국내로의 자본유입(capital inflow)은 24억 달
  러인 반면 자본유출(capital outflow)이 32억 달러로 유입보다 유출이 더 많은 상황이다.

정답: (3)

제2장 무역장벽과 정책, 자유무역협정

1. A국과 B국은 생산요소인 노동을 투입하여 각각 두 재화인 X재와 Y재를 1단위씩 생산하고 있다. 각국의 생산표가 아래 표와 같을 때 비교생산비설에 입각한 다음의 설명에서 옳은 것은?

	X재	Y재
A국	80인	90인
B국	120인	100인

  (1) A국은 X재, Y재 모두 특화하는 것이 유리하다.
  (2) B국은 X재, Y재 모두 특화하는 것이 유리하다.
  (3) A국은 X재, B국은 Y재에 완전 특화하는 것이 유리하다.
  (4) A국은 Y재, B국은 X재에 완전 특화하는 것이 유리하다.
  (5) A국, B국 양국 모두 X재, Y재에 부분 특화하는 것이 유리하다.

(해설)

- 데이비드 리카도(D. Ricardo)는 애덤 스미스의 절대우위론의 비판을 보완하여 비교우위(comparative advantage)의 개념을 이용하여 무역패턴을 설명하였다.
- 리카도는 한 국가가 두 상품 모두 절대우위를 갖는 경우에도 두 상품 사이에 비교우위가 있다면 무역이 발생할 수 있음을 밝혔다.
- 비교우위(comparative advantage)란 두 상품의 우위의 차이를 비교하여 그 우위가 큰 것을 말한다.
- 주어진 문제에서 생산표를 보면 A국이 B국 보다 X재, Y재 모두 싸게 생산할 수 있다. 애덤 스미스의 절대우위론에 근거하면 A국이 두 상품 모두에 절대우위에 있으며, 이런 경우 무역이 발생하기 어렵다.
- 그러나 리카도의 비교생산비를 도입하여 두 상품의 우위정도를 비교하여 보면, A국의 경우 X재 생산비는 $\frac{80}{90}$, Y재 생산비는 $\frac{90}{80}$이고, B국의 X재 생산비는 $\frac{120}{100}$, Y재 생산비는 $\frac{100}{120}$이다. 따라서 A국은 X재 생산에 그리고 B국은 Y재 생산에 비교우위가 있음을 알 수 있다. 그러므로 A국은 X재 생산에 완전특화하고, B국은 Y재 생산에 완적특화하는 것이 유리하다.

무역 개시 전		A국	B국	합계	무역 이후
	X재	80인(1단위)	120인(1단위)	2단위	–
	Y재	90인(1단위)	100인(1단위)	2단위	–

| 무역 개시 후 | X재 | $\dfrac{170}{80}$ | – | 2.125단위 | 0.125단위 |
| | Y재 | – | $\dfrac{220}{100}$ | 2.2단위 | 0.2단위 |

정답: (3)

2. A국은 자동차 수입시장에서 소국의 위치에 있는 국가이다. 만약 A국이 자동차 수입에 대하여 관세를 부과한다고 할 때 발생될 수 있는 효과에 대한 설명으로 바른 것은?

> 가. A국 경제의 총 잉여가 증가하여 국민복지가 증대된다.
> 나. 교역조건 개선효과가 발생한다.
> 다. A국의 자동차 생산은 증가한다.
> 라. 자동차의 국내가격이 국제가격보다 높아지게 된다.
> 마. 소비자잉여가 증가한다.

(1) 가, 다
(2) 나, 다
(3) 다, 라
(4) 가, 나, 다
(5) 나, 라, 마

(해설)

– 관세부과의 효과
· 관세는 무역정책 가운데서도 가장 중요한 정책수단
· 무역거래에 대한 정부의 간섭은 무역량, 가격, 생산, 소비를 변화시키게 된다. 또한 자원을 재분배하고, 소득을 재분배시킬 뿐만 아니라 고용과 국제수지에도 영향을 미치고 있다. 관세의 부과로 나타는 효과는 다양하겠지만 킨들버거의 이론에 근거하여 관세부과의 경제적 효과를 생산증대효과, 소비감소효과, 재정수입효과, 후생 재분배효과, 고용효과, 소득효과, 국제수지 개선효과, 교역조건 개선효과 등으로 나누어 설명할 수 있다. 이 중 교역조건 개선효과는 대국의 경우에 나타나는 효과이다.
(1) 생산증대효과: 수입상품에 관세가 부과됨으로 인하여 해당 수입상품의 국내수입가격을 상승시킬 뿐만 아니라 국내생산 가격을 상승시키게 되어 생산자는 국내생산을 증가시키려 할 것이다. 이러한 효과를 관세부과로 인한 생산효과라 한다. 일정한 관세의 부과로 나타나는 생산효과의 크기는 국내의 수요 및 공급곡선의 기울기와 탄력성, 즉 가격변화에 따른 수요 및 공급변화의 정도에 달려 있다.
(2) 소비감소효과: 관세의 부과는 해당 국내소비자에게는 불리하게 작용한다. 왜냐하면 관세가 부과된 만큼의 가격을 더 지불해야 하기 때문이다. 가격상승으로 인하여 결국 소비자의 수입상품에 대한 수요가 감소하는 효과를 발생시키게 된다. 이를 해당 수입상품에 대한 관세부과로

발생하게 되는 소비감소효과라 한다.

(3) 재정수입효과: 관세는 정부에서 부과하는 것으로 국고로 귀속된다. 즉 관세부과 후 정부의 재
정수입이 증가하게 되는데 이를 재정수입효과라고 한다. 재정수입은 관세부과 후 수입량에 관
세율만큼 곱한 것으로 그만큼 정부의 재정수입은 증가하게 된다.

(4) 후생 재분배효과: 관세의 부과는 소비자에게는 후생의 감소를 가져오지만 생산자에게는 후생
의 증가를 가져올 뿐만 아니라 정부의 재정수입도 증가한다. 이와 같이 수입국내 소비자의 후
생은 관세부과로 감소하지만 소비자후생의 감소분의 일부분은 생산자와 정부로 전환되는 이러
한 효과를 재분배효과라 한다.

(5) 고용효과: 관세부과에 의한 생산효과로서 생산자는 국내생산을 증가시킬 수 있게 된다. 고용효
과라는 것은 관세의 부과로 국내에서의 생산량이 증가되기 때문에 국내에서의 실업이 있을 경
우에는 이 증가분을 생산하기 위해서 노동, 자본 등의 생산요소를 추가로 투입하여야 하기 때
문에 그만큼 고용의 증대효과가 발생한다.

(6) 소득효과: 수입상품에 대한 관세의 부과는 결국 해당 상품의 국내가격을 상승시키므로 소비자
는 수입품 대신 국산품을 구입할 것이다. 결과적으로 수입은 감소하고, 해당 상품을 생산하는
국내의 기업은 생산을 증대시킬 것이다. 생산의 증대는 곧 고용창출을 유발하며, 고용의 증대
는 소득의 증가를 가져오게 된다.

(7) 국제수지 개선효과: 국제수지효과는 관세의 부과로 인하여 생산에서는 해당 상품의 국내생산
증가와 소비면에서의 수입 감소가 발생하게 되어 결국 수입의 감소분만큼 국제수지 측면에서
개선의 효과로 나타나게 된다.

- 문제를 살펴보면, A국은 자동차수입시장에서 소국의 위치에 있다고 하였다. 소규모 개방경제는
국제시장가격에 영향을 미칠 수 없기 때문에 관세부과는 무역규모를 축소시키고 사회적 후생을
감소시킨다. 그러므로 A국 경제의 총잉여는 감소하게 된다. 교역조건 개선효과는 대국의 위치에
있을 경우 발생하는 효과이다.

- 수입되는 자동차에 관세를 부과하게 되면 자동차의 국내시장가격이 국제시장가격보다 높게 되
고, A국내의 자동차 생산업체는 가격이 상승함에 따라 생산을 증가시키게 된다. 그러나 자동차
의 국내가격이 상승함에 따라 소비자잉여는 감소하게 된다.

- 소비자잉여의 감소분은 국내생산자잉여로 일부 전환되고, 일부는 정부의 재정수입으로 전환되며,
나머지 일부는 관세부과로 인한 생산왜곡과 소비왜곡으로 인하여 사회적 후생손실이 된다.

정답: (3)

3. 관세부과의 효과에 대한 다음 설명 중에서 바르지 않은 것끼리 묶은 것은?
   (단 소국경제를 가정한다.)

> ㄱ. 국내소비를 감소시킨다.
> ㄴ. 국제수지를 악화시킨다.
> ㄷ. 소비자잉여는 증가시키게 된다.
> ㄹ. 생산자잉여는 감소시킨다.
> ㅁ. 사회적 후생손실을 발생시킨다.

(1) ㄱ, ㄴ, ㄷ　　(2) ㄱ, ㄷ, ㄹ　　(3) ㄴ, ㄷ, ㄹ　　(4) ㄴ, ㄹ, ㅁ　　(5) ㄷ, ㄹ, ㅁ

정답: (3)

4. 다음 중 비관세장벽의 특성에 대한 설명으로 바르지 않은 것으로 묶은 것은?

> 가. 효과측정이 용이하다.
> 나. 유형이 다양하고 복잡하다.
> 다. 재정수입을 목적으로 법률 또는 조약에 의해 강제적으로 징수된다.
> 라. 운영상의 가변성과 그에 따른 위험성이 존재한다.
> 마. 협상의 곤란성이 존재한다.

(1) 가, 나, 다　　(2) 나, 다, 라　　(3) 다, 라, 마　　(4) 가, 다　　(5) 나, 라

(해설)

- 효과측정 곤란성: 비관세장벽은 유형에 따라 그 영향이 미치는 품목범위가 다르고 어떤 유형은 시간에 따라 유동적이어서 관계당국의 판단에 따라 임의로 실시되거나 은밀히 적용되기도 하고, 대부분의 경우 자료의 이용가능성이 현실적으로 제한되어 있기 때문에 비관세장벽의 무역 제한적 효과를 종합적으로 또는 개별품목별로 계량화하여 측정하는 것이 어렵다.
- 복잡성: 일반적으로 비관세장벽은 그 형태나 시행방법, 경제적 효과 등이 매우 복잡하고 다양하므로 체계적인 분석이나 그 영향을 측정하기 대단히 어렵다. 그 이유는 비관세장벽이 법률에 의하여 제정되어 실시되지 않고 행정편의에 의하여 파생적으로 실시되기 때문
- 불확실성 및 위험성: 비관세장벽은 수입국에 대한 정보부족 및 수입국의 제도변경이나 변칙적인 운영으로 수출업자에게 불확실성과 위험성을 가져다준다.
- 개발도상국에의 차별적인 적용: 비관세장벽이 무역에 미치는 영향은 선진국이나 개도국에 대해 명목상으로는 무차별적인 것처럼 보이지만 실제로는 선진국보다는 개발도상국에 상대적으로 불리하게 작용함으로써 차별적인 영향을 준다.
- 협상 곤란성: 비관세장벽이 갖고 있는 제반특성 때문에 상호 간의 양허 정도를 비교하여 이를 균일화시킬 수 있는 지표의 설정이 불가능하고, 일정한 기준이 없어 정부 간에 협상이 되더라도 철폐하기 어려울 뿐만 아니라 완화 또는 제거를 위한 협상을 하는 데도 많은 문제점을 가지고 있다.

정답: (4)

5. 한국과 칠레는 지난 2003년 2월 15일 양국 정상이 공식서명함으로써 한-칠레 간 자유무역협정(FTA)이 정식 체결되었고, 2004년 국회동의를 통과하면서 4월 1일 한-칠레 간 FTA가 정식 발효되었다. 지역경제통합이론에 근거해 볼 때 한-칠레 간 FTA의 성격에 대한 설명으로 가장 적절한 것은?

(1) 한국과 칠레는 독자적인 관세정책을 유지한다.
(2) 한국과 칠레는 비회원국에 대하여 공통의 관세정책을 실시한다.
(3) 한국과 칠레 간에 생산요소가 자유롭게 이동할 수 있다.
(4) 한국과 칠레는 무역정책을 포함한 경제정책을 상호 협조 하에 실시한다.
(5) 한국과 칠레는 경제면에서 완전히 통일된 정책을 사용한다.

(해설)

한국과 칠레 간에 체결한 지역경제통합(= 경제통합, 지역무역협정)의 유형(= 형태, 종류)에 관한 문제이다. 지역경제통합은 발라사(B. Balasa)가 제시한 형태에 근거하여 제시하면 자유무역지역, 관세동맹, 공동시장, 경제동맹, 완전경제통합 등이 있다.

한국과 칠레 간에 체결한 지역경제통합의 형태는 자유무역지역(free trade area) 형태로서 한국과 칠레 상호 간에는 궁극적으로 관세를 포함한 모든 무역장벽을 철폐하고 자유무역을 실시하지만 역외 국가(비회원국)에 대해서는 각 국가가 독자적으로 무역정책을 실시하고 있다.

정답: (1)

※경제통합의 유형: 발라사 교수의 분류

(1) 자유무역지역(FTA: free trade area)

· 자유무역지역은 협정을 맺은 회원국들 상호 간에 관세를 포함한 모든 무역장벽을 철폐하고 자유무역을 실시하지만 회원국들이 역외 비회원국들에 대하여는 회원국들 나름의 무역보호수준(독자적인 무역정책)을 유지하는 경우를 말한다.

· 따라서 회원국들이 비회원국들에 대하여 동일한 무역보호수준을 유지할 필요가 없으며 자국의 실정에 맞는 무역보호수준을 유지할 수 있다. 북미자유무역지역(NAFTA)이나 유럽자유무역지역(EFTA), 아세안자유무역지대(AFTA) 등을 예로 들 수 있다.

(2) 관세동맹(customs union)

· 관세동맹은 자유무역지역에서 한 걸음 더 나아가 관세동맹 회원국들 사이에 자유무역을 유지할 뿐만 아니라 역외의 비회원국들에 대하여 회원국들이 공통의 무역보호수준(공동의 무역정책)을 부과하는 것이다.

· 자유무역지역과 비교하여 관세동맹은 회원국들의 경제적 결합정도에서 보다 강한 지역경제블록 유형이라고 할 수 있으나 국제무역정책을 제외한 회원국들 나름의 경제정책과 화폐를 보유하며 국가 간 노동과 자본과 같은 본원적 생산요소의 이동이 불가능하거나 크게 제약되어 있는 상황이다. 즉 관세동맹은 무역정책측면에서의 경제통합이며 완전한 형태의 경제통합이라고 볼 수 없다. 현재 SACU(남아프리카관세동맹)가 대표적인 예이다.

(3) 공동시장(common market)

· 관세동맹은 상품의 수출입에 관한 역외 비회원국에 대한 무역정책을 공동으로 유지
하고 회원국들 사이에는 자유무역이 이루어지지만 노동, 자본 등 생산요소의 역내
이동이 자유롭지 못한 지역경제통합의 유형이다. 관세동맹에서 생산요소의 자유로
운 역내이동이 이루어지는 형태까지 포함하는 것이 바로 공동시장이다. 이러한 공
동시장형태의 지역경제통합체의 예로는 MERCOSUR를 들 수 있다.

(4) 경제동맹(economic union)

· 공동시장형태의 지역경제통합은 상품과 생산요소의 역내국가 간 교역이 자유롭지
만 각 회원국 나름의 경제정책을 사용하게 된다. 즉 각 회원국들은 상품과 생산요소
의 자유무역을 실현하고 역외의 비회원국들에 대하여 공통의 무역보호체계를 적용
하지만 무역정책을 제외한 다른 경제정책에는 독자성을 갖고 있으며, 공동시장의
회원국들은 자국의 정치 및 경제적 상황에 적합하다고 생각하는 통화정책이나 재정
정책을 다른 회원국들과는 독립적으로 독자성을 가지고 사용하게 된다. 그러나 경
제동맹에서는 이러한 경제정책들을 상호 협조 하에 실시하게 되며 더 나아가 화폐
까지 단일화한다면 완전한 형태의 경제동맹 체제를 갖추게 되는 것이다. 이러한 의
미에서 경제동맹 내의 회원국들은 정치적으로는 독립국가이지만 경제적으로는 하
나의 단일 경제권을 형성하는 명실상부한 경제적 통합을 이룩하게 된다. 경제동맹
의 형태로는 EURO화라는 단일통화를 사용하고 있는 EU를 들 수 있다.

(5) 완전한 경제통합(Perfect Economic Integration)

· 완전한 경제통합(Perfect Economic Integration)이란 역내 제경제정책의 통일을 전제
로 하며 각 회원국들의 의사를 수렴하는 초국가적 기구의 설립을 통해 경제적 측면
뿐만 아니라 정치적인 측면에서의 통합까지도 수반하는 경제통합의 형태이다. 즉
회원국 상호 간에 초국가적 기구를 설치하여 그 기구로 하여금 각 회원국의 모든
사회·경제정책을 조정, 통합, 관리하는 형태의 통합으로 지역무역협정의 형태 중
가장 완벽한 유형이라 하겠다.

따라서 완전한 경제통합은 각 회원국들의 경제주권을 포기하고 하나의 단일경제단위
가 형성되는 경제통합의 최종단계로서 현실적으로는 회원국의 주권포기와 관련되어 있
기 때문에 실현가능성은 희박하나 모든 경제통합이 궁극적인 목표로 하고 있는 이상형
이라 할 수 있다.

6. 협정 체결국 간에 관세를 제거하고 공통의 대외관세장벽을 설정하여 실시하고, 회원국 내에서 노동과 자본의 자유로운 이동을 허용하는 경제통합 형태는?

(1) 자유무역지역　　(2) 관세동맹　　(3) 공동시장　　(4) 경제동맹　　(5) 완전경제통합

(해설)

지역경제통합의 유형 중 공동시장에 관한 것이다.

· 관세동맹은 상품의 수출입에 관한 역외 비회원국에 대한 무역정책을 공동으로 유지하고 회원국들 사이에는 자유무역이 이루어지지만 노동, 자본 등 생산요소의 역내이동이 자유롭지 못한 지역경제통합의 유형이다. 관세동맹에서 생산요소의 자유로운 역내이동이 이루어지는 형태까지 포함하는 것이 바로 공동시장이다.

정답: (3)

7. 세계에는 A, B, C 세 나라가 있다고 한다. 세 나라의 X재 상품 생산비가 다음과 같다고 할 때 바른 설명을 모두 고른 것은?

	A국	B국	C국
생산비(US $)	35$	26$	20$

> ㄱ. A국이 100% 대외관세를 부과할 때 C국으로부터 수입을 할 것이다.
> ㄴ. A국이 50% 대외관세를 부과할 때 B국으로부터 수입을 할 것이다.
> ㄷ. A국이 50% 대외관세를 부과하다 B국과 자유무역협정을 체결하면 생산 면에서 자원이 비효율적으로 배분되게 된다.
> ㄹ. A국이 B국과 자유무역협정을 체결하여 B국의 A국내로의 공급가격은 26$일 것이다.
> ㅁ. A국이 50% 대외관세를 부과하다 B국과 자유무역협정을 체결하여 무역자유화를 하면 C국의 A국내로의 수입은 없을 것이다.

(1) ㄱ, ㄴ, ㄷ　　(2) ㄴ, ㄷ, ㄹ　　(3) ㄷ, ㄹ, ㅁ　　(4) ㄴ, ㄹ　　(5) ㄷ, ㅁ

(해설)

－A, B, C 세 국가의 생산비가 주어져 있다. 우선 A국이 100%와 50%의 대외관세를 부과할 때 A국내로의 공급가격을 알아보자.

		A국	B국	C국
생산비(US $)		35$	26$	20$
A국이 100% 대외관세 부과 시	관세액	－	26$	20$
	공급가격	35$	52$	40$
A국이 50% 대외관세 부과 시	관세액	－	13$	10$
	공급가격	35$	39$	30$

－A국이 100% 대외관세를 부과할 때 B국의 A국내로의 공급가격은 52$, C국의 A국내로의 공급

가격은 40$가 되므로 B국과 C국으로부터의 X재에 대한 수입은 발생하지 않을 것이다. 반면 A
국이 50% 대외관세를 부과할 때 B국의 A국내로의 공급가격은 39$, C국의 A국내로의 공급가
격은 30$가 되므로 B국으로부터의 X재에 대한 수입은 발생하지 않을 것이나 C국으로부터의 X
재에 대한 수입은 이루어질 것이다.

- 만약 A국이 B국과 자유무역협정을 체결하게 되면 100% 부과든 50%부과든 궁극적으로 관세
  가 철폐되므로 B국의 A국내로의 공급가격은 26$일 것이다. 여기서 중요한 점은 A국이 50%
  대외관세를 부과하다 B국과 자유무역협정을 체결하게 되면 C국으로부터의 수입이 B국으로 전
  환되어 C국의 A국내로의 수입은 없어진다는 것이다. 이 경우 A국과 B국의 자유무역협정 체결
  로 인하여 A국의 수입은 생산비가 낮은 C국으로부터 생산비가 높은 B국으로 전환되게 됨으로
  써 생산 면에서 자원이 비효율적으로 배분되게 되는 결과를 초래한다.

정답: (3)

8. 자유무역협정의 체결로 비회원국의 저생산비 공급자로부터의 수입품이 협정을 체결한 회원국 내의 고생산비 공급자의 상품으로 대체될 경우에 발생되는 것은?

(1) 재정수입효과   (2) 무역창출효과   (3) 무역전환효과   (4) 스파게티볼 효과

(해설)

지역경제통합의 무역전환효과에 관한 것이다.

- 무역창출효과와 무역전환효과
- 무역창출효과: 협정을 체결한 회원국(역내국)들이 관세인하 및 철폐로 비교우위를 갖게 되는 상
  품을 중심으로 상호교역을 하게 되고, 역내국들은 비싼 국내상품을 값싼 역내상품으로 대체하게
  되는 것
- 무역전환효과: 낮은 비용으로 생산할 수 있는 역외 비회원국으로부터의 수입(import)이 높은 비
  용으로 생산하는 역내 회원국으로 전환되는 효과

정답: (3)

9. 다음의 (가), (나), (다)의 상황에서 발생하게 되는 효과는 무엇인가?

> (가) 한 나라가 여러 나라와 동시에 자유무역협정을 체결하였다.
> (나) 기업들은 수출입물품에 부과되는 관세혜택을 받기 위해 교역상대국이 정하는
>   원산지규정, 통관절차, 표준 등을 준수해야 한다.
> (다) 무역상대국마다 다른 규정이 적용되기 때문에 시간과 인력, 비용이 더 들어가게
>   되었다.

(1) 무역전환효과 (2) 규모의 경제 (3) 무역창출효과 (4) 스파게티볼 효과 (5) 덤핑

스파게티볼 효과(Spaghetti Bowl effect)는 한 나라가 여러 나라와 동시에 자유무역협정을 체결하면 기업들은 수출입물품에 부과되는 관세혜택을 받기 위해 교역상대국이 정하는 원산지규정, 통관절차, 표준 등을 준수해야 하는데 무역상대국마다 다른 규정이 적용되기 때문에 시간과 인력, 비용이 다량 투입되어 협정 체결 효과를 반감시킬 수 있는 효과

정답: (4)

10. 국제무역질서를 규율하고 세계경제의 성장과 발전을 도모하였던 관세와 무역에 관한 일반협정(GATT)과 현재의 세계무역기구(WTO)에 대한 설명으로 바르지 않은 것을 모두 고른 것은?

> ㄱ. GATT와 WTO 모두 최혜국대우와 내국민대우 원칙에 입각한 무차별원칙이 기본원칙이다.
> ㄴ. GATT는 서비스, 지적재산권의 국제무역 분야도 관장하였다.
> ㄷ. GATT의 제7차 다자간무역협상인 동경라운드 결과로 WTO가 출범하였다.
> ㄹ. WTO는 분쟁해결에 있어서도 관련 협정을 가지고 있다.
> ㅁ. WTO는 시장개방 확대를 위해 농산물, 섬유 분야도 새롭게 편입되었다.

(1) ㄱ, ㄴ, ㄷ　　(2) ㄷ, ㄹ, ㅁ　　(3) ㄴ, ㄷ　　(4) ㄷ, ㄹ　　(5) ㄹ, ㅁ

- GATT는 공산품 분야를 다룬 국제무역협정으로서 서비스, 지적재산권은 WTO에서 다루고 있다. WTO는 GATT 제8차 다자간무역협상인 우루과이라운드에서 협상의제로 다루어져 그 결과로 1995년 1월1일 공식 출범하였다.
- WTO는 GATT의 정신과 원칙을 계승하고 있으며, GATT 제1조 최혜국대우와 GATT 제3조 내국민 대우원칙을 기본원칙으로 삼고 있다. 또한 분쟁해결의 공정성과 투명성을 위해 그 절차를 규정하고 있는 '분쟁해결에 관한 양해각서(DSU)'가 있으며, GATT 체제 밖에서 규율되고 있던 농산물과 섬유 분야도 WTO에 새롭게 편입되었다.

정답: (3)

제3장 무역계약(1)

1. 다음은 무역계약의 성립단계 순서를 나타낸 것이다. 성립단계 순서에 맞게 괄호 안에 들어갈 용어가 바르게 연결된 것은?

> Circular letter — Inquiry — ( ) — Counter offer — Firm offer — ( )

  (1) Acceptance — Offer   (2) Offer — Acceptance   (3) Sales Note — Offer

  (4) Sales Note — Acceptance   (5) Overseas Market Research — Offer

(해설)

- 무역계약이 성립하기 위해서는 청약(Offer)과 승낙(Acceptance)이 이루어져야 한다.
- 무역계약의 성립단계는 ① Overseas Market Research(해외시장조사) → ② 거래선 발굴 → ③ Credit Inquiry(신용조회) → ④ Circular letter(거래제의) → ⑤ Inquiry(Trade Inquiry, 거래조회) → ⑥ General Agreement(일반거래조건협정서) → ⑦ 청약(Offer) → ⑧ Acceptance(승낙) → ⑨ Sales Note(매매계약서 체결)

정답: (2)

2. 무역거래의 상대방을 물색(선정)하는 과정에서 흔히 실행하는 거래처 신용조회 (credit inquiry)의 내용 가운데 이른바 3C's가 있다. 3C's는 거래하고자 하는 상대방에 대한 전반적인 신용조사를 하는 것으로 연간매출액, 취급품목, 거래관계, 생산능력 등 경영능력을 파악하는 조사는 다음 중 어느 것에 해당하는가?

  (1) Character   (2) Capital   (3) Capacity   (4) Currency   (5) Country

(해설)

- 신용조회(credit inquiry)란 특정인에 대한 신용상태(credit standing; business standing; standing)를 조회하는 것으로 거래상대방이 신뢰할 수 있는 자인가의 여부를 조사하는 것
- 신용조회에 있어서 필수적으로 조회내용에 포함해야 하는 것으로는 보통 당해 업체의 성격 (character), 자본(capital) 및 능력(capacity)의 셋을 들고 있는데, 이를 일컬어 신뢰도측정 요소(reliability of credit factors)로서의 "hree C's"고 한다.
- ① 성격(character): 당해 업체의 개성(personality), 성실성(integrity), 평판(reputation), 영업태도(attitude toward business), 채무변제이행열의(willingness to meet obligation) 및 계약이행에 대한 도덕성(상도덕)에 관련된 내용을 조사

② 자본(capital, 지급능력): 당해 업체의 재무상태(financial status), 즉 수권자본(authorized capital)과 납입자본(paid-up capital), 자기자본과 타인자본, 기타 자산상태 등 지불능력과 직결되는 내용을 조사

③ 능력(capacity, 거래능력): 당해 업체의 연간매출액(turn-over), 업체 형태(개인상사, 회사형태, 기어공개 여부 등), 연혁(historical background) 내지 경력(career) 및 영업권(goodwill), 생산능력 등 영업능력에 관한 내용을 조사

- 이러한 "Three C's" 이외에 거래조건(condition), 담보능력(collateral), 거래통화(currency), 소속국가(country) 가운데 두 가지를 추가시켜 "Five C's"라고도 한다.

정답: (3)

3. 무역거래당사자는 안전한 무역거래를 하기 위해서는 거래 상대방의 계약이행과 상거래에 대한 태도, 공정 행위 등에 관한 주위의 평판 등에 관한 신용조사를 해야 하는데 이것은 신용조사의 내용 중 어느 것에 해당하는가?

 (1) Currency (2) Country (3) Character (4) Capital (5) Capacity

(해설)

계약이행태도와 평판 등은 신용조사의 내용 중 Character(성격)의 평가항목이다.

정답: (3)

4. 거래처의 선정을 위하여 행하는 신용조회의 주된 내용인 3C's 가운데 특히 마켓클레임(Market Claim)의 예방을 위하여 철저히 조사되어야 할 신용조회 항목은 무엇인가?

 (1) Capital (2) Capacity (3) Country (4) Character (5) Currency

(해설)

마켓클레임은 시장 상황의 변동에 따라 가격(금액) 인하를 목적으로 제기하는 클레임을 의미하므로 마켓클레임을 사전에 예방하기 위해서는 Character(상도덕)를 철저히 분석해야 한다.

정답: (4)

5. 다음 중 청약(offer)에 관한 일반적인 설명으로 바르지 않은 것끼리 묶은 것은?

> 가. 청약은 청약에 대한 무조건적인 승낙이 있을 때 계약을 성립시키고, 여기에 구속된다는 확정적 의사표시라 할 수 있다.

> 나. 청약은 상대방에게 전달되어야 하며, 상대방에게 발신됨으로써 그 효력이 발생
>   한다.
> 다. 청약의 효력 존속기간이 정해져 있는 것은 확정청약(firm offer)이다.
> 라. 청약은 반드시 서면으로 하여야 하며, 청약이라는 단어를 사용하여야 한다.

(1) 가, 나   (2) 가, 라   (3) 나, 다   (4) 나, 라   (5) 다, 라

(해설)
- 청약(Offer)이란 "계약을 성립시킬 목적으로 청약자가 피청약자에게 행하는 확정적인 의사표시"
  로서 구두나 서면 또는 행위에 의하여 상대방에게 할 수 있다.
- 따라서 본질적으로 상대방의 승낙에 의하여 합의로 전환될 수 있는 청약은 특정한 조건이 승낙
  되면 법적인 구속력을 가지는 명확한 약속으로 구성되어야 한다.
- 청약의 효력 발생 시기: "상대방이 있는 의사표시는 그 통지가 상대방에게 도달한 때로부터 그
  효력이 발생한다."라고 하여 '도달주의 원칙'이 준수

정답: (4)

6. 다음의 내용에 해당하는 청약의 유형은 어느 것인가?

> "You price is too high. We can accept the offer at US\$20 per set CIF New York."

(1) counter offer   (2) firm offer   (3) free offer   (4) conditional offer

(해설)
- 제시된 원문을 살펴보면, "You price is too high.(귀사의 가격이 너무 높다.) We can
  accept the offer at US\$20 per set CIF New York.(당사는 CIF 뉴욕조건으로 1세트당
  미화 20달러로 청약을 할 수 있습니다)"
- 거래 상대방이 제시한 가격에 대해 다른 가격을 제시하고 있는 청약이기 때문에 반대청약
  (counter offer)에 해당
- 반대청약(Counter offer): 당초의 청약자가 제시한 원청약(original offer)의 내용 가운데 일
  부를 수정하여 예컨대 가격을 낮춘다든가 선적일을 변경한다든가, 결제조건을 바꾼다든가 하여
  반대로 제시한 청약
- 원청약에 대한 거절이며, 동시에 새로운 청약으로 간주

정답: (1)

7. 다음에서 설명하고 있는 내용에 근거하여 괄호 안에 들어갈 가장 알맞은 용어는
   무엇인가?

> "We find the price is rather high. Please take an additional 10% reduction off the
> price. If you accept this (　), we would like to place an order with you."

(1) counter offer　　(2) offer subject to prior sale
(3) firm offer　　(4) offer subject to final confirmation

(해설)

"가격이 좀 높습니다. 10% 추가할인을 해 주십시오. 만약 이 반대오퍼(counter offer)를 승낙하
신다면 당사는 귀사에게 주문을 하겠습니다." → 제시된 원래의 청약에 대하여 가격할인을 요청하
는 반대오퍼

정답: (1)

8. 내수가 부진하여 많은 재고를 떠안고 있는 A무역상사는 신속한 재고처분을 위하
   여 아주 낮은 가격을 오퍼(Offer)하였다. 이럴 경우 A기업은 어떤 조건의 오퍼를
   해야 하는가?

(1) Offer on sale or return　　　　(2) Offer on approval
(3) Offer subject to market fluctuation　　(4) Offer subject to being unsold

(해설)

- Offer on sale or return(잔품인수조건부청약): 청약과 함께 현품을 상대방에게 보내어 판매
  하게 하고 판매된 범위 내에서만 대금을 결제하고 잔여분은 반품하도록 하는 청약
- Offer on approval[점검(승인)부 청약]: 현물과 함께 보내어 피청약자가 점검할 수 있도록 하
  는 청약
- Offer subject to market fluctuation(시장변동조건부청약): 시황변동에 따라 사전통고 없이
  제시가격이 변경될 수 있음을 조건으로 한 청약
- Offer subject to being unsold(재고조건부청약): 재고가 남아 있는 분에 한해 유효하다는
  조건으로 발행된 오퍼

정답: (4)

9. 다음의 상황에서 수입업자의 마케팅으로 적절한 오퍼(Offer)는 무엇인가?

> (가) (주)한국상사는 인형을 제조하여 수출하는 회사이다.

> (나) 미국의 소비자를 대상으로 하여 인형을 만들었으나 현지판촉결과 지명도의 부
>   족에 대한 우려로 수입업자는 수입을 꺼리고 있다.
> (다) (주)한국상사는 수입업자의 결제부담을 완화시켜주고 품질과 판매에 대한 확신
>   을 주고자 한다.

(1) Offer on approval   (2) Offer subject to being unsold

(3) counter offer   (4) Offer on sale or return

(5) Offer subject to market fluctuation

(해설)

승인조건부청약(Offer on approval)은 신상품의 거래 시에 많이 사용된다. 수입상은 결제 부담 없이 품질을 점검해 보거나 소량을 현지판매해 본 후 시장성에 따라 물품을 수입할 수 있다.

정답: (1)

10. 다음의 상황을 고려해 볼 때 한국의 삼송물산(주)이 일본 모시다상사와 국제물품 매매계약을 체결하고자 하는 경우 다음 중 어느 계약이 가장 적절한 계약이라 할 수 있는가?

> (가) 한국의 수출업자인 삼송물산(주)은 오랜 기간 동안 일본의 모시다상사와 원만
>   한 거래관계를 유지해왔다.
> (나) 삼송물산(주)은 모시다상사와 컴퓨터를 장기적으로 수출하고자 한다.

(1) master contract   (2) agency agreement

(3) case by case contract   (4) exclusive contract

(해설)

- 개별계약(case by case contract): 거래가 성립될 때마다 매매당사자가 거래조건에 합의하여 계약서를 작성하는 계약으로 매 거래 시마다 개별계약을 체결해야 하는 번거로움은 따르지만 모든 거래조건을 법적으로 분명히 해 둠으로써 분쟁을 사전에 방지할 수 있다.
- 포괄계약(master contract, 장기계약): 매매당사자 간에 서로 오랜 기간 거래를 하여 잘 알고 있을 경우 특정품목을 지정하여 일정기간 동안 포괄적으로 계약을 체결하고 필요할 때마다 거래 상품을 선적해 주는 경우에 사용되는 계약
- 독점계약(exclusive contract): 특정물품의 수출입에 있어서 쌍방 지정된 자 이외에 약정품목 을 취급하지 않겠다는 조건으로 맺어지는 계약

정답: (1)

11. 국제물품매매계약의 성격과 거리가 먼 것은 어느 것인가?

(1) 불요식계약　　(2) 편무계약　　(3) 유상계약　　(4) 합의계약

(해설)

- 낙성계약(합의계약, consensual contract): 계약당사자의 합의만으로 성립하는 계약으로서 당사자 일방이 일정한 조건으로 물품을 판매하겠다는 청약에 대해 상대방이 승낙함으로써 성립하는 계약
- 불요식계약(informal contract): 무역계약은 그 성립을 위하여 당사자 간의 합의 외에는 다른 특별한 방식을 필요로 하지 않는 계약으로 구두, 서면으로도 계약체결이 가능한 계약
- 유상계약(remunerative contract): 계약당사자가 서로 가치 있는 대가교환을 목적으로 하는 계약으로 매도인은 물품을 인도하고, 매수인은 그에 따른 대금을 지급하는 계약
- 쌍무계약(bilateral contract): 계약의 결과로 당사자들이 서로 의무를 부담하는 계약으로 매도인은 물품인도의무를 부담하고, 매수인은 대금지급의무를 부담하는 계약
- 편무계약은 당사자 일방만이 급부를 하고 상대방은 이에 대응하는 반대급부를 하지 않는 계약

정답: (2)

12. 다음 중 무역계약의 특성을 바르게 설명한 것끼리 묶은 것은?

> 가. 낙성계약이란 계약당사자의 합의만으로 성립하는 계약으로서 당사자 일방이 일정한 조건으로 물품을 판매하겠다는 청약에 대해 상대방이 승낙함으로써 성립하는 계약이다.
>
> 나. 불요식계약이란 계약당사자가 서로 가치 있는 대가교환을 목적으로 하는 계약으로 매도인은 물품을 인도하고, 매수인은 그에 따른 대금을 지급하는 계약이다.
>
> 다. 유상계약이란 그 성립을 위하여 당사자 간의 합의 외에는 다른 특별한 방식을 필요로 하지 않는 계약으로 구두, 서면으로도 계약체결이 가능한 계약이다.
>
> 라. 쌍무계약이란 계약의 결과로 당사자들이 서로 의무를 부담하는 계약으로 매도인은 물품인도의무를 부담하고, 매수인은 대금지급의무를 부담하는 계약이다.

(1) 가, 나　　(2) 가, 라　　(3) 나, 다　　(4) 나, 라　　(5) 다, 라

(해설)

- 불요식계약이란 그 성립을 위하여 당사자 간의 합의 외에는 다른 특별한 방식을 필요로 하지 않는 계약으로 구두, 서면으로도 계약체결이 가능한 계약이다.
- 유상계약이란 계약당사자가 서로 가치 있는 대가교환을 목적으로 하는 계약으로 매도인은 물품을 인도하고, 매수인은 그에 따른 대금을 지급하는 계약이다.

정답: (2)

13. 다음에서 설명하고 있는 무역계약의 특성은 무엇인가?

> A contract in which both the contracting parties are bound to fulfil obligations reciprocally towards each other ; as a contract of sales, where one becomes bound to deliver the thing sold, and the other to pay the price of it.

(1) Consensual Contract   (2) Bilateral Contract

(3) Informal Contract   (4) Remunerative Contract

(해설)

- Consensual Contract(합의계약), Remunerative Contract(유상계약), Informal Contract (불요식계약)
- "쌍방에 대하여 상호 호혜적으로 의무를 충족해야 할 계약당사자가 맺는 매매계약으로서 일방은 판매물품을 인도해야 할 의무가 있는 반면에 다른 일방은 그것에 대한 대금을 지불해야 할 의무가 있다." → Bilateral Contract(쌍무계약)

정답: (2)

14. 다음의 상황에 따른 무역계약의 법률적 특성에 속하지 않는 것은 무엇인가?

> 한국의 수입업자 갑을상사는 중국의 수출업자 호야상사가 제시한 거래조건이 합리적이라 생각되어 관상용열대어 수족관을 수입하기로 하였다. 한국 내에서 수족관 수요가 급증하여 필요수량만 먼저 수입하기로 전화상으로 매매계약을 체결하였다. 결제조건은 취소불능화환신용장으로 하여 선적일 50일 전에 신용장을 개설하기로 하였다. 가격은 CIF 조건으로 하였다. 선적기일은 2012년 5월 20일까지이며 선적지는 중국 칭다오항이다.

(1) Formal Contract   (2) Remunerative Contract

(3) Consensual Contract   (4) Bilateral Contract

(해설)

매매계약을 체결함에 있어서 반드시 요식(formal)을 갖춰야만 법적인 효력을 가지는 것은 아니다. 문서나 구두(전화)에 의한 명시적 계약이나 묵시적 계약으로 이루어진 불요식계약(Informal Contract)도 법률적인 효력이 있다.

정답: (1)

15. (주)민국상사는 전자면도기를 제조하는 전문업체이다. 일본의 수입업자는 자신들이 제시하는 명세서대로 만들어 달라고 한다. 본 매매계약에 있어서 다음과 같은 조항이 삽입되었다면 이것은 무엇인가?

> If the Seller manufactured and supplied the goods to the Buyer according ti the specification given by the Buyer, the Buyer shall be liable for all losses and damages incurred and suits and claims brought by the third party due to possible infringement of trademark, patent, utility model, design, copyright or other proprietary right of the third party.

(1) Force Majeure Clause (2) Applicable Clause
(3) Infringement Clause (4) Product Liability Clause

(해설)

− 매도인은 매수인이 제시한 기준에 따라 물품을 제조하거나 공급한 경우 매수인은 상표권, 특허권, 실용실안권, 디자인, 저작권 또는 제3자의 소유권의 침해가능성 때문에 제3자로부터 제기된 소송과 클레임에 따른 모든 손실과 손해에 대하여 책임을 져야 한다.
− 권리침해조항으로서 (주)민국상사는 제조 전문 업체이므로 혹시 있을지 모르는 분쟁에 대하여 권리침해조항을 삽입하는 것이 좋다.

정답: (3)

16. 매매계약에 있어서 계약서에 다음과 같은 조항이 삽입되었다. 괄호 안에 들어가기 어려운 용어는 어느 것인가?

> All (   ) which may arise between the parties, out of or in connection with the contract, or for the breach thereof, shall be finally settled by arbitration in Seoul, Korea Commercial Arbitration Board and under the Laws of Korea.

(1) controversies (2) dispute (3) differences (4) strike

(해설)

"이 계약으로부터, 또는 이 계약과 관련하여 또는 이 계약의 불이행으로 말미암아 당사자 간에 발생하는 모든 분쟁(dispute), 논쟁(controversies), 의견차이(differences)는 대한민국 서울특별시에서 대한상사중재원의 상사중재규칙에 따라 중재에 의하여 최종적으로 해결한다." → 중재조항

정답: (4)

제4장 무역계약(2)

1. 다음은 품질결정방법에 관한 설명들이다. 바르게 설명한 것끼리 묶은 것은?

> 가. 스테인리스 스틸 등과 같은 공산품 매매에 가장 편리한 품질결정방법은 규격매매(Sales by type or grade)이다.
>
> 나. 선박, 철도차량, 중장비 등의 품질을 결정할 경우 명세서 매매를 이용하는 것이 바람직하다.
>
> 다. ISO, JIS, KS 등과 같은 기준에 의해 품질을 결정하는 방법은 상표매매이다.
>
> 라. 상표나 브랜드가 널리 알려진 경우에는 견본매매를 통해 품질을 결정하는 것이 가장 좋다.

   (1) 가, 나, 라   (2) 나, 다, 라   (3) 가, 나   (4) 나, 라   (5) 다, 라

(해설)

일반적으로 ISO, JIS, KS 등과 같은 기준에 의해 품질을 결정하는 방법은 규격매매, 상표나 브랜드가 널리 알려진 경우에는 상표매매를 통해 품질을 결정한다.

정답: (3)

※ 품질결정방법
- 견본매매(Sales by sample): 무역거래에서 널리 이용되고 있는 방법으로 실제로 매매될 상품의 품질을 매매당사자가 제시한 견본에 의하여 인도할 것을 약정하는 품질결정방법
- 표준품매매(sales by standard): 미수확농산물과 같이 정확한 견본을 제시할 수 없거나 목재와 같이 기준이 되는 정확한 견본을 이용하기 곤란한 경우에 일정한 표준품을 기준으로 하여 품질을 결정
- 상표매매(Sales by trade mark/brand): 상품이 그 상표(trade mark)나 브랜드에 의해 세계적으로 널리 알려진 경우(예, Coca Cola, 로렉스 시계, Parker 만년필 등)에는 견본이나 표준품에 의해 상품의 품질을 결정할 필요가 없으며, 상표나 브랜드에 의해 품질을 곧바로 결정할 수 있는데, 상표에 의하여 계약을 체결하는 매매
- 규격매매(Sales by type or grade): 규격이 국제적으로 통일되어 있거나(예: ISO) 수출국의 공적 규정에 의해서[예: 한국(KS), 일본(JIS), 영국(BS) 등] 정해진 물품의 경우

에 이용되는 매매
- 명세서매매(Sales by specification): 기계류나 선박, 의료기구 등의 거래에는 견본을 사용하기 곤란하므로 그 재료, 구조, 성능 등에 관하여 상세히 설명하고 있는 명세서(specification)에 의하여 이루어지는 매매
- 점검매매(Sales by inspection): 매도인(수출업자)이 매수인(수입업자) 앞으로 보내온 상품을 실제 점검해 보고 만족할 경우 점검한 그 현품을 구입하는 거래

2. 다음 (가), (나)의 국제물품매매계약에서 이용할 수 있는 품질결정방법이 바르게 연결된 것은?

> 가. 일본의 도요다상사가 한국의 대한무역(주)로부터 일본의 JIS에서의 기준에 의해 상품을 수입하고자 하는 경우
> 나. 중국의 중화상사가 한국의 민국상사(주)로부터 철도차량을 수입하고자 하는 경우

(1) 견본매매 － 상표매매　　　(2) 표준품매매 － 규격매매
(3) 규격매매 － 명세서매매　　(4) 상표매매 － 점검매매
(5) 명세서매매 － 점검매매

(해설)
- '일본의 도요다상사가 한국의 대한무역(주)로부터 일본의 JIS에서의 기준에 의해 상품을 수입하고자 하는 경우' → JIS라는 일본의 공적 규격에 의한 매매를 하고자 하는 것이므로 '규격매매'
- '중국의 중화상사가 한국의 민국상사(주)로부터 철도차량을 수입하고자 하는 경우' → 철도차량 같이 기계류는 견본을 제시하기 어렵기 때문에 재료, 구조, 성능 등에 관하여 상세히 설명하고 있는 '명세서매매'

정답: (3)

3. 다음의 거래 상황에서 적합한 품질결정방법이 바르게 연결된 것은?

> 가. 알래스카산 명태를 수입하고자 하는 경우
> 나. 과실류 및 곡물 기타 천연물의 선물거래의 경우
> 다. 원사를 수입하고자 하는 경우

(1) FAQ － GMQ － USQ　　(2) FAQ － USQ － GMQ
(3) GMQ － FAQ － USQ　　(4) GMQ － USQ － FAQ
(5) USQ － GMQ － FAQ

(해설)
알래스카산 명태를 수입하고자 하는 경우는 '판매적합품질조건', 과실류 및 곡물 기타 천연물의 선물거래의 경우는 '평균중등품질조건', 원사를 수입하고자 하는 경우는 '보통품질조건'

정답: (3)

- 표준품매매(sales by standard): 농산물과 같이 수확이 예상되는 물품과 목재 등과 같이 정확한 견본의 제공이 곤란한 물품에 대하여 그 표준품을 정하여 거래를 하고 실제 인도된 물품과 표준품의 차이가 있을 경우에는 계약조건 또는 관습에 따라 물품대금을 증감할 수 있는 거래방법 → FAQ, GMQ, USQ
- FAQ(Fair Average Quality, 평균중등품질조건): 곡물이나 과일 등의 농산물에 사용되는 품질조건으로 인도물품의 품질조건은 그 인도(선적)의 시기 및 장소에서 그 계절 출하품의 평균중등품질로 하는 조건
- GMQ(Good Merchantable Quality, 판매적합품질조건): 냉동어류나 목재 등의 매매거래에 사용되며, 정확한 견본 또는 표준품의 이용이 곤란한 경우에 사용되는 품질조건으로 인도하는 물품의 품질이 그 시장에서 판매 적합하여야 한다는 품질조건
- USQ(Usual Standard Quality, 보통품질조건): 주로 원사거래에 이용되는 품질조건으로 공인검사기관이나 공인표준기관에 의하여 보통품질을 표준품의 품질로 결정하는 방법

4. 다음은 품질결정방법에 관한 설명이다. 그 내용과 가장 가까운 조건은 무엇인가?

> 수출업자는 수입업자에게 제공하는 냉동 패류와 같은 상품의 품질에 대하여 적합성을 보장하여야 한다.

(1) GMQ   (2) FAQ   (3) TQ   (4) RT   (5) SD

(해설)
판매적합품질조건(GMQ: Good Merchantable Quality): 냉동어류나 목재 등의 매매거래에 사용되며, 정확한 견본 또는 표준품의 이용이 곤란한 경우에 사용되는 품질조건, 인도하는 물품의 품질이 그 시장에서 판매적합하여야 한다는 품질조건

정답: (1)

5. 품질의 결정시기에 대하여 다음과 같이 약정될 경우에 일반적으로 적용이 되는 물품에 해당하는 것은?

> "fair average quality of the seasons's shipment at time and place of shipment"

(1) 원면　　(2) 목재류　　(3) 냉동어류　　(4) 곡물류　　(5) 냉동패류

(해설)

'fair average quality ∼'에서 FAQ 조건임을 알 수 있고, FAQ(평균중등품질조건)은 곡물이나 과일 등의 농산물에 사용되는 품질조건으로 인도물품의 품질조건은 그 인도(선적)의 시기 및 장소에서 그 계절 출하품의 평균중등품질로 하는 조건

정답: (4)

6. 한국통상(주)는 인도의 수입업자와 전자기기 수출계약을 체결하였다. 매매계약서에 다음과 같은 내용이 표시되어 있다면 한국통상(주)는 어떤 품질과 규격으로 물품을 인도해야 하는가?

> Commodity: mp3 player and USB Card
> Quality: to be up to the sample, No. 100

(1) 샘플과 똑같은 mp3 player와 USB　　(2) 샘플과 비슷한 mp3 player와 USB
(3) 샘플과 유사한 mp3 player와 USB　　(4) 샘플과 같은 번호의 mp3 player와 USB
(5) 샘플과 다른 mp3 player와 USB

(해설)

－견본 100에 따른 품질이므로 '견본과 일치하는 mp3 player와 USB Card' 인도
－the same as ∼ ＝ be up to ∼ ＝ be full equal to ∼ 등 '견본과 일치하는 것'

정답: (1)

7. 다음은 과부족용인조항(M/L Clause)에 관한 설명이다. 바르지 않은 설명을 모두 고른 것은?

> 가. 살화물의 경우 신용장거래에서는 금액, 수량, 단가 앞에 about나 circa와 같은 용어를 사용하였을 때 과부족이 용인된다.
> 나. 신용장상에 물품수량의 과부족용인문언의 표시가 없더라도 포장단위나 개개품목으로 수량이 명기된 경우에 신용장금액을 초과하지 않는 범위 내에서 5%까지 과부족이 용인된다.

> 다. 휴대전화 10대 등 개개품목으로 수량이 정하여지는 경우에는 적용되지 아니한다.
> 라. 과부족을 용인하는 경우 일반적으로 과부족 부분에 대하여 대금을 정산할 때 정
>   산가격은 시가(current price)에 의하는 것이 원칙이다.

(1) 가, 나   (2) 가, 라   (3) 나, 다   (4) 나, 라   (5) 다, 라

(해설)

과부족용인조건은 포장단위나 개개품목으로 수량이 명기된 경우에는 적용되지 아니하며, 과부족을
용인하는 경우 일반적으로 과부족 부분에 대하여 대금을 정산할 때 정산가격은 계약가격(contract
price)에 의하는 것이 일반적이다.

정답: (4)

※ 과부족용인조항[More or Less; M/L(MOL) Clause]
- 곡물, 광산물 등과 같은 살화물(bulk cargo)이거나 유류의 경우에는 장기간의 운송
  도중 감량되거나 정확하게 계약수량을 선적하기가 어렵기 때문에 약간의 과부족을
  용인하는 조항
- 특약에 의한 과부족용인조항 설정의 경우에는 그 허용 과부족을 충족시켜야 한다
  (예: 3% more or less at seller's option).

※신용장 거래 시 과부족용인조항의 경우
- 신용장 금액 상품의 수량, 단가에 대해 about, circa, nearly, approximately 등의 유사
  한 단어를 사용하면 10%를 초과하지 않는 과부족을 허용
- 과부족 금지문언이 없는 한 5%의 과부족이 허용
- 신용장 상의 수량이 포장단위 또는 개별품목의 개수로 되어 있는 경우에는 허용되
  지 않는다.

8. 다음은 매매계약서에 표시된 선적기일에 관한 표현이다. 바른 설명으로 묶은 것은?

> 가. shipment: on or about May 12 — 5월 7일부터 5월 17일까지 선적할 것
> 나. shipment: on or before May 12 — 5월 12일 전까지 선적할 것
> 다. shipment: from May to June — 5월 1일부터 6월 말일까지 선적할 것
> 라. shipment: within thirty days from the date of this contract — 본 계약일을 제
>   외한 날로부터 30일 이내에 선적할 것

(1) 가, 나   (2) 가, 다   (3) 나, 다   (4) 나, 라   (5) 다, 라

- 선적일 앞에 'on or about'이 사용될 경우 선적일은 양단일을 포함하여 5일 전후까지의 기간 내(총 11일)이므로 5월 7일부터 5월 17일까지
- 선적일 앞에 'on or before'(by, not later than)이 사용된 경우 당해 일자를 포함하므로 5월 12일은 선적일에 포함되므로 선적일은 5월 12일까지
- 'from May to June' 식의 단월식으로 표현한 경우에 선적일은 시작달의 초일부터 마감달의 말일까지이므로 5월 1일부터 6월 말일까지
- 선적일에 'from'이 쓰인 경우 당해일자를 포함하므로 선적일은 본 계약일로부터 30일 이내

정답: (2)

9. 다음은 품질조건, 수량조건, 선적조건에 대한 설명이다. 바르게 설명한 것을 모두 묶은 것은?

> 가. 신용장 거래 시 선적일과 관련하여 from, to, till, until이 사용되는 경우에 당해일은 포함하는 것으로 해석한다.
> 나. 1 Metric ton은 kilo ton이라고도 불리며, 약 1,016kgs에 해당한다.
> 다. 잡화품과 같이 개수를 기준으로 거래되는 경우에 사용되는 gross는 12dozen에 해당한다.
> 라. GMQ조건은 양륙지에서의 검사를 최종적으로 하는 것으로 선적지에서의 검사를 통해서는 물품의 결함 등을 확인하기 곤란한 물품인 목재나 육류 등의 거래에서 이용된다.

(1) 가, 나, 다   (2) 가, 나, 라   (3) 가, 다, 라   (4) 나, 다, 라   (5) 가, 나, 다, 라

수량단위 중 Ton의 종류
- Long Ton(English Ton) = 1,016kgs = 2,240 lbs(영국계)
- Short Ton(America Ton) = 907kgs = 2,000 lbs(미국계)
- Metric Ton(French Ton) = 1,000kgs = 2,204 lbs(프랑스계, 한국)

정답: (3)

※ 수량단위 중 잡화 및 기계들의 단위로 사용되는 piece, dozen, gross, small gross, great gross 등이 있다.
- 1gross = 12dozen(12×12piece) = 144개
- 1 small gross = 10dozen(10×12piece) = 120개

· 1 great gross = 12gross(12×12×12piece) = 1,728개

10. 다음은 무역계약의 협상조건 중에서 수량조건에 대한 설명이다. 바르지 않은 설명을 모두 고른 것은?

> 가. 살화물(bulk cargo) 거래 시 운송 등 취급 중의 감량에 대비하여 계약서에 M/L 3%와 같이 표기하는 것이 바람직하다.
>
> 나. Ton 단위에는 Long Ton, Short Ton, Metric Ton 등이 있으므로 정확히 어떤 Ton을 사용하는지 합의해야 한다.
>
> 다. 신용장에 과부족용인조항이나 about 등의 표현이 없는 경우에도 모든 종류의 물품에 대하여 5% 감량은 항상 허용된다.
>
> 라. 조화 등과 같이 개수를 기준으로 거래되는 경우에 사용되는 1 small gross는 12dozen에 해당한다.

(1) 가, 나   (2) 가, 다   (3) 나, 다   (4) 나, 라   (5) 다, 라

(해설)
- 과부족용인조항은 신용장 상의 수량이 포장단위 또는 개별품목의 개수로 되어 있는 경우에는 허용되지 않는다.
- 1 small gross는 10dozen

정답: (5)

11. 다음은 무역계약의 협상조건 중에서 선적조건에 대한 설명이다. 바르게 설명한 것을 모두 고른 것은?

> 가. 분할선적과 할부선적은 동일한 것으로 해석된다.
>
> 나. 신용장 상에 선적기간으로 'on or before 13 May'와 같이 기재된 경우 선적기간은 5월13일까지이다.
>
> 다. 분할선적은 신용장 상에 별도의 금지규정에 관한 내용이 표시되지 않는 경우에는 허용된다.
>
> 라. 할부선적에서 해당 선적분이 지연되었다면 그 이전의 선적분은 유효하고, 당해 선적분은 무효가 되며, 나머지 잔여의 선적분은 유효하게 된다.
>
> 마. 깨지기 쉬운 물품이나 귀중물품의 경우 환적을 허용하는 것이 좋다.

(1) 가, 나, 다   (2) 가, 다, 라   (3) 나, 라, 마   (4) 나, 다   (5) 다, 라

- 분할선적(Partial shipment): 계약상품을 다 선적하지 못하고 2회 이상 분할하여 선적 → 분할선적은 신용장 상에 별도의 금지규정에 관한 내용이 표시되지 않는 경우에는 허용
- 할부선적(Installment shipment): 계약당사자에 의해 선적수량, 선적일자가 각각 정해져 있는 경우 → 어떤 물품을 매월 10일 인도를 기준으로 10회에 걸쳐서 인도하기로 하였는데 3회분은 정해진 10일에 도착하였으나 4회분이 10일이 지나 인도되었다면 3회분까지는 유효, 기일을 어긴 4회분 포함 나머지 6회분 모두 무효
- 환적(Transshipment): 선적된 화물을 다른 선박이나 운송수단에 다시 적재하는 것 → 일반적으로 환적은 귀중품이나 파손되기 쉬운 상품의 경우에는 매수인에 의해 금지, 사전에 명확히 하는 것이 바람직

정답: (4)

12. 다음의 내용을 살펴볼 때 어떤 것을 의미하는 것인가?

> This means unloading and reloading from one vessel to another vessel during the course of ocean carriage from the port of loading to the port of discharge stipulated in Credit.

(1) Installment shipment   (2) Partial shipment   (3) Letter of Credit
(4) Transshipment   (5) Bill of Lading

(해설)

이것은 신용장에 규정된 선적항에서 양륙항까지의 운송과정 중에 화물을 하나의 선박으로부터 다른 선박으로 양하하고 재적재하는 것을 의미한다. → 환적(Transshipment)

정답: (4)

제5장 Incoterms 2010

1. 다음은 Incoterms 2010에 대한 설명이다. 바르지 않은 것을 모두 고른 것은?

> 가. 수출업자에게 가장 적은 부담조건은 DDP이고, 가장 많은 부담 조건은 EXW 이다.
> 나. E, F, C 조건은 모두 선적지인도조건으로서 매도인의 인도의무는 선적지에서 종료된다.
> 다. D조건은 모두 양륙지인도조건으로서 매도인의 인도의무는 양륙지의 지정목적지까지 연장된다.
> 라. EXW조건에서는 수출통관을 매도인이 하여야 한다.

   (1) 가, 나　　(2) 가, 라　　(3) 나, 다　　(4) 나, 라　　(5) 다, 라

(해설)

- 인코텀즈란 International Commercial Terms 약칭으로 '국내 및 국제거래조건의 사용에 관한 ICC 규칙'
- E그룹(EXW), F그룹(FCA, FAS, FOB), C그룹(CFR, CIF, CPT, CIP), D그룹(DAT, DAP, DDP)
- 수출업자에게 가장 적은 부담조건은 EXW, 가장 많은 부담 조건은 DDP
- EXW조건에서는 수출통관을 매수인

정답: (2)

〈INCOTERMS의 구성(2010)〉

GROUP(그룹명)	전신부호	비고
GROUP E DEPARTURE(출하조건)	EXW	EX WORKS(공장인도조건)
GROUP F MAIN CARRIAGE UNPAID (주요운임매수인부담조건)	FCA	FREE CARRIER(운송인니도조건)
	FAS	FREE ALONGSIDE SHIP(선측인도조건)
	FOB	FREE ON BOARD(본선인도조건)
GROUP C MAIN CARRIAGE PAID (주요운임매도인 부담)	CFR	COST AND FREIGHT(운임포함조건)
	CIF	COST INSURANCE AND FREIGHT (운임·보험료포함조건)
	CPT	CARRIAGE PAID TO(운송비지급조건)
	CIP	CARRIAGE AND INSURANCE PAID TO (운송비·보험료지급조건)

	DAT	DELIVERED AT TERMINAL (도착터미널인도조건)
GROUP D ARRIVAL(도착조건)	DAP	DELIVERED AT TERMINAL (도착터미널인도조건)
	DDP	DELIVERED DUTY PAID(통관인도조건)

2. 다음의 내용을 보고 괄호 안에 들어갈 용어로 가장 적합한 것은?

> The ( ) is the term in which the seller's obligation is at its minimum: the seller has to do no more than the goods at the disposal of the buyer at the agreed place. If the buyer wants the seller to do more, this should be made clear in the contract of sale.

(1) D terms (2) C terms (3) F terms (4) E term

(해설)

- (E term)은 매도인의 의무가 최소인 조건이다. 즉 매도인은 합의된 장소, 통상적으로 매도인 자신의 영업소에서 물품을 매수인의 임의처분 상태로 놓아두어야 한다. 만일 매수인이 매도인에게 그 이상의 것을 원하는 경우에는 매매계약서에서 이것을 명확히 규정해야 한다.
- 매도인의 최소의무 부담조건은 E 조건

정답: (4)

3. 다음의 내용에서 설명하는 Incoterms 2010의 가격조건은 무엇인가?

> This term means that the seller delivers when the goods are placed at the disposal of the buyer on the arriving means of transport ready for unloading at the named place of destination. The seller bears all risks involved in bringing the goods to the named place.

(1) CPT (2) DAP (3) DAT (4) FCA (5) EXW

(해설)

'이 조건은 매도인이 지정목적지에서 도착한 운송수단으로부터 양하 준비가 된 상태로 물품을 매수인의 임의처분 상태로 인도하는 것을 의미한다. 매도인은 물품을 지정목적지로 가져오는 데 관련된 모든 위험과 비용을 부담한다.'

· DAP[Delivered at Place, 도착장소인도조건(목적지인도조건)]
· 인코텀즈2010의 DAF, DES, DDU 조건 대체
· DAT＋지정목적지에서 물품을 운송수단에 양하하지 않은 상태로 매수인의 임의처분에 둘 때 매

도인의 위험과 비용이 종료

· 도착된 운송수단은 선박이 될 수도 있고, 지정목적지는 항구가 될 수 있다.
· Unit Price: USD100/pc DAP Shanghai Port pier 3, Shanghai, China(매도인이 중국 상하이항 3번 부두의 선상에서 양하하지 않고 임의처분 상태로 둘 때까지의 위험과 비용을 부담)

정답: (2)

4. 다음은 Incoterms 2010 조건에 관한 것이다. 괄호 안에 들어갈 가격조건이 바르게 연결된 것은?

> In the case of (   ) contract, the seller delivers the goods th the carrier nominated by him, but the seller must in addition pay the cost of carriage necessary to bring the goods to the named destination. In (   ) the seller also has to the procure insurance against the buyer's risk of loss of or damage to the goods during the carriage.

(1) CPT — CFR (2) CPT — CPT (3) CIP — CIP (4) CIP — CIF (5) CIF — CIF

(해설)

- '(CIP) 계약조건의 경우, 매도인은 자신이 지명한 운송인들에게 물품을 인도하는 것을 의미하고, 또한 매도인은 지정된 목적지까지 물품을 운송하는 데 필요한 운송비를 지불해야 하는 것을 의미한다. (CIP) 조건에서는 또한 매도인은 매수인이 부담하는 운송 중의 물품의 멸실 또는 손상의 위험에 대해서 보험을 수배하여야 한다.'
- CIP(Carriage and Insurance Paid to; 운송비보험료지급인도조건)
- CIP(CPT) 조건에서 비용부담의 종료는 the named destination(지정목적지)까지이지만 CIF(CFR)은 the named port of destination(지정목적항)

정답: (3)

5. 다음은 Incoterms 2010 조건에 관한 것이다. 괄호 안에 들어갈 가격조건이 바르게 연결된 것은?

> (   ) may not be appropriate where goods are handed over to the carrier before they are on board the vessel, for example goods in containers, which are typically delivered at a terminal, in such situations, the (   ) rule should be used.

(1) EXW — FCA (2) CPT — CIF (3) FOB — FCA
(4) DAT — DAP (5) CFR — CIF

(FOB) 조건은 물품이 본선에 적재되기 전에 운송인에게 인도되는 경우, 예를 들면 통상 터미널에서 인도되는 컨테이너화물의 경우에는 적합하지 않을 수 있다. 이러한 상황에서는 FCA 조건을 사용하여야 한다.

정답: (3)

6. 한국의 수출업자인 한국상사(주)는 수입업자인 일본의 미시도상사와 컴퓨터 수출 계약을 다음의 가격조건으로 체결하였다. 이에 대한 바른 설명으로 묶은 것은?

> (A) means that the seller delivers the goods on board the vessel nominated by the buyer at the named port of shipment or procures the goods already so delivered. The risk of loss of or damage to the goods passes when the goods are on board the vessel, and the buyer bears all costs from that moment onwards.

> 가. (A)는 FOB로 한국상사(주)는 FOB 가격조건으로 계약 체결을 하였다.
> 나. 한국상사(주)는 물품이 본선의 갑판에 적재된 이후의 위험과 추가비용을 부담해야 한다.
> 다. 선박의 지정과 운송계약체결은 미시도상사가 해야 한다.
> 라. 한국상사(주)는 목적항까지의 운임과 보험 등의 일체의 경비를 부담하여야 한다.

(1) 가, 나   (2) 가, 다   (3) 나, 다   (4) 나, 라   (5) 다, 라

- '본선인도조건(FOB; Free on Board)은 매도인이 물품을 지정선박항에서 매수인에 의하여 지정된 본선에 적재하여 인도하거나 이미 그렇게 인도된 물품을 조달하는 것을 의미한다. 물품의 멸실 또는 손상의 위험은 물품이 본선에 적재된 때에 이전하며, 매수인은 그러한 시점 이후의 모든 비용을 부담한다.'
- 미시도상사가 물품이 본선의 갑판에 적재된 이후의 위험과 추가비용을 부담해야 하고, 목적항까지의 운임과 보험 등의 일체의 경비를 부담하여야 한다.

정답: (2)

- FOB조건은 실무적으로 CIF 조건과 함께 가장 많이 쓰이는 조건으로 지정선적항에서 매수인이 지정한 선박의 갑판 상에(on board) 물품을 인도할 때 매도인의 물품에 대한 위험과 비용의무가 종료
- 물품이 본선의 갑판에 적재된 이후의 위험과 추가비용은 모두 매수인 부담

- 선박의 지정(nomination of vessel)과 운송계약체결권은 매수인에게 있다.
- 매수인이 목적항까지의 운임과 보험 등의 일체의 경비를 부담
- (적용 예) Unit Price: USD100/pc FOB Busan Port, Korea(매도인이 한국의 부산항에
  서 매도인의 비용부담으로 본선의 갑판 상에 물품을 적재하는 조건으로 대당 100달
  러, 매도인이 수출통관을 해야 하고 본선의 갑판 상에 물품을 적재한 이후의 위험과
  비용은 매수인의 부담)

7. 다음의 내용을 만족시키는 인코텀즈 2010의 거래조건은 무엇인가?

> (가) This terms are used in sea or inland waterway transportation
> (나) The insurance obligation rests with the seller

(1) FOB   (2) CIF   (3) FAS   (4) CPT   (5) CFR

(해설)
- '이 조건은 해상과 내수로운송에 사용된다.'
- '보험의 의무는 매도인이 진다.'
- 해상 또는 내수로운송에만 사용될 수 있는 조건: FAS, FOB, CFR, CIF
- 매도인이 부보의무를 지는 거래조건: CIF, CIP
· D조건: 매도인이 매도인 자신을 위하여 부보

정답: (2)

8. 다음 중 Incoterms 2010의 정형거래조건 중에서 수출업자가 보험계약을 체결할 거래조건으로만 묶인 것을 고른 것은?

(1) CIP, CPT, FOB   (2) DAP, FOB, CIP   (3) EXW, DAP, DDP
(4) CIF, CIP, DDP   (5) CFR, CIF, DDP

(해설)
수출업자가 보험을 부보해야 하는 조건: C조건, D조건
· C조건 중 CFR, CPT는 보험료 미포함 운임지급조건

정답: (4)

9. 한국의 수출업자인 태극상사(주)는 수입업자인 대만의 알파인상사와 화장품냉장고 수출계약을 다음의 가격조건으로 체결하였다. 이에 대한 바르지 않은 설명을 고른 것은?

> (A) means that the seller delivers the goods on board the vessel or procures the goods already so delivered. The risk of loss of or damage to the goods passes when the goods are on board the vessel. The seller must contract for and pay the costs and freight necessary to bring the goods to the named port of destination.
> The seller also contracts for insurance cover against the buyer's risk of loss of a damage to the goods during the carriage. The buyer should note that under (A) the seller is required to obtain insurance only on minimum cover. Should the buyer wish to have more insurance protection, it will need either to agree as much expressly with the seller or to make its own extra insurance arrangements.

> 가. (A)는 CIF로 태극상사(주)는 CIF 가격조건으로 계약 체결을 하였다.
> 나. 태극상사(주)는 수출통관하고 목적항까지의 운임을 부담해야 한다.
> 다. 해상보험료는 알파인상사가 부담해야 한다.
> 라. 보험손해가 발생 시 선적 전의 손해는 알파인 상사에게 보상청구권리가 있다.

(1) 가, 나   (2) 가, 다   (3) 나, 다   (4) 나, 라   (5) 다, 라

(해설)

- 운임보험료포함 인도조건(CIF)은 매도인이 물품을 본선에 적재하여 인도하거나 이미 그렇게 인도된 물품을 조달하는 것을 의미한다. 물품의 멸실 또는 손상의 위험은 물품이 본선에 적재된 때에 이전한다. 매도인은 물품을 지정목적항까지 운송하는 데 필요한 계약을 체결하고 그에 따른 비용과 운임을 부담하여야 한다.
  매도인은 또한 운송 중 매수인의 물품의 멸실 또는 손상의 위험에 대비하여 보험계약을 체결한다. 매수인이 유의해야할 것으로 CIF에서 매도인은 단지 최소조건으로 부보하도록 요구될 뿐이다. 보다 넓은 보험의 보호를 원한다면 매수인은 매도인과 명시적으로 그렇게 합의하든지 아니면 스스로 자신의 추가보험을 들어야 한다.
- CIF 조건이므로 해상보험료는 태극상사(주)가 부담해야 하고, 보험손해가 발생 시 선적 전의 손해는 태극상사(주)에게 보상청구권리가 있다.

정답: (5)

- CIF조건은 실무적으로 FOB 조건과 함께 가장 많이 쓰이는 조건으로 위험의 분기점은 물품이 본선에 적재되었을 때 종료되나 비용의 분기점은 목적항까지로 목적항까

지의 운임과 보험료 부담
- CIF 조건에서 당사자 간에 보험조건에 관한 아무런 약정이 없다면 ICC(C) 조건 또는 ICC(FPA) 조건으로 매도인이 부보하는 것이 원칙(통상 Invoice 금액의 110%)
- 보험계약을 체결할 때는 보험계약자와 피보험자 모두 동일하나 선적 후에는 보험증권에 배서하여 보험금청구권리를 매수인에게 양도하므로 최종적인 피보험자는 매수인으로 달라진다.
- 보험손해가 발생 시 선적 전의 손해는 매도인에게 보상청구권리가 있고, 선적 후에 발생한 보험손해의 청구권리는 매수인에게 있다.
- (적용 예) Unit Price: USD100/pc CIF New York Port, USA(매도인이 뉴욕항까지의 운임과 보험료를 부담하는 조건으로 대당 100달러)

10. 다음의 자료에 근거해 볼 때, 한국의 수출업자인 무궁화상사(주)가 가격조건을 체결할 때 가장 적합한 Incoterms 2010의 조건은 무엇인가?

> (가) 무궁화상사(주)는 계약 체결을 위해 가능한 한 수입업자인 일본의 고요미상사(주)의 거래조건을 수용할 의사가 있는 상황이다.
> (나) 수입 통관된 물품이 고요미상사(주)가 지정한 목적지까지 운송되기를 바라고 있다.
> (다) 일본의 고요미상사(주)는 한국의 무궁화상사(주)가 수입관세와 부가가치세 등 기타 세금을 부담하는 조건으로 계약체결을 원하고 있다.

(1) EXW　　(2) FOB　　(3) CIF　　(4) CIP　　(5) DDP

(해설)

계약 체결을 위해 고요미상사(주)의 거래조건을 수용할 의사가 있는 상황에서 무궁화상사(주)가 수입 통관된 물품이 고요미상사(주)가 지정한 목적지까지 운송하고, 관세와 부가가치세 등 기타 세금을 부담하는 조건은 DDP(관세지급인도조건)

정답: (5)

※ 관세지급인도조건(DDP: Delivered duty paid)
· 매도인의 최대의무조건
· 수입통관된 물품이 지정목적지에서 도착운송수단에 실린 채 양하 준비된 상태로 매수인의 처분 하에 놓이는 때에 매도인이 인도하는 것으로 이때 매도인의 위험과 비용이 종료
· 통관 시 수입신고의무자는 매수인이나 매도인이 수입관세 및 부가가치세나 기타 세

금 지급

- (적용 예) Unit Price: USD110/pc DDP Tiroma's warehouse, Yokohama, Japan(매도인이 일본 요코하마 소재 티로마사의 보세창고까지 비용과 관세를 부담하는 조건으로 대당 운임과 보험료를 부담하는 조건으로 대당 110달러, 통관 시의 제반 비용과 관세는 매도인이 부담하지만 통관 시 수입신고의무자는 매수인)

11. 무역계약의 〈조건〉에 대한 설명 중 옳은 것을 〈보기〉에서 고른 것은?

<조건>
- 한국의 수출업자 갑(甲)회사와 미국의 수입업자 을(乙)회사는 무역계약을 체결하였음.
- 물품을 부산항에서 선적하여 LA항까지 해상운송하기로 함.
- 갑(甲)회사는 부산항에서 LA항까지의 해상운임과 해상보험료를 부담하기로 함.

ㄱ. 수입통관은 을(乙)회사가 하여야 한다.
ㄴ. 가격조건의 표시는 'CIF Busan'으로 표시한다.
ㄷ. 갑(甲)회사는 LA항에서 본선에 적재 완료할 때까지 위험을 부담한다.
ㄹ. Incoterms 2010에 의하면, 당사자 간에 별도의 약정이 없는 경우 갑(甲)회사는 최소담보(minimum cover)조건으로 부보하면 된다.

(1) ㄱ, ㄴ　　(2) ㄱ, ㄹ　　(3) ㄴ, ㄷ　　(4) ㄴ, ㄹ　　(5) ㄷ, ㄹ

정답: (2)

제6장 국제대금결제와 신용장(1)

1. 다음은 국제대금결제방식 중 송금방식에 대한 설명이다. 바르지 않은 것을 모두 고른 것은?

> 가. 송금방식에는 CWO, COD, CAD 등이 해당한다.
> 나. 소량의 견본대금을 치르는 방법으로 가장 좋은 것은 CAD이다.
> 다. COD는 상품공급과 동시에 대금지급이 이루어지는 결제방식이다.
> 라. CWO는 후불 방식이다.

  (1) 가, 나   (2) 가, 라   (3) 나, 다   (4) 나, 라   (5) 다, 라

(해설)
소량의 견본대금을 치르는 방법으로 가장 좋은 것은 CWO, 송금방식 중 CWO는 선불 방식이다.

정답: (4)

※ 송금(Remittance)방식 결제
- CWO(사전송금, 선불): Cash With Order, '주문불'이며, 주문 시에 대금을 지급하는 방식으로 특별한 주문이나 소량의 견본대금에 활용
- COD(사후송금, 후불): Cash on Delivery, '현금(현품)상환도'이며, 물품인도와 동시에 대금 결제하는 방식으로서 무역거래에서 잘 이용되지 않고 있다.
- CAD(사후송금, 후불): Cash Against Documents, '선적서류상환도'이며, 선적서류와 상환으로 대금을 결제하는 방식, D/P의 유럽방식이라고도 한다.

2. 다음은 국제대금결제방식 중 D/A와 D/P에 대한 설명이다. 바르지 않은 것을 모두 고른 것은?

> 가. 추심결제방식의 하나로서 추심의뢰서에 D/A와 D/P에 대한 아무런 표기가 없는 경우에는 D/A로 간주한다.
> 나. 추심의뢰인, 추심의뢰은행, 추심은행이 기본당사자이다.
> 다. D/P조건은 수입상이 추심은행에 대금결제를 하고 선적서류를 인도해 간다.
> 라. D/A조건은 수출업자에게 유리한 조건이다.

(1) 가, 나　　(2) 가, 라　　(3) 나, 다　　(4) 나, 라　　(5) 다, 라

(해설)

추심결제방식의 하나로서 추심의뢰서에 D/A와 D/P에 대한 아무런 표기가 없는 경우에는 D/P로 간주하며, D/A조건은 수입업자에게 유리한 조건이다.

정답: (2)

※ 추심(Collection)결제
- 의의: 수출업자가 물품을 선적하고 선적서류를 구비하여 수입업자를 지급인으로 하는 추심환어음을 발행하여 자신의 거래은행에 추심을 의뢰하면 이 은행이 수입업자의 거래은행(추심은행)에 추심을 요청하여 결제가 이루어지는 방식
- 유형: 지급도(D/P: Documents against Payment)방식은 환어음의 지급인이 환어음을 지급하는 경우 선적서류를 인도하는 방식이고, 인수도(D/A: Documents against Acceptance) 조건은 환어음의 지급인이 환어음을 인수하는 경우 선적서류를 인도하는 방식

3. 다음의 결제방식에 대한 설명으로 바르지 않은 것을 모두 고른 것은?

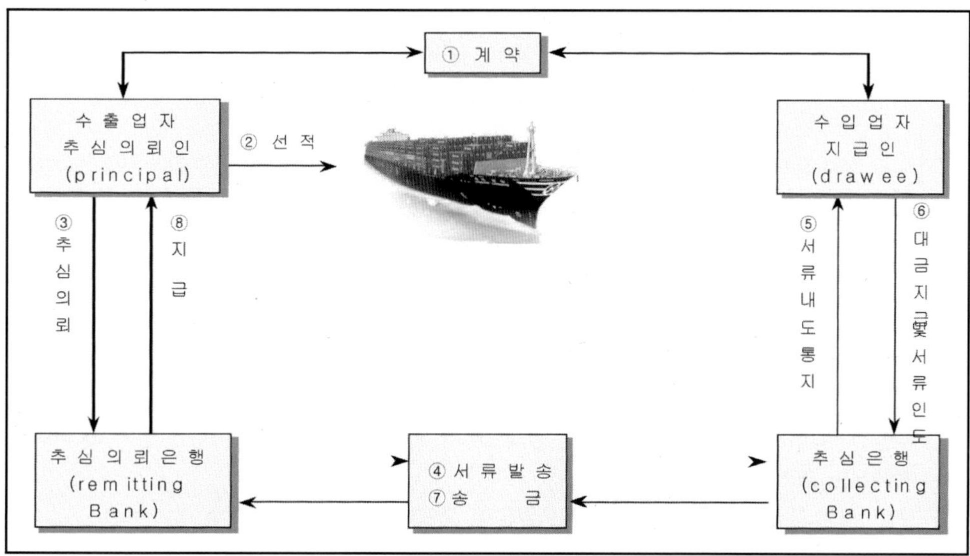

가. 은행이 수입업자로부터 어음 대금을 지급 받고 선적서류를 인도한다.
나. 기한부환어음(Usance)이 제시된다.
다. 수입업자는 불리하고 수출업자에게는 유리한 결제방식이다.
라. 인수도 지급 조건이다.

(1) 가, 나   (2) 가, 라   (3) 나, 다   (4) 나, 라   (5) 다, 라

(해설)

추심결제방식 중 지급도 조건(D/P)에 관한 결제 흐름도이다. 그러므로 일람불환어음이 제시된다.

정답: (4)

4. 다음의 결제방식에 대한 설명으로 바른 것을 모두 묶은 것은?

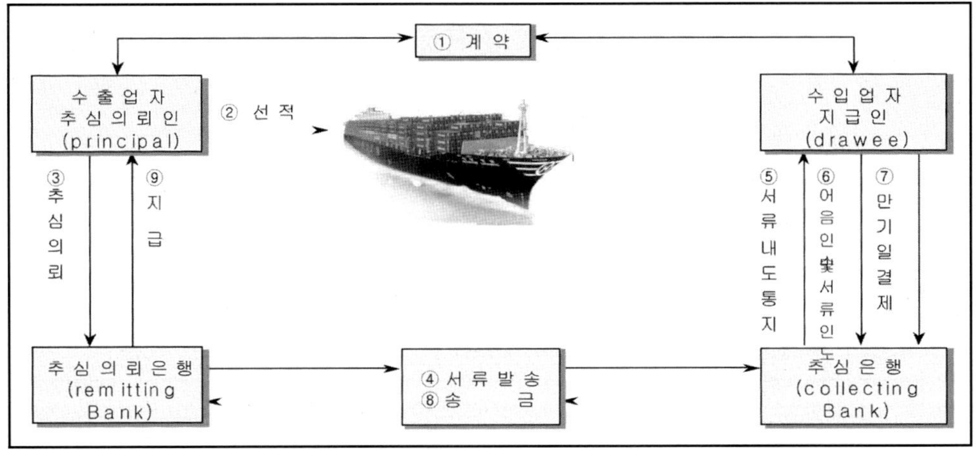

> 가. 약정된 만기일에 대금을 결제한다.
> 나. 환어음의 지급인이 환어음을 인수하는 경우 선적서류를 인도하는 방식이다.
> 다. 수출업자에게 유리한 대금결제방식이다.
> 라. 주문 시에 대금을 지급하는 방식이다.

(1) 가, 나   (2) 가, 라   (3) 나, 다   (4) 나, 라   (5) 다, 라

(해설)

- 추심결제방식 중 D/A(인수도 조건) 방식으로서 외상거래의 성격을 가지고 있기 때문에 수출업자에게는 불리한 대금결제방식이다.
- 주문 시에 대금을 지급하는 방식은 송금방식 중 CWO(주문불)이다.

정답: (1)

5. 다음은 무신용장에 의한 대금결제방식에 관한 설명이다. (가)와 (나)의 결제방식이 바르게 연결된 것을 고른 것은?

> (가) 수입업자인 무궁화상사(주)는 3개월 후에 대금을 지급하는 조건으로 상품을 수입하였다. 추심은행으로부터 선적서류와 환어음이 도착되었다는 통지를 받고, 환어음을 인수한 후 선적서류를 받았다.
> (나) 수입업자인 한국물산(주)은 수출업자인 도미노상사(주)가 발행한 환어음의 제시가 있으면 곧바로 대금을 지급하는 조건으로 상품을 수입하기로 하였다. 한국물산(주)은 추심은행인 신한은행으로부터 선적서류와 환어음이 도착되었다는 통지를 받고, 환어음 대금을 지급한 후 선적서류를 받았다.

(1) COD－CAD (2) CAD－COD (3) D/P－D/A (4) D/A－D/P (5) CAD－D/P

(해설)

- 추심은행이 개입되어 있으므로 무신용장에 의한 대금결제방식 중 추심결제방식
- (가)의 경우, "추심은행으로부터 선적서류와 환어음이 도착되었다는 통지를 받고, **환어음을 인수한 후 선적서류를 받았다**"고 하였으므로 인수도조건(D/A)
- (나)의 경우, "한국물산(주)은 추심은행인 신한은행으로부터 선적서류와 환어음이 도착되었다는 통지를 받고, **환어음 대금을 지급한 후 선적서류를 받았다**"고 하였으므로 지급도 조건(D/P)

정답: (4)

6. 다음의 대금결제방식에서 (가)와 (나)에 개입되는 환어음의 종류가 바르게 연결된 것은?

> (가) 대한상사(주)는 일본의 미수다상사(주)와 대금결제 있어서 대한상사(주)가 발행한 환어음의 제시가 있으면 곧바로 대금을 지급하는 조건으로 지갑을 수출하는 계약을 체결하였다. 미수다상사(주)는 추심은행으로부터 선적서류와 환어음이 도착되었다는 통지를 받고, 환어음 대금을 지급한 후 선적서류를 받았다.
> (나) 민국상사(주)는 대만의 대도상사(주)와 벨트를 수출하는 계약을 체결하였다. 대금 결제에 있어서는 민국상사(주)가 발행한 환어음이 제시되면 3개월 후에 대금을 지급하는 조건으로 계약을 체결하였다. 대도상사(주)는 추심은행으로부터 선적서류와 환어음이 도착되었다는 통지를 받고, 환어음을 인수한 후 선적서류를 받았다.

(1) Sight Draft－Usance Draft (2) Usance Draft－Sight Draft
(3) Demand Draft－Sight Draft (4) Sight Draft－Demand Draft
(5) Usance Draft－Demand Draft

(해설)

- 환어음(Bill of Exchange): 어음의 발행인이 지급인에 대하여 일정기일에 일정금액을 일정장소에서 지시인 또는 소지인에게 무조건 지급할 것을 위탁하는 요식증권이자 유통증권
- 일람불어음(Sight Bill, Sight Draft, Demand Draft)은 어음이 제시되면 즉시 지불되는 조건의 어음, 기한부 어음(Usance Bill, Usance Draft)은 제시된 후 일정 기간 후 지불되는 어음

정답: (1)

※ Demand Draft(송금수표): 수입업자가 물품의 대금을 현금으로 은행에 불입하고 요구불의 송금수표(D/D: Demand Draft)를 은행으로부터 발행받아 수출업자에게 송부하는 방식

7. 수출업체인 민국상사(주)로부터 거래제의를 받은 독일의 수입업체인 쾰른사는 상품을 수입할 의사가 있다는 답변과 함께 다음과 같은 조건을 포함하는 청약서(Offer Sheet)를 보내왔다. 다음 중 독일의 수입업체인 쾰른사가 제안하는 무역대금결제방식은 무엇인가?

> Terms of Payment: By T/T remittance 60 days after B/L date.

(1) D/P collection　　(2) D/A collection　　(3) Open account　　(4) CAD　　(5) COD

(해설)

- T/T(Telegraphic Transfer; 전신환송금): 수입업자의 요청으로 송금은행이 송금수표(D/D) 대신에 지급은행에 대하여 일정한 금액을 지급할 것을 위탁하는 지급지시서에 해당하는 전신환을 송금은행이 지급은행에게 전송하는 방식
- 전신료가 비싸며, 긴급을 요하는 경우나 거액을 안전하게 송금할 때 많이 이용
- 청산계정(Open account; 장부결제, 상호계산방식): 전형적인 사후송금방식으로서 빈번하게 수출입거래가 이루어지는 수출업자 간에 물품의 거래건마다 결제하는 것이 아니라 일정한 계산기간마다 대차잔액을 청산하는 방식
- 은행은 대금송금을 위한 단순창구에 불과하며, 다른 결제방식에 비하여 결제 관련 수수료가 가장 낮다.
- 주로 본·지점 간의 거래, 모회사와 자회사 간의 거래에 이용되는데, 물품선적 후 일정기간이 경과된 이후에 대금을 지급한다는 점에서 외상거래라 할 수 있다.
- 청산계정방식에서는 수출업자는 환어음을 발행하지 않는다.

정답: (3)

8. 수출업체인 고려상사(주)는 은행에서 소개해 준 금융상품을 이용하려고 한다. 다음 보기의 상황을 고려하여 은행이 제시한 금융상품은 무엇인가?

> 가. 수출업체인 고려상사(주)는 미국의 어느 수입업자로부터 100만 달러 상당의 수출주문을 받았다.
> 나. 첫 거래임에도 불구하고 수입업자는 사후송금(Open account)방식의 외상거래를 요구하고 있다.
> 다. 외상기간도 120일로 길어 자칫 수출대금 회수에 따르는 위험부담과 함께 유동성 자금압박이 예상되어 고민하고 있다.
> 라. 고려상사(주)의 주거래은행으로부터 외상수출거래에서 발생된 채권을 무소구(without recourse) 조건으로 은행이 매입할 수 있는 금융상품이 있다고 한다.

(1) CWO   (2) D/A bill negotiation   (3) D/P bill negotiation
(4) International Factoring   (5) L/C

(해설)
- 팩토링(factoring): 판매자(client)가 구매자(customer)에게 물품이나 서비스를 제공함에 따라 발생하는 외상매출채권과 관련 팩토링회사가 판매자를 대신하여 구매자에 관한 신용조사 및 신용위험의 인수(지급보증), 매출채권의 기일관리 및 대금회수 금융의 제공, 기타 회계처리 등의 업무를 대행하는 금융서비스
- 국제팩토링은 기존의 추심방식 및 신용장방식에서 나타나는 장·단점을 보완한 무역거래방식으로 담보력이 부족한 중소기업을 중심으로 이용
- 상환청구불능 팩토링(without recourse factoring)은 수출팩터가 거래처의 영업활동에서 발생한 채권을 채무자(매수인)의 지급불능에도 불구하고 위험을 완전히 인수하여 매입하는 방식, 즉 해외수입업자가 만기일에 수입대금을 상환하지 못한다 하더라도 수출팩터가 수출업자에게 기지급한 수출대금의 반환을 청구할 수 없다.

정답: (4)

9. 다음은 D/A, D/P, Open account에 대한 설명이다. 바르지 않은 설명으로 묶은 것은?

> 가. 수출업자가 추심을 의뢰하는 수출업자의 거래은행을 collecting bank라고 부른다.
> 나. D/A, D/P거래에서 환어음의 지급인은 원칙적으로 수입업자가 된다.
> 다. Open account는 수입업자가 상품을 수취한 후 사후에 대금을 결제하는 사후송금 방식으로 수입업자의 입장에서는 대금결제 전에 미리 상품의 품질 등을 점검할 수 있자는 점이 장점으로 작용된다.

> 라. Open account는 다른 대금결제방식에 비하여 은행수수료가 많이 소요된다는 점
> 이 단점에 해당된다.

(1) 가, 나 (2) 가, 라 (3) 나, 다 (4) 나, 라 (5) 다, 라

(해설)

수출업자가 추심을 의뢰하는 수출업자의 거래은행을 remitting bank(추심의뢰은행)라고 부르며, Open account는 은행은 대금송금을 위한 단순창구에 불과하기 때문에 다른 결제방식에 비하여 결제 관련 수수료가 가장 낮은 장점이 있다.

정답: (2)

10. 거래기준에 따른 무역거래 당사자 명칭은 달리 표현된다. 다음 중 그 명칭에 대한 설명이 바르지 않은 것을 모두 고른 것은?

> 가. 매매관계에 있어서는 수출업자인 매도인을 Seller라 하고, 수입업자인 매수인을 Buyer라 한다.
> 나. 신용장관계에 있어서는 수출업자인 수익자를 Beneficiary, 수입업자인 개설의뢰인을 Applicant라 한다.
> 다. 선적관계에 있어서는 수입업자를 Shipper, Consignor 등으로 표현하고, 수출업자를 Consignee라 표현한다.
> 라. 추심관계에 있어서는 수입업자를 Principal, 수출업자를 Drawee라 한다.

(1) 가, 나 (2) 가, 라 (3) 나, 다 (4) 나, 라 (5) 다, 라

(해설)

거래기준에 따른 무역거래 당사자 명칭

무역의 거래단계와 진행업무처리에 따라 동일인이나 동일은행이 다른 이름으로 불리는 경우가 많다.

관계	수출상(수출업자, 수출자)	수입상(수입업자, 수입자)
매매관계	Seller(매도인)	Buyer(매수인)
무역관계	Exporter(수출업자)	Importer(수입업자)
신용장관계	Beneficiary(수익자)	Applicant(개설의뢰인)
선적관계	Shipper, Consignor	Consignee
	(선적인, 하주, 송하인)	(수하인)
어음관계	Drawer(발행인)	Drawee(지급인)
추심관계	Principal(추심의뢰인)	Drawee(지급인)

계정관계	Accounter(대금수취인)	Accountee(대금결제인)
지급관계	Payee(수취인)	Payer(지불인)

정답: (5)

제7장 국제대금결제와 신용장(2)

1. 다음은 신용장거래의 당사자에 대한 설명이다. 바르지 않은 설명을 모두 고른 것은?

가. 수익자(Beneficiary)란 신용장에 의하여 수혜를 받을 권리가 있는 자 또는 신용장이 지정하고 있는 자로서 보통 수출업자(exporter), 매매계약의 매도인(seller)이거나 송하인(shipper/consignor), 환어음의 발행인(drawer) 등이 된다.

나. 개설의뢰인(Applicant)이란 매매계약에 따라 수출업자 앞으로 신용장 개설을 해줄 것을 자신의 거래은행에 요청하거나 지시하는 자를 말한다.

다. 확인은행(Confirming Bank)이란 자기의 고객인 개설의뢰인의 요청과 지시에 따라 수출업자 앞으로 신용장을 개설하는 은행을 말한다.

라. 개설은행(Issuing Bank)이란 확인은행으로부터 신용장을 확인할 것을 위임 받은 은행으로 확인은행과 동일한 의무를 수익자에게 부담하게 되고, 그 의무는 확인은행의 파산 또는 확인은행이 신용장상의 채무를 이행할 수 없게 되었을 경우에도 의무를 수행한다.

(1) 가, 나   (2) 가, 라   (3) 나, 다   (4) 나, 라   (5) 다, 라

(해설)

- 개설은행(Issuing Bank)이란 자기의 고객인 개설의뢰인의 요청과 지시에 따라 수출업자 앞으로 신용장을 개설하는 은행을 말한다.
- 확인은행(Confirming Bank)이란 개설은행으로부터 신용장을 확인할 것을 위임받은 은행으로 개설은행과 동일한 의무를 수익자에게 부담하게 되고, 그 의무는 개설은행의 파산 또는 개설은행이 신용장상의 채무를 이행할 수 없게 되었을 경우에도 의무를 수행한다.
- ※ 통지은행(Advising Bank): 개설은행으로부터 위임받은 신용장의 통지사무를 행하고, 그 보수로서 통지수수료를 개설은행 또는 수익자로부터 받는 은행을 말하며, 통지은행을 지정할 권리는 개설은행에 있다.

정답: (5)

※ 신용장(Letter of credit: L/C)
- 개념: 매수인의 거래은행인 신용장 개설은행(issuing bank)이 신용장의 제반 조건에 일치되고 약정기간 내에 신용장상에 요구하는 서류가 제시되었을 때 수익자(beneficiary)인 수출업자에게 대금의 지급을 확약한 증서

－의의: 국제간의 매매에 따른 대금결제를 원활하게 하기 위해서 개설은행이 요구한 선적서류가 신용장조건과 일치하게 제시되면 대금을 지급할 것이라는 조건부 지급 확약서(conditional undertaking of payment)

2. 다음은 신용장에 관한 내용이다. (가), (나), (다)에 해당하는 당사자가 바르게 연결된 것은?

> We are pleased to inform (가) you that (나) we have instructed the (다) Shinhan bank, Seoul, to open an irrevocable letter of credit for USD 38,000 in your favor our order No. 678 for pocket tape recorders.

	(가)	(나)	(다)
(1)	exporter	applicant	issuing bank
(2)	applicant	importer	confirming bank
(3)	beneficiary	applicant	confirming bank
(4)	importer	beneficiary	issuing bank
(5)	exporter	beneficiary	confirming bank

(해설)

(나) 당사(importer, applicant)는 (가) 귀사(exporter, beneficiary)를 수혜자로 하여 주문품인 포켓용 테이프 레코더를 결제하기 위한 금액 38,000달러의 취소불능신용장을 개설하라고 (다) 신한은행(issuing bank)에 지시하였다.

정답: (1)

3. 다음은 무역 대금결제와 관련한 서류의 내용 일부를 발췌한 것이다. 이와 관련하여 다음 보기에서 설명하고 있는 것이 바르지 않은 것을 모두 고른 것은?

KOREA EXCHANGE BANK
Seoul, Korea

Advice Date: May 02, 2012	Credit No.: 012/345/6789
Beneficiary Hankook Trading Co. Ltd C.P.O. Box 777, Seoul, Korea	Applicant John International Co. Ltd. 50 Liver street, New York, N.Y. 10005, U.S.A.
Amount: USD 102,292.30	Issuing Bank
Expiry Date: June 25, 2012	Bank of America, New York C.P.O. Box 321, Liver Street, New York, N.Y. 13211, U.S.A.

$$\boxed{\begin{array}{l}
\text{가. 수출업자는 Hankook Trading Co. Ltd.이다.}\\
\text{나. 수입업자는 John International Co. Ltd.이다.}\\
\text{다. 개설은행은 KOREA EXCHANGE BANK이다.}\\
\text{라. 통지은행은 Bank of America이다.}
\end{array}}$$

(1) 가, 나   (2) 가, 라   (3) 나, 다   (4) 나, 라   (5) 다, 라

(해설)
- 개설은행: Bank of America
- 통지은행: KOREA EXCHANGE BANK

정답: (5)

4. 다음은 한국과 미국에 있는 무역거래당사자들이 무역계약을 체결한 후 계약이행 과정에서 발급된 대금결제와 관련한 서류의 내용 일부이며, 서류에 나타난 내용을 보기에서 설명하였다. 보기에서 설명하고 있는 것이 바르지 않은 것을 모두 고른 것은?

THE BANK OF AMERICA
150 Liver Street, New York
N. Y. 10007, U. S. A.

Date and Place: April 1, 2012 New York　　　　(ORIGINAL for BENEFICIARY)

IRREVOCABLE DOCUMENTARY CREDIT	Credit No. IC771187
Advising Bank Shinhan Bank Seoul, Korea	Applicant Global Trading Co. Ltd.
Beneficiary UNIVERSAL CO., LTD. No 501 Chung-ho Building Deung chon 3 dong Kang Seo Ku Seoul Korea	Amount USD 120,000.00
	Expiry Date May 31 2012 in beneficiary's country for negotiation

Dear Sir(s),

We hereby issue in your favor this documentary credit which is available by negotiation with any bank of your draft at sight drawn on us……．

$$\boxed{\begin{array}{l}
\text{가. 개설은행은 Shinhan Bank이다.}\\
\text{나. 통지은행은 THE BANK OF AMERICA이다.}\\
\text{다. 수출업자는 UNIVERSAL CO., LTD.이다.}\\
\text{라. 수입업자는 Global Trading Co. Ltd.이다.}
\end{array}}$$

(1) 가, 나   (2) 가, 라   (3) 나, 다   (4) 나, 라   (5) 다, 라

정답: (1)

5. 다음은 신용장의 특성에 관한 설명이다. (가)와 (나)에 해당하는 설명을 바르게 연결한 것은?

> (가) A nominated bank acting on its nomination, a confirming bank, if any, and the issuing bank must examine a presentation to determine, on the basis of the documents alone, whether or not the documents appear on their face to constitute a complying presentation.
>
> (나) A credit by its nature is a separate transaction from the sale or other contract on which it may be based. Banks are in no way concerned with or bound by such contract, even if any reference whatsoever to it is included in the credit.

(1) 독립성 - 추상성 (2) 추상성 - 독립성 (3) 추상성 - 서류일치성
(4) 서류일치성 - 독립성 (5) 독립성 - 추상일치성

(해설)
- (가)는 신용장의 추상성에 관한 설명으로 "지정에 따라 행동하는 지정은행, 확인은행(있는 경우) 및 개설은행은 서류가 문면상 일치하는 제시를 구성하는지 여부(일치성)를 결정하기 위하여 서류만을 기초로 하여 그 제시를 심사하여야 한다."
- (나)는 신용장의 독립성에 관한 설명으로 "신용장은 그 성질상 그것이 근거될 수 있는 매매계약 또는 기타 계약과는 독립된 거래이다. 은행은 그러한 계약에 관한 어떠한 참조사항이 신용장에 포함되어 있다 하더라도 그러한 계약과는 아무런 관계가 없으며, 또한 이에 구속되지 아니한다."

정답: (2)

※ 신용장의 특성
- 독립성: 무역거래에 있어서 매매당사자가 계약 시 지급조건(payment)에 신용장조건으로 약정하면 매수인인 수입상은 자신의 거래은행에 신용장 개설을 의뢰
· 그러나 일단 신용장이 은행에서 개설되면, 신용장은 그 기초가 되었던 매매계약(賣買契約)이나 기타의 계약관계로부터 완전히 독립되어 자체적으로 별도의 법률관계를 형성하게 되는데, 이를 신용장의 독립성(independency of the credit)이라 한다.
· 개설은행은 매매계약 내용과의 상이함을 이유로 대금의 지급거절이나 지연을 할 수

없는데, 즉 신용장방식에 의한 대금지급은 신용장에서 요구하는 조건과 서류에 하자가 없는 한 매매계약과 다른 물품과 수량이 선적되었다 하더라도 수익자가 제시한 서류가 신용장에서 요구하는 서류조건과 일치하면 대금지급에 영향을 받지 않는다.
- 추상성: 신용장의 추상성(abstraction)이란 은행은 오직 신용장에서 요구하는 서류만 가지고 대금의 지급 여부를 판단한다는 것
- 신용장거래는 오직 서류에 의해 거래하는 것이지 상품거래가 아니라는 점과 은행은 신용장조건에 일치하는 서류와 상환으로 대금을 지급한다는 원칙을 신용장거래의 '추상성'이라고 한다.

6. 다음은 신용장의 특성에 대한 설명이다. 어떤 특성에 관한 것인가?

> In Credit operation all parties concerned deal with documents, and not with goods, services and/or other performance to which the documents may relate.

(1) Doctrine is strict compliance　　(2) Independence Principle if the Credit

(3) Abstraction Principle of the Credit　　(4) Doctrine of Substantial compliance

(해설)
- '신용장거래에서 모든 관계당사자는 서류로 거래하는 것이지, 그 서류에 관련될 수 있는 물품, 서비스 및/또는 기타 의무이행으로 거래하는 것이 아니다.' → 추상상의 원칙
- Doctrine is strict compliance: 엄밀일치의 원칙
- Independence Principle if the Credit: 독립성의 원칙
- Abstraction Principle of the Credit: 추상성의 원칙
- Doctrine of Substantial compliance: 상당일치의 원칙

정답: (3)

7. 다음은 신용장의 종류에 관한 설명이다. (가), (나), (다)에 해당하는 신용장의 종류가 바르게 연결된 것은?

> (가) 한국상사는 수익자가 발행한 환어음에 신용장조건과 일치하는 선하증권, 상업송장, 보험증권 등의 운송서류를 첨부할 것을 조건으로 지급, 인수 또는 매입할 것을 확약하는 신용장 개설하고자 한다.
>
> (나) 민국상사는 신용장에 명기된 조건과 일치하는 한, 개설은행이 틀림없이 대금을 지급하겠다는 확약 하에, 개설은행이 일단 신용장을 발행하여 수익자에게 통지된 이상 그 유효기간 내에는 신용장의 기본당사자 전원의 동의가 없이는 일방적으로 신용장의 취소나 내용의 변경이 불가능한 신용장을 개설하였다.

(다) 무궁화상사는 환어음의 매입을 특정한 은행으로 제한하지 않고 아무 은행에서 나 매입할 수 있도록 된 조건의 신용장을 개설하고자 한다.

(가)	(나)	(다)
(1) 화환신용장	취소불능신용장	보통신용장
(2) 무담보신용장	취소가능신용장	특정신용장
(3) 화환신용장	취소가능신용장	특정신용장
(4) 무담보신용장	취소불능신용장	보통신용장
(5) 화환신용장	취소가능신용장	보통신용장

(해설)

- 화환신용장(Documentary credit): 수익자가 발행한 환어음에 신용장조건과 일치하는 선하증권, 상업송장, 보험증권 등의 운송서류를 첨부할 것을 조건으로 지급, 인수 또는 매입 할 것을 확약하는 신용장
- 취소불능신용장(Irrevocable credit): 신용장에 명기된 조건과 일치하는 한, 개설은행이 틀림없이 대금을 지급하겠다는 확약 하에, 개설은행이 일단 신용장을 발행하여 수익자에게 통지된 이상 그 유효기간 내에는 신용장의 기본당사자 전원의 동의가 없이는 일방적으로 신용장의 취소나 내용의 변경이 불가능한 신용장
- 보통신용장(general credit, open credit): 환어음의 매입을 특정한 은행으로 제한하지 않고 아무 은행에서나 매입할 수 있도록 된 조건의 신용장

정답: (1)

※ 보통신용장(general credit)과 특정신용장(special credit)의 표현
- 특정신용장: ……which is available with <u>XYZ Bank</u> by negotiation……
- 보통신용장: ……which is available with <u>any Bank</u> by negotiation……

8. 다음은 신용장의 일부이다. 보기에서 잘못된 설명을 모두 고른 것은?

```
MT 700 ISSUE OF DOCUMENTARY CREDIT
: 40 A Form of Documentary Credit: IRREVOCABLE
(중략)
: 40E Applicable Rules          : UCPURR LATEST VERSION
: 31D Date and Place of Expiry  : 120511 IN KOREA
: 50 Applicant                  : Global Trading Co.
                                  NEW YORK, NY, USA
: 59 Beneficiary                : Korea Trading Co. Ltd.
```

Seoul, Korea

: 32B Currency Code Amount	: USD100,000.00
: 41D Availiable With······ By······	: ANY BANK BY NEGOTIATION
: 42C Draft At······	: AT 60DAYS AFTER SIGHT

(중략)

가. 수출업자는 Global Trading Co.이고, 수입업자는 Korea Trading Co. Ltd.이다.

나. 개설된 신용장은 취소불능신용장이다.

다. 환어음은 일람불어음이 발행되었다.

라. 환어음의 매입을 특정한 은행으로 제한하지 않고 아무 은행에서나 매입할 수 있
   도록 된 조건의 신용장이다.

(1) 가, 나　　(2) 가, 다　　(3) 나, 다　　(4) 나, 라　　(5) 다, 라

(해설)

− 수출업자(Beneficiary)는 Korea Trading Co. Ltd.이고, 수입업자(Applicant)는 Global
　Trading Co.이다.

− 어음은 일람 후 60일(AT 60DAYS AFTER SIGHT)이므로 기한부어음(Usance bill)이 발행

정답: (2)

9. 다음 중 신용장의 보고 보기에서 이에 대한 설명이 잘못된 것을 묶은 것은?

```
MT 700 ISSUE OF DOCUMENTARY CREDIT
(중략)
: 43P(partial shipment)                    Not Allowed
: 43T(transshipment)                       Not Allowed
(중략)
: 46A Document Required
+ SIGNED COMMERCIAL INVOICE(S) IN TRIPLICATE
+ SIGNED PACKING AND WEIGHT LIST IN TRIPLICATE
+ FULL SET CLEAN ON BOARD OCEAN BILLS OF LADING MADE OUT
TO THE ORDER OF 00 BANK MARKED FREIGHT PREPAID AND NOTIFY
APPLICANT
+ CERTIFICATE OF ORIGIN IN 5 FOLDS
+ INSPECTION CERTIFICATE IN DUPLICATE
(중략)
```

가. 분할선적과 환적은 금지하고 있다.

나. 서명된 상업송장은 두 부를 요구하고 있다.

다. 원본 전통의 무고장선하증권으로서 ○○은행의 지시식으로 표시하고, 화물운임
    은 선지급, 통지처는 개설의뢰인으로 할 것을 요구하고 있다.

라. 원산지증명서는 5통, 검사증명서는 3통을 요구하고 있다.

(1) 가, 나   (2) 가, 다   (3) 나, 다   (4) 나, 라   (5) 다, 라

(해설)

- 서명된 상업송장은 3부(3통, TRIPLICATE)
- 검사증명서는 2통(DUPLICATE)

정답: (4)

※ 서류의 개수(통수)에 대한 표현

- (원본) 1통: one (original) document(fold)
- 2통: duplicate(in duplicate = 2통으로)
- 3통: triplicate
- 4통: quadruplicate
- 5통: quintplicate

10. 다음은 신용장의 일부이다. 보기에서 바르지 않은 설명을 모두 고른 것은?

MT 700 ISSUE OF DOCUMENTARY CREDIT

(중략)

: 46A Document Required

+ SIGNED COMMERCIAL INVOICE(S) IN DUPLICATE

+ SIGNED PACKING LIST IN QUADRUPLICATE

+ FULL SET CLEAN ON BOARD OCEAN BILLS OF LADING MADE OUT TO THE ORDER OF 00 BANK MARKED FREIGHT PREPAID AND NOTIFY APPLICANT

+ INSURANCE POLICY OR CERTIFICATE IN TRIPLICATE ENDORSED IN BLANK FOR 110 PERCENT OF THE INVOICE VALUE COVERING ICC(A)

+ CERTIFICATE OF ORIGIN IN 5 FOLDS

+ INSPECTION CERTIFICATE IN QUINTPLICATE

(중략)

$$\boxed{\begin{array}{l}
\text{가. 보험증권/증명서는 원본 3통으로서 백지 배서하고 ICC(A) 조건으로 상업송장} \\
\quad\text{금액의 110\% 부보할 것을 요구하고 있다.} \\
\text{나. 원산지증명서는 5통, 검사증명서는 4통을 요구하고 있다.} \\
\text{다. 서명된 상업송장은 3통과 서명된 포장명세서 5통을 요구하고 있다.} \\
\text{라. 원본 전통의 무고장선하증권으로서 00은행의 지시식으로 표시하고, 통지처는} \\
\quad\text{개설의뢰인으로 할 것을 요구하고 있다.}
\end{array}}$$

(1) 가, 나   (2) 가, 다   (3) 나, 다   (4) 나, 라   (5) 다, 라

(해설)

- 서명된 상업송장은 2통(DUPLICATE)
- 서명된 포장명세서 4통(QUADRUPLICATE)
- 검사증명서는 5통(QUINTPLICATE)

정답: (3)

11. 한국상사는 다음과 같은 신용장을 수령하였다. 다음의 보기 설명에서 바르지 않은 설명을 모두 고른 것은?

MT 700 ISSUE OF DOCUMENTARY CREDIT	
: 40 A Form of Documentary Credit	: IRREVOCABLE
(중략)	
: 40E Applicable Rules	: UCPURR LATEST VERSION
: 31D Date and Place of Expiry	: 120530 IN KOREA
: 50 Applicant	: FREE Trading Co.
	NEW YORK, NY, USA
: 59 Beneficiary	: Hankook Trading Co. Ltd.
	Seoul, Korea
: 32B Currency Code Amount	: USD300,000.00
: 41D Availiable With…… By……	: ANY BANK BY NEGOTIATION
: 42C Draft At……	: AT 30DAYS AFTER SIGHT
: 43P(partial shipment)	Allowed
: 43T(transshipment)	Allowed
(중략)	
46A Document Required	
+ SIGNED COMMERCIAL INVOICE(S) IN TRIPLICATE	

> + SIGNED PACKING LIST IN QUINTPLICATE
> + FULL SET CLEAN ON BOARD OCEAN BILLS OF LADING MADE OUT
> TO THE ORDER OF 00 BANK MARKED FREIGHT PREPAID AND NOTIFY
> APPLICANT
> + INSURANCE POLICY OR CERTIFICATE IN TRIPLICATE ENDORSED IN
> BLANK FOR 110 PERCENT OF THE INVOICE VALUE COVERING ICC(A)
> + CERTIFICATE OF ORIGIN IN 4 FOLDS
> + INSPECTION CERTIFICATE IN QUADRUPLICATE
> (중략)

> 가. 한국상사는 일람 후 30일 후 미화 30만 달러를 지급받는 취소가능화환신용장
>   을 수취하였다.
> 나. 한국상사는 분할선적과 환적이 허용되고 있는 조건의 신용장을 수취하였다.
> 다. FREE Trading Co.는 상업송장 금액의 110% 부보 조건으로 보험계약을 체결
>   해야 한다.
> 라. 원본 전통의 무고장선하증권으로서 ○○은행의 지시식으로 표시하고, 화물운
>   임은 선지급, 통지처는 개설의뢰인으로 할 것을 요구하고 있다.

  (1) 가, 나   (2) 가, 다   (3) 나, 다   (4) 나, 라   (5) 다, 라

(해설)

- 한국상사는 일람 후 30일 후 미화 30만 달러를 지급받는 취소불능화환신용장을 수취
- 수익자(수출업자)인 Hankook Trading Co. Ltd.는 상업송장 금액의 110% 부보 조건으로 보험계약을 체결해야 한다.

정답: (2)

12. 대한상사는 다음과 같은 신용장을 수령하였다. 다음의 보기 설명에서 바르게 설명한 것을 모두 고른 것은?

> MT 700 ISSUE OF DOCUMENTARY CREDIT
> : 40 A Form of Documentary Credit   : IRREVOCABLE
> (중략)
> : 40E Applicable Rules   : UCPURR LATEST VERSION
> : 31D Date and Place of Expiry   : 120831 IN KOREA
> : 50 Applican   : NEW YORK Trading Ltd.
>   NEW YORK, NY, USA

> : 59 Beneficiary　　　　　　　　　　: DAEHAN Trading Ltd.
> 　　　　　　　　　　　　　　　　　　　 Seoul, Korea
> : 32B Currency Code Amount　　　　 : USD1,000,000.00
> : 41D Availiable With.....By...　　　 : ANY BANK BY NEGOTIATION
> : 42C Draft At……　　　　　　　　 : AT 60DAYS AFTER SIGHT
> : 43P(partial shipment)　　　　　　　 Prohibited
> : 43T(transshipment)　　　　　　　　 Prohibited
> (중략)
> 46A Document Required
> ＋ SIGNED COMMERCIAL INVOICE(S) IN QUINTPLICATE
> ＋ SIGNED PACKING LIST IN TRIPLICATE
> ＋ FULL SET CLEAN ON BOARD OCEAN BILLS OF LADING MADE OUT
> TO THE ORDER OF 00 BANK MARKED FREIGHT PREPAID AND
> NOTIFY APPLICANT
> ＋ INSURANCE POLICY OR CERTIFICATE IN TRIPLICATE ENDORSED IN
> BLANK FOR 110 PERCENT OF THE INVOICE VALUE COVERING ICC(A)
> ＋ CERTIFICATE OF ORIGIN IN 3 FOLDS
> ＋ INSPECTION CERTIFICATE IN QUADRUPLICATE
> (중략)

가. DAEHAN Trading Ltd.는 일람 후 60일 미화 100만 달러를 지급받는 취소불
　　능화환신용장을 수취하였다.
나. 대한상사는 분할선적과 환적이 금지되고 있는 조건의 신용장을 수취하였다.
다. NEW YORK Trading Ltd.는 상업송장 금액의 110% 부보 조건으로 보험계약
　　을 체결해야 한다.
라. FOB조건으로 계약을 체결하였다.
마. 서명된 상업송장은 4통과 서명된 포장명세서 5통을 요구하고 있다.

(1) 가, 나, 다　　(2) 가, 다, 라　　(3) 나, 다, 라　　(4) 가, 나　　(5) 나, 라

(해설)

－DAEHAN Trading Ltd.는 상업송장 금액의 110% 부보 조건으로 보험계약을 체결해야 한다.

－CIF조건으로 계약을 체결하였다.

(마) 서명된 상업송장은 5통과 서명된 포장명세서 3통을 요구하고 있다.

정답: (4)

13. (주)대한상사는 신용장결제방식으로 양복지 원단을 영국으로부터 수입하였다. 보세구역에서 원단을 검사해 보니 매매계약서와 다른 원단일 뿐만 아니라 습기로 인하여 변색되고, 형태가 변질되었다. 급히 개설은행에게 대금지급을 거절하라고 요청하였으나 개설은행은 이를 거절하였다. 개설은행은 신용장의 어떠한 원칙에 의거하여 요청을 거절하였는가?

  (1) 지급금지명령의 원칙   (2) 서류상당일치의 원칙   (3) 추상성의 원칙
  (4) 독립성의 원칙   (5) 서류엄격일치의 원칙

(해설)

매매계약서에 언급된 물품의 품질이나 실질적인 물품인도의 확인 여부에 관계없이 은행은 신용장에서 요구하는 서류만을 가지고 대금지급 여부를 판단하는데, 이를 추상성의 원칙이라 한다. 이는 신용장의 맹점이자 한계라 할 수 있다.

정답: (3)

제8장 수출입절차와 관련 서류

1. 다음에서 설명하는 (가)와 (나)의 컨테이너 운송에 적합한 형태를 바르게 연결한 것은?

> (가) 수출업자인 한국의 대한상사는 수입업자인 일본의 요미상사에 일관된 운송방식으로 전체 화물을 운송하고자 한다.
> (나) 한국의 수출기업인 한국상사, 민국상사, 무궁화상사의 상품을 수입업자인 일본의 한신상사로 운송하고자 한다.

(1) (가) CY-CY, (나) CY-CFS　　(2) (가) CY-CY, (나) CFS-CY

(3) (가) CFS-CY, (나) CY-CY　　(4) (가) CFS-CFS, (나) CY-CY

(5) (가) CFS-CY, (나) CY-CFS

(해설)

- (가) CY-CY: 한 명의 수출업자가 한 명의 수입업자에게 운송하는 형태
- (나) CFS-CY: 여러 명의 수출업자가 한 명의 수입업자에게 운송하는 형태

정답: (2)

※ 컨테이너운송화물의 형태

- CY-CY(Door to Door, FCL-FCL 방식): 한 명의 송하인으로부터 FCL화물을 인수하여 목적지의 한 명의 수하인에게 화물을 인도하는 방식
- CY-CFS(Door to Pier, FCL-LCL 방식): 한 명의송하인으로부터 FCL화물을 인수하여 목적지의 CFS에서 여러 명의 수하인에게 화물을 인도하는 방식
- CFS-CY(Pier to Door, LCL-FCL 방식): 여러 명의 송하인으로부터 LCL화물을 인수하여 한 컨테이너에 화물을 혼합 적재하여 한 명의 수하인에게 화물을 인도하는 방식
- CFS-CFS(Pier to Pier, LCL-LCL 방식): 여러 명의 송하인으로부터 LCL화물을 인수하여 한 컨테이너에 혼합 적재하여 목적항의 CFS에서 여러 명의 수하인에게 화물을 인도하는 방식

2. 선하증권(Bill of Lading: B/L)은 선박회사가 해상운송 화물을 선적을 위해 수취하였거나 선적하였다는 것을 증명하기 위해 송하인에게 발행하는 유가증권을 말한다. 다음 중 선하증권의 법적 성질에 대한 설명이 바르지 않은 것을 모두 고른 것은?

> 가. 선하증권은 유통을 전제로 작성, 발행되므로 필요한 법정기재사항은 모두 기재되어야 하는 불요식증권이다.
> 나. 선하증권은 화물의 소유권을 대표하는 유가증권으로서 배서 또는 양도에 의하여 소유권이 이전되는 물권증권이다.
> 다. 선하증권은 화주와 운송인 또는 그 대리인 간의 운송계약에 의해 화물의 선적 또는 수취가 이루어졌다는 요인이 있어야 발행되므로 요인증권이다.
> 라. 선하증권은 화물의 소유권을 대표하는 유가증권인 동시에 상환조건으로 화물의 인도를 청구할 수 있는 채권적 효력을 갖는 채권증권이다.

(1) 가, 나   (2) 가, 다   (3) 나, 다   (4) 나, 라   (5) 다, 라

(해설)
- 선하증권은 유통을 전제로 작성, 발행되므로 필요한 법정기재사항은 모두 기재되어야 하는 요식증권이고, 화물의 소유권을 대표하는 유가증권으로서 배서 또는 양도에 의하여 소유권이 이전되는 유통증권이다.
- 선하증권은 선적된 화물에 대한 권리가 있기 때문에 선하증권의 인도는 화물의 인도와 동일한 효력이 있으므로 물권적 효력을 갖는 물권증권이다.

정답: (1)

※ 선하증권(B/L)의 법적 성질
- 요인증권: 선사가 화물을 수취 또는 선적하였다는 것을 전제로 발급
- 요식증권: 내용을 기재하고 발행자가 기명날인하는 등 법정의 형식을 요한다.
- 대표증권: 운송물품을 대표
- 채권증권: 소지인이 운송인에게 화물의 인도를 청구
- 처분증권: B/L을 사용하여 화물을 처분
- 유통증권: 배서 또는 양도에 의하여 소유권이 이전
- 권리증권: B/L의 인도는 화물을 인도하는 것과 동일한 효력
- 문언증권: 선주와 하주의 의무는 B/L의 문언에 따른다.
- 지시증권: B/L에 지시되어 있는 자 또는 그가 지시한 자를 권리자로 한다.
- 상환증권: 화물의 인도청구 시 B/L을 제시

3. 다음은 선하증권과 관련한 설명이다. 바르지 않게 설명한 것을 모두 고른 것은?

가. 선적선하증권(Shipped B/L, on board B/L)은 화물이 특정선박에 선적되었다는 취지가 기재된 선하증권이고, 수취선하증권(Received B/L)은 선사가 화주와의 운송계약에 의해 화물을 특정 인수장소에서 인수하고 본선에 적재되기 전에 발행되는 선하증권을 말한다.

나. 지시식 선하증권(Straight B/L)은 선하증권의 수하인란에 화물의 수하인이 기재된 선하증권으로 유통되지 않으므로 송하인의 배서가 필요 없으며, 기명식 선하증권(Order B/L)은 수하인란에 수하인명이 기재되지 않고 to order, to order of shipper, to order of – bank와 같이 기재된 유통가능 선하증권을 말한다.

다. 사고부 선하증권(Foul B/L)은 본선 상에 화물을 선적할 때 화물의 상태에 이상이 있음을 비고란(Remarks)에 기재한 선하증권이고, 무사고 선하증권(Clean B/L)은 본선 상에 화물을 선적할 때 화물의 상태에 이상이 없어 증권면에 외관상 좋은 상태로 선적됨이라고 표시된 선하증권을 말한다.

라. 기간경과 선하증권(Stale B/L)은 선하증권의 제시가 필요 이상으로 늦게 이루어진 선하증권으로서 선하증권 발행 후 28일이 지나 은행에 제시된 선하증권을 말하며, 신용장에 수리 가능하다는(Stale B/L Acceptable) 표현이 없다면 은행은 수리를 거절한다.

(1) 가, 나   (2) 가, 다   (3) 나, 다   (4) 나, 라   (5) 다, 라

(해설)

- **기명식** 선하증권(Straight B/L)은 선하증권의 수하인란에 화물의 수하인이 기재된 선하증권으로 유통되지 않으므로 송하인의 배서가 필요 없으며, **지시식** 선하증권(Order B/L)은 수하인란에 수하인명이 기재되지 않고 to order, to order of shipper, to order of – bank와 같이 기재된 유통가능 선하증권을 말한다.
- 기간경과 선하증권(Stale B/L)은 선하증권의 제시가 필요 이상으로 늦게 이루어진 선하증권으로서 선하증권 발행 후 **21일**이 지나 은행에 제시된 선하증권을 말하며, 신용장에 수리 가능하다는(Stale B/L Acceptable) 표현이 없다면 은행은 수리를 거절한다.

정답: (4)

※ 선적지시서(S/O: Shipping Order)와 본선수취증(M/R: Mate's Receipt)

화주의 선적요청서(S/R: Shipping Request)에 따라 선박회사가 현품을 확인하고 운송할 선박의 선적책임자(일등항해사) 앞으로 발행하는 화물적재지시서로서 이것에 의해 본선적재가 이루어지고 본선수취증(M/R)이 발급

4. 다음에서 설명하고 있는 무역 관련서류는 무엇인가?

> This letter severs as form of guarantee whereby the shipper agrees to settle a claim against the line by a holder of the bill of lading arising from issuance of a clean bill.

(1) Insurance policy   (2) Letter of Guarantee   (3) Delivery Order
(4) Certificate of Origin   (5) Letter of Indemnity

(해설)

이 서류는 무사고선하증권의 발행으로부터 야기되는 선하증권의 소지인에 의한 선사에 대한 클레임을 처리하기로 송하인이 합의하는 보증형태로서의 역할을 한다.

- 파손화물보상장(L/I; Letter of Indemnity): 실제로는 고장선하증권(Foul B/L)으로 발급받아야 할 선하증권을 무고장선하증권(Clean B/L)으로 바꾸어 받기 위해 선박회사에 제시하는 보상장
- 은행은 Foul B/L을 수리하지 않기 때문에, 하주는 하자로 인하여 생기는 화물의 손상에 대해 책임을 지며, 도착항에서 선박회사가 수하인으로부터 손해의 배상을 요구받아도 선박회사는 면책된다는 뜻을 기재한 보상장(파손화물보상장)을 제시하고 무사고선하증권(clean B/L)으로 바꾸어 받는다.
- L/I는 선박회사와 송화인 간의 보상약속이므로 선박회사와 송화인 사이에만 유효하다.

정답: (5)

5. 다음에서 설명하고 있는 무역 관련서류는 무엇인가?

> We hereby undertake to pay on demand any claim that arise on the said shipment and/or the cost of any subsequent reconditioning.

(1) Letter of Guarantee   (2) Letter of Indemnity   (3) Insurance policy
(4) Letter of Credit   (5) Certificate of Origin

(해설)

우리는 상기의 선적물품에 대하여 일어나는 어떠한 클레임과 그리고/또는 수반되는 제반조정비용을 지불할 것을 보장한다.

- 운송인은 운송을 위한 물품수취 시 물품이나 포장, 수량의 부족이 있을 경우 면책을 위하여 이상이 있음을 선하증권에 지재하는데, 이러한 선하증권을 고장부 선하증권(Foul B/L, dirty B/L)이라 하며, 은행에서 수리를 거절한다.
- 송하인은 물품의 이상에 대하여 운송인에게 자신이 모든 책임을 진다는 파손화물보상장(Letter of Indemnity: L/I)을 제출하여 고장사항이 기재되지 않은 무사고선하증권(clean B/L)을 발급받는다.

정답: (2)

6. 다음은 수입화물선취보증서(L/G)에 관한 설명이다. 바르지 않은 것을 묶은 것은?

> 가. L/G가 발행된 이후에는 선적서류가 하자가 있더라도 개설은행은 대금지급을 거절할 수 없다.
> 나. 주로 장거리 운송의 경우 신속한 통관을 위하여 이용된다.
> 다. L/G가 발행된 이후 나중에 B/L이 도착하면 선박회사에 B/L을 제출하고 L/G를 회수하여야 한다.
> 라. 선박회사 앞으로 L/G가 접수된다 하더라도 B/L없이는 수입업자에게 화물을 인도할 수 없다.

(1) 가, 나   (2) 가, 다   (3) 나, 다   (4) 나, 라   (5) 다, 라

(해설)

수입화물선취보증서(L/G: Letter of Guarantee): 물품은 이미 수입지에 도착하였지만 원본 B/L이 도착하지 않을 경우에 조속한 수입통관을 위하여 사용하는 방법

· 신용장개설의뢰인은 개설은행과 연대 보증하여 L/G를 선사에 제시하여 화물인도지시서(D/O: Delivery Order)를 발급받아 물품을 수취하게 되며, 차후 원본 B/L이 도착하면 선사에 제시하고 L/G를 회수한다.

· 원본 선적서류가 하자가 있다 해도 개설은행이나 개설의뢰인은 신용장대금지급을 거절하거나 항변할 수 없다.

· 주로 중국, 일본, 동남아 등 단거리운송에서 선하증권보다 물품이 먼저 도착한 경우에 많이 사용

정답: (4)

7. 다음의 자료에 근거할 때 필요로 하는 무역서류가 바르게 연결된 것은?

> (가) 대한상사가 미국으로부터 수입하려는 VTR이 인천항에 도착하여 양륙되어 있다는 통지를 선박회사로부터 받았으나 아직 선하증권(B/L)이 도착하지 않아 VTR을 인도받지 못하고 있다.
> (나) 민국상사는 무역계약물품을 도라지호에 선박하였으나 수량과 포장 상태에서 문제가 발생하여 본선수취증(Mate's Receipt)에 사고내용이 기재되었다.

	(가)	(나)
(1)	파손화물보상장	수입화물선취보증서
(2)	파손화물보상장	화물인도지시서
(3)	수입화물선취보증서	파손화물보상장
(4)	수입화물선취보증서	화물인도지시서
(5)	화물인도지시서	수입화물선취보증서

(해설)

- 대한상사가 미국으로부터 수입하려는 VTR이 인천항에 도착하여 양륙되어 있다는 통지를 선박
  회사로부터 받았으나 아직 선하증권(B/L)이 도착하지 않아 VTR을 인도받지 못하고 있으므로
  거래은행으로부터 수입화물선취보증서(L/G)를 발급받아 선박회사에 제출하고 VTR을 인도받을
  수 있다.
- 민국상사는 무역계약물품을 도라지호에 선박하였으나 수량과 포장 상태에서 문제가 발생하여 본
  선수취증(Mate's Receipt)에 사고내용이 기재되면 수출업자는 선박회사로부터 사고부 선하증
  권(dirty B/L)을 발급받으므로 은행은 이의 수리를 거절하게 되어 수출대금 회수에 어려움을
  겪게 된다. 그러므로 화물파손보상장(L/I)을 선박회사에 제출하여 무사고 선하증권으로 발급받
  아야 한다.

정답: (3)

8. 다음의 보기에서 (가)와 (나)에 필요한 무역관계 서류는 무엇인가?

> (가) 한국의 수입업자인 서울무역은 대금결제에 있어서 일람불 어음(sight bill) 조건
> 으로 하였으나 일시적이지만 현재 자금사정이 좋지 않아 인천항에 양하되어 있
> 는 물품을 확보하는 데 어려움을 겪고 있다.
> (나) 한국의 수출업자인 한국무역은 Foul B/L을 Clean B/L로 발급받고자 한다.

	(가)	(나)
(1)	Trust Receipt	Letter of Indemnity
(2)	Delivery Order	Letter of Guarantee
(3)	Letter of Guarantee	Letter of Indemnity
(4)	Trust Receipt	Mate's Receipt
(5)	Letter of Guarantee	Delivery Order

(해설)

- 수입업자는 수입화물대도(T/R: Trust Receipt)를 이용하여 선적서류를 인도받아 화물을 통관,
  처분하여 대금 결제
- Foul B/L을 Clean B/L로 발급받기 위해서는 화물파손보상장(L/I) 이용

정답: (1)

※ 수입화물대도(Trust Receipt: T/R)
- 수입화물대도는 은행은 담보권을 확보한 채 수입자에게 담보화물을 대도하고 수입
  자는 화물매각대금으로 대금결제 또는 차입금을 상환하는 제도
- 신용장에 의거하여 발행된 화환어음은 수입자가 어음의 대금을 지급하지 않고는 그
  어음의 담보로 첨부되어 있는 선적서류를 입수할 수 없고, 무신용장의 D/P 어음도

그 어음의 대금을 지급하지 않고는 선적서류를 입수할 수 없다.
- 대금결제 전까지는 선적서류는 은행의 담보물이며, 수입업자는 선적서류 없이는 수입통관신고를 할 수 없고 또한 운송인에게서 수입화물을 인도받을 수 없어 거래상 불편이 많음에 따라 선적서류의 소유권은 담보물로 그것을 보유한 은행에 있다는 것을 인정하고, 그 선적서류를 대도(貸渡)받기 위하여 은행소정의 수입화물대도(T/R) 신청서에 필요사항을 기재하여 은행에 제출하고, 은행은 수입화물대도와 상환으로 선적서류를 수입자에게 대도한다.

9. 다음은 선적서류에 관련한 설명이다. (가), (나), (다)에서 설명하고 있는 서류를 바르게 연결한 것은?

> (가) 수입물품은 도착하였으나 운송서류가 도착하지 않을 시 수입업자와 개설은행이 연대 보증하여 선박회사에 제출함으로써 수입화물을 인도받는 보증서이다.
>
> (나) 실제로는 고장선하증권(Foul B/L)으로 발급받아야 할 선하증권을 무고장선하증권(Clean B/L)으로 바꾸어 받기 위해 선박회사에 제시하는 보상장이다.
>
> (다) 일정한 운송물의 선적 또는 수취를 인증하고, 또 지정 목적항에 있어서 그 운송물을 증권의 정당한 소지인에게 인도할 것을 약정하는 유가증권이다.

	(가)	(나)	(다)
(1)	수입화물선취보증서	파손화물보상장	선하증권
(2)	파손화물보상장	선하증권	수입화물선취보증서
(3)	선하증권	수입화물선취보증서	파손화물보상장
(4)	파손화물보상장	수입화물선취보증서	선하증권
(5)	선하증권	파손화물보상장	수입화물선취보증서

(해설)
(가)는 L/G(Letter of Guarantee)에 관한 설명이고, (나)는 L/I(Letter of Indemnity), (다)는 B/L(Bill of Lading)에 관한 설명이다.

정답: (1)

10. 갑을무역(주)은 국내에서만 사업을 진행하였으나 해외에 진출하기로 하였다. 다음은 갑을무역(주)이 수출절차를 이행하기 위한 순서이다. 괄호 안에 들어가야 할 순서가 바른 것은?(단 신용장거래에 의하며, CIF 조건에 의한다)

> 가. 무역업고유번호를 신청하고 부여 받는다.
>
> 나. 해외시장조사를 한다.

다. 수출계약을 체결하고 신용장을 접수하고 검토를 한다.

라. 수출승인을 받는다.

마. (   )

바. 수출물품을 운송할 계약을 체결한다.

사. (   )

아. (   )

자. 선적을 완료 한 후 수출대금을 회수한다.

(1) (가) 수출물품을 확보한다. (나) 보험계약을 체결한다. (다) 수출통관을 한다.

(2) (가) 보험계약을 체결한다. (나) 수출물품을 확보한다. (다) 수출통관을 한다.

(3) (가) 수출통관을 한다. (나) 수출물품을 확보한다. (다) 보험계약을 체결한다.

(4) (가) 보험계약을 체결한다. (나) 수출통관을 한다. (다) 수출물품을 확보한다.

(5) (가) 수출물품을 확보한다. (나) 수출통관을 한다. (다) 보험계약을 체결한다.

(해설)

무역업고유번호를 신청하고 부여받는다. → 해외시장조사를 한다. → 수출계약을 체결하고 신용장을 접수하고 검토를 한다. → 수출승인을 받는다. → **수출물품을 확보한다.** → 수출물품을 운송할 계약을 체결한다. → **보험계약을 체결한다.** → **수출통관을 한다.** → 선적을 완료 한 후 수출대금을 회수한다.

정답: (1)

11. 다음은 무역관련 서류 중에 하나이다. 이에 대한 설명으로 바르지 않은 것끼리 묶은 것은?

Purchase Note

Seoul Trading Co. Ltd.
C.P.O. Box 1111
Seoul, 151−070, Korea
Gentlemen:
We confirm having bought from you as seller the following articles on the terms and condition stated below:

Article: Men's Red Jean, Style No. 100
         Women's White Jean Style No. 201

Quality: As per Sample No. 100 and Style No. 201

Quantity: Men's Red Jean, Style No. 100: 1,000pcs

Women's White Jean Style No. 201: 2,000pcs

Price: CIF New York USD25.00 per price

Total Amount: USD 75,000.00

Payment: Irrevocable L/C at 60days after sight to be opened in favor of Seoul Trading Co. Ltd.

Shipment: During May, 2012.

(중략)

SELLER	BUYER
Seoul Trading Co. Ltd.	Global Trading Co. Ltd.
Park Young Ki	James Taylor
----------------	----------------
Exporter Manager	Importer Manager

(가) 수출업자는 Seoul Trading Co. Ltd.이고, 수입업자는 Global Trading Co. Ltd.이다.

(나) 당사자 간에 보험조건에 관한 아무런 약정이 없었기 때문에 Global Trading Co. Ltd.는 ICC(C) 조건 또는 ICC(FPA) 조건으로 통상 Invoice 금액의 110%에 해당하는 보험계약을 체결해야 한다.

(다) 일람 후 60일이 만기인 어음이 개입되는 취소가능신용장이다.

(라) 선적은 2012년 5월 31일까지 완료해야 한다.

(1) 가, 나 (2) 가, 다 (3) 나, 다 (4) 나, 라 (5) 다, 라

(해설)

- 당사자 간에 보험조건에 관해 아무런 약정이 없었다고 한다면 수출업자인 Seoul Trading Co. Ltd.가 ICC(C) 조건 또는 ICC(FPA) 조건으로 통상 Invoice 금액의 110%에 해당하는 보험계약을 체결

- 일람 후 60일이 만기인 어음이 개입되는 취소불능신용장이다.

정답: (3)

12. 다음은 무역관련 서류 중에 하나이다. 이에 대한 설명으로 바르지 않은 것끼리 묶은 것은?

SEOUL TRADING CO., LTD.

#603 KONGYOUNG BUDG. 26−3, DADONG CHUNG−KU,

SEOUL, KOREA C.P.O BOX NO.3816 TELEX:K27174 FANCYDH

TEL: 758−2754

OFFER NO. KY−038

Date: May 2, 2012

OFFER SHEET

Messrs. DAJOO INTERNATIONAL LTD.

Seoul, Korea

REGISTERED NO.8221

HS NO.	Article	Quantity	Unit Price	Amount

FOB JAPAN PER LB

5005−0300   55% Silk 45% Acrylic Mixed.

Fancy Yarn, 2/12SMM

Raw White in Hank

2,000Lbs   @$6.40   S$12,800

z/z/z/z/z/z/z/z/z/z/z/z/z/z/z/z/z/z/z/z/z/z/z/z/z/z/z/z//z/z/z/z/z/z/z/

Orign	:	Japan
Place of Shipment	:	Osaka, Japan
Time of Shipment	:	Within 40 Days after Receipt of your L/C
Destination	:	Pusan, Korea
Payment	:	By an irrevocable at sight L/C to be opened in favour of YAMATO, SEIMO KABUSHIKI KAISYA 15-39, Higashi-Minatomachi, Izumiotsu-shi, Osaka, Japan.
Validity	:	May 20, 2012
Remarks	:	

Accepted :	DA JOO INTERNATIONAL LTD.
	SEOUL TRADING CO., LTD.
	m. y. song.
	Director, Trading Department

가. 일람불어음이 개입되는 취소불능신용장에 의해 거래하고 있다.

나. 선적항은 부산항이고, 목적항은 오사카항이다.

다. 선박의 지정(nomination of vessel)과 운송계약체결권은 수입업자에게 있고, 수입업자가 목적항까지의 운임과 보험 등의 일체의 경비를 부담하는 조건이다.

라. 수출업자는 당사자 간에 보험조건에 관한 아무런 약정이 없다면 ICC(C) 조건 또는 ICC(FPA) 조건으로 통상 Invoice 금액의 110%에 해당하는 보험계약을 체결해야 한다.

마. 물품매도확약서이다.

(1) 가, 나, 다　　(2) 가, 다, 마　　(3) 나, 다, 마　　(4) 나, 라　　(5) 다, 라

(해설)

- 선적항은 오사카항이고, 목적항은 부산항
- FOB 조건으로 체결하기 때문에 수출업자는 당사자 간에 보험조건에 관한 아무런 약정이 없다면 ICC(C) 조건 또는 ICC(FPA) 조건으로 통상 Invoice 금액의 110%에 해당하는 보험계약을 체결할 필요가 없다.

정답: (4)

※ 물품매도확약서(offer sheet)

- 무역대리업자 또는 외국의 수출상이 발행한 물품공급에 관한 확약서
- 무역대리업자가 무역거래에 있어서 매매당사자에게 상품의 명세 및 가격조건 등을 주 내용으로 하여 매입 및 매도의사를 문서로 발행한 물품공급에 관한 확약서
- 국내 무역대리업자가 발행한 것을 국내발행 오퍼, 외국의 수출업자가 발행한 것을 국외발행 오퍼

제9장 국제경영과 경제의 기초

1. 다음은 펄뮤터가 제시한 다국적기업의 형태에 대한 설명이다. 바르지 않은 설명으로 묶은 것은?

> 가. 본국시장중심(Ethnocentric) 기업은 본국에서 생산한 제품의 수출시장으로서 의미를 갖고 있으며, 본국시장중심기업의 조직은 수출부서 또는 제품별 국제사업부의 형태를 가지고, 의사결정은 본사에서 설정한 목표에 따라 세계적 통합전략을 수립하고 해외의 판매지점 및 지사에 일방적으로 명령을 하달하는 형태를 지닌다.
>
> 나. 현지시장중심(Polycentric) 기업은 기업의 해외직접투자에 의해 현지시장에 자회사가 설립되고, 현지시장은 상품의 생산지인 동시에 판매시장으로서 중요한 의미를 갖게 된다. 본국 모기업의 조직은 일반적으로 지역별 사업부 형태를 가지고, 의사결정은 현지시장에서 자회사가 자율적으로 정하는 등 그 시장 환경에 적합한 전략을 수립하는 등 현지 자회사의 책임 하에 마케팅활동을 수행하는 기업 형태를 말한다.
>
> 다. 지역시장중심(Regiocentric) 기업은 기업의 활동과 자원배분이 전 세계시장(global market)을 중심으로 이루어지는 기업으로. 본국과 해외시장의 구별 없이 세계적 관점에서 최적의 국가에 기업 활동을 배치하고 또한 전사적 관점에서 전략을 수립하고 해외자회사들의 경영관리를 통합한다.
>
> 라. 세계시장중심(Geocentric) 기업은 본국에 있는 본사는 소수의 지역본사를 통하여 해외자회사들을 관리하고 지역본사(regional headquarters)는 그 지역 내 해외자회사들과 협의하여 경영목표를 설정하고 전략을 개발하는 등 지역 중심적으로 경영활동을 하게 되는 기업형태이다.

(1) 가, 나   (2) 가, 다   (3) 나, 다   (4) 나, 라   (5) 다, 라

(해설)

- 지역시장중심(Regiocentric) 기업은 본국에 있는 본사는 소수의 지역본사를 통하여 해외자회사들을 관리하고 지역본사(regional headquarters)는 그 지역 내 해외자회사들과 협의하여 경영목표를 설정하고 전략을 개발하는 등 지역 중심적으로 경영활동을 하게 되는 기업형태이다.
- 세계시장중심(Geocentric) 기업은 기업의 활동과 자원배분이 전 세계시장(global market)을 중심으로 이루어지는 기업으로, 본국과 해외시장의 구별 없이 세계적 관점에서 최적의 국가에 기업 활동을 배치하고 또한 전사적 관점에서 전략을 수립하고 해외자회사들의 경영관리를 통합한다.

정답: (5)

2. 무역활동을 추구하는 동기에 의해 기업들은 해외진출을 도모하게 된다. 다음 중 무역활동을 추구하는 동기에 의한 설명이 바르지 않은 것을 모두 고른 것은?

> 가. 국내경영환경과 국제경영환경이 다르기 때문에 기업들은 똑같은 제품을 국내에서 판매하는 것보다 해외에서 판매함으로써 더 큰 이익을 얻을 수 있다.
> 나. 시장을 해외로 넓혀 산출량을 증대시키게 되면 규모의 비경제를 실현하게 되어 원가를 상승시킬 수 있다.
> 다. 다른 제품의 생산으로 쉽게 전환될 수 없는 특수한 생산시설에 의해 생산되는 제품의 경우 국내시장 규모가 작으면 유휴시설 문제가 발생하게 되며, 따라서 유휴설비를 활용하기 위해 기업들은 수출을 계획하게 된다.
> 라. 다수시장으로 제품판매를 확대하면 생산업자는 특정시장의 수요변동 및 경기 등락으로 인한 위험을 최대화할 수 있다.
> 마. 기업들은 국내시장에서 사용될 원자재 및 부품, 완제품 등을 보다 저렴하고 안정적으로 수입 및 구매하고자 하는 경향이 있다.

(1) 가, 나, 다   (2) 가, 다, 마   (3) 나, 다, 마   (4) 나, 라   (5) 다, 라

(해설)
– 시장을 해외로 넓혀 산출량을 증대시키게 되면 규모의 경제를 실현하게 되어 원가를 절감할 수 있다.
– 다수시장으로 제품판매를 확대하면 생산업자는 특정시장의 수요변동 및 경기 등락으로 인한 위험을 최소화할 수 있다.

정답: (4)

3. 해외직접투자(FDI)를 추구하는 동기에 의해 기업들은 해외진출을 도모하게 된다. 다음 중 해외직접투자(FDI)를 추구하는 동기에 의한 설명이 바르게 연결되지 않은 것을 모두 고른 것은?

> 가. 시장추구형 – 생산요소가격이 상대적으로 저렴한 지역으로 생산시설을 이전하여 해외직접투자를 행하는 경우로 최근 한국기업들이 중국이나 동남아국가에 진출하는 가장 큰 이유가 여기에 속한다고 볼 수 있다.
> 나. 생산효율추구형 – 기존시장의 유지 및 새로운 시장개척을 위해 피투자국의 현지시장을 겨냥하여 현지에 생산 공장을 설립하는 해외직접투자의 경우를 말한다.
> 다. 자원추구형 – 각종 원자재가 풍부하고 저렴한 지역의 자원을 개발 및 이용하기 위해 해외직접투자를 하는 경우를 말한다.

> 라. 정치적 안정추구형 - 소유권 몰수나 정부규제 등과 같은 정치적 위험을 회피할
>   목적으로 정치적으로 안정되어 있는 지역으로 해외직접투자를 행하는 경우를 말
>   한다.
> 마. 선도기업추종형 - 과점적인 시장경쟁구조하에서 한 기업이 해외직접투자를 행
>   하게 되면 다른 과점적 경쟁기업이 곧바로 뒤따라 해외직접투자를 행하는 경우
>   를 말한다.

(1) 가, 나, 다　　(2) 나, 다, 라　　(3) 가, 나　　(4) 다, 라　　(5) 라, 마

(해설)

- 시장추구형: 기존시장의 유지 및 새로운 시장개척을 위해 피투자국의 현지시장을 겨냥하여 현지
  에 생산 공장을 설립하는 해외직접투자의 경우를 말한다.
- 생산효율추구형: 생산요소가격이 상대적으로 저렴한 지역으로 생산시설을 이전하여 해외직접투
  자를 행하는 경우로 최근 한국기업들이 중국이나 동남아국가에 진출하는 가장 큰 이유가 여기에
  속한다고 볼 수 있다.

정답: (3)

**4. 로빈슨은 기업경영관리의 국제화를 5단계로 구분하였다. 각 단계에 대한 설명이
바르지 않게 연결된 것은?**

> 가. 국가기업(national firm): 기업경영관리의 주체는 본사에 있는 모기업이며, 해외사
>   업은 단순한 상품수출 및 외국기업과의 기술제휴이다.
> 나. 국제기업(international firm): 경영관리의 주체는 아직까지 본사의 모기업이지만,
>   국내사업과 해외사업이 분리되어 서로 대등한 관계를 지니게 된다.
> 다. 다국적기업(multinational firm): 국내사업과 해외사업이 구분되어 있는 것이 아니
>   라 통합되어 있으며, 기업경영관리는 다수국에 진출한 해외자회사가 주체가 되
>   어 기업의 활동을 하게 된다.
> 라. 초국적기업(transnational firm): 경영관리의 주체는 본사의 모기업이지만 주요한
>   해외사업은 외국에 진출한 현지에서 생산을 하며 판매를 시작하는 단계이다.
> 마. 초국가기업(supernational firm): 기업 국제화의 마지막 과정으로 하나의 국제기구
>   형태를 지니게 된다.

(1) 가, 나, 다　　(2) 나, 다, 라　　(3) 나, 다, 마　　(4) 다, 라, 마　　(5) 가, 마

(해설)

- 국제기업(international firm): 국가기업과 마찬가지로 경영관리의 주체는 본사의 모기업이지만

주요한 해외사업은 외국에 진출한 현지에서 생산을 하며 판매를 시작하는 단계이다.
- 다국적기업(multinational firm): 국가기업과 국제기업과 마찬가지로 경영관리의 주체는 아직까지 본사의 모기업이지만, 국내사업과 해외사업이 분리되어 서로 대등한 관계를 지니게 된다.
- 초국적기업(transnational firm): 국내사업과 해외사업이 구분되어 있는 것이 아니라 통합되어 있으며, 기업경영관리는 다수국에 진출한 해외자회사가 주체가 되어 기업의 활동을 하게 된다.

정답: (2)

5. 기업의 해외시장 진출방식에 있어서 계약형태의 방법에 의한 것을 모두 고른 것은?

> (가) 직접수출 (나) 라이선싱 (다) 프랜차이징 (라) 합작투자 (마) 인수합병(M&A)

(1) 가, 나   (2) 가, 라   (3) 나, 다   (4) 다, 라   (5) 라, 마

(해설)

기업의 해외시장 진출방식

진출방법	종류		
수출	간접수출(indirect export) 직접수출(direct export)		
계약형태	라이선싱(licensing) 프랜차이징(franchising) 계약생산(contract manufacturing) 관리계약(management contract) 턴기운영(turn-key operations)		
해외직접투자	소유지분	단독투자(wholly owned) 합작투자(joint venture)	
	설립형태	기업신설(greenfield) 인수합병(M&A)	

정답: (3)

6. 다음은 기업이 수출이나 해외직접투자로 외국에 진출하지 않고 라이선싱이라는 계약형태로 해외로 진출하는 동기를 설명하고 있다. (가), (나), (다)를 바르게 연결한 것은?

> (가) 기술 공여자의 입장에서 보면 해외직접투자에 따른 자본비용과 설비비용, 그리고 재고에 대한 위험을 피할 수 있으며, 외국의 현지사정에의 적응에 필요한 비용을 현지기업에게 넘길 수 있다.
>
> (나) 기술 공여자 기업의 경우 전략적 가치가 떨어져 더 이상 개발할 필요가 없다고 판단된 제품이나 기술은 라이선싱을 통하여 다른 기업에게 이전시켜 이익을 얻

을 수 있는 동기, 즉 예를 들어 소니의 경우 라디오, VTR 제조기술 같은 단순
기술은 더 이상 필요하지 않지만, 이 기술을 후진국의 기업에게 라이선싱으로
계약을 체결한다면 새로운 이익을 창출할 수 있는 것이다.
(다) 기업이 해외시장에 진출하고자 할 때 관세, 쿼터 등의 수입장벽이 존재할 경우
이러한 장벽을 피하기 위해 라이선싱을 택하기도 하며, 수입제한이나 경쟁의 심
화로 더 이상 수출이 어려운 경우 또는 상표, 특허, 저작권 같은 자산을 보존하
는 수단으로 라이선싱이라는 진출 방식을 채택하게 된다.

	(가)	(나)	(다)
(1)	경제적 동기	전략적 동기	정치적·법적 동기
(2)	전략적 동기	경제적 동기	정치적·법적 동기
(3)	정치적·법적 동기	경제적 동기	전략적 동기
(4)	전략적 동기	정치적·법적 동기	경제적 동기
(5)	경제적 동기	정치적·법적 동기	전략적 동기

(해설)

기업이 수출이나 해외직접투자로 외국에 진출하지 않고 라이선싱이라는 계약형태로 해외로 진출하
는 이유는 경제적 동기, 전략적 동기, 정치적·법적 동기에서 찾을 수 있다.

정답: (1)

7. 계약형태에 의한 해외시장진출방식이란 무형의 자산인 상표, 저작권 등의 지적 소
   유권과 기술적·경영적 노하우 등의 경영자산을 하나의 상품으로 취급하여 해외시
   장에 진출하는 방식이다. 다음 중 계약형태에 의한 진출방식의 유형에 대한 (가),
   (나), (다), (라)에 해당하는 것을 바르게 연결한 것은?

(가) 한국의 민국상사는 자사가 보유하고 있는 특허, 기업비결, 노하우, 등록상표, 지
    식, 기술공정 등의 상업적 자산권을 사용할 수 있는 권리를 일본의 도모미상사
    에게 제공하고 그 대가로 일정한 로열티, 수수료 등의 대가를 받는 계약협정을
    체결하였다.
(나) 한국의 대한상사는 일본의 토미상사에게 표준화된 패키지상품, 시스템 및 관리
    용역을 제공하고 토미상사는 시장에 관한 지식과 자본을 제공하여 경영관리에
    직접 참여하여 개입하는 사업방식을 체결하였다.
(다) 한국의 대한전자(주)는 3년 동안 일본의 기요전자(주)의 일상적인 운영을 할 수
    있는 권리를 계약하여 무궁화상사의 경영시스템과 경영노하우를 이전하고 이에
    대한 대가를 받기로 하였다.

| (라) 한국의 국민기계(주)는 대만의 대만기계(주)에게 생산 및 제조기술을 제공하면서 선반기계제품의 생산을 주문하고, 그 주문 생산된 제품을 공급받아 현지시장이나 제3국 시장에 판매하는 계약방식을 체결하였다. |

	(가)	(나)	(다)	(라)
(1)	라이선싱	프랜차이징	경영관리계약	국제하청생산
(2)	프랜차이징	라이선싱	국제하청생산	경영관리계약
(3)	국제하청생산	프랜차이징	라이선싱	경영관리계약
(4)	경영관리계약	국제하청생산	라이선싱	프랜차이징
(5)	라이선싱	프랜차이징	국제하청생산	경영관리계약

(해설)

(가)는 민국상사와 도모미상사는 (국제)라이선싱계약 체결, 대한상사와 토미상사는 (국제)프랜차이징, 대한전자(주)와 기요전자(주)는 경영관리계약, 국민기계(주)와 대만기계(주)는 국제하청생산계약을 체결한 것

정답: (1)

- 라이선싱(licensing)은 계약형태의 진출방식 중에서 가장 대표적인 것으로 기술공급자가 일정한 대가를 수취하고 이러한 무형자산이나 기술도입자에게 일정기간 판매 또는 임대하는 계약이다. 즉, 라이센서와 라이센시 간에 라이선싱계약을 체결하고, 이 계약 하에서 공여기업이 보유하고 있는 특허, 기업비결, 노하우, 등록상표, 지식, 기술공정 등의 상업적 자산권을 사용할 수 있는 권리를 수혜기업에게 제공하고 그 대가로 일정한 로열티, 수수료 등의 대가를 받는 계약협정
- 프랜차이징(franchising)은 라이선싱의 한 형태이지만 라이선싱과는 큰 차이점을 지니고 있는데, 프렌차이징(franchising)이란 프랜차이저가 표준화된 패키지상품, 시스템 및 관리용역을 제공하고 프랜차이지는 시장에 관한 지식과 자본을 제공하여 경영관리에 직접 참여하여 개입하는 사업방식 즉, 프랜차이징(franchising)은 프랜차이저가 프랜차이지에게 상표의 사용권을 허가해 주고 사업체의 조직과 경영방법의 이전을 통해 계속적으로 운영을 지원해 주는 방식
- 경영관리계약(management contract)이란 해외기업의 일상적인 운영을 관리할 수 있는 권리를 계약하는 것을 말하는데, 즉 특정기업이 일정기간 동안 다른 국가에 있는 특정기업의 일상적인 운영을 할 수 있는 권리를 계약하는 것으로 경영시스템과 경영노하우를 이전하고 그 대가를 받는 형식
- 국제하청생산을 계약생산(contract manufacturing)이라고도 부르는데 이것은 기업이 외국의 다른 기업에게 생산 및 제조기술을 제공하면서 특정제품의 생산을 주문하

고, 그 주문 생산된 제품을 공급받아 현지시장이나 제3국시장에 판매하는 방식
  • 국제하청생산은 라이선싱과 해외직접투자를 절충한 형태로서, 예를 들면 Nike나 Reebok과 같은 회사가 한국의 하청업자에게 일정한 품질과 가격에 운동화를 납품하도록 계약을 체결하고 이러한 계약에 의해 국제경영활동을 수행하는 방식

8. 다음은 금융정책 수단에 관한 설명이다. 적절하지 않은 것을 모두 고른 것은?

> ㄱ. 지급준비율이 하락하면 이자율이 상승한다.
> ㄴ. 지급준비율정책은 본원통화의 양을 변화시키지 않는다.
> ㄷ. 재할인율을 높이면 이자율은 하락한다.
> ㄹ. 재할인율정책이 효과적이 되기 위해서는 예금은행의 중앙은행에 대한 자금의존도가 높아야 한다.
> ㅁ. 국공채를 팔게 되면 이자율이 하락한다.

(1) ㄱ, ㄴ, ㄹ　　(2) ㄱ, ㄷ, ㅁ　　(3) ㄴ, ㄷ, ㅁ　　(4) ㄴ, ㄹ　　(5) ㄷ, ㄹ

(해설)

금융정책이란 중앙은행이 각종 금융정책수단을 이용하여 물가안정, 완전고용, 경제성장, 국제수지균형 등의 정책목표를 달성하려는 경제정책을 의미하며, 통화정책, 통화금융정책, 통화신용정책이라고도 한다. 금융정책의 수단에는 간접규제수단으로서의 일반적인 정책수단과 대출한도제, 이자율규제 등 직접규제 수단으로서의 선별적인 정책수단이 있다. 일반적인 금융정책 수단(간접규제수단)에는 공개시장조작정책, 재할인율정책, 지급준비율정책 등이 있다.

공개시장조작정책이란 공개시장에서 국공채를 매각 또는 매입하여 통화량과 이자율을 조정하는 정책을 의미하며, 통화량 조정수단 중 가장 빈번하게 사용되는 정책수단이다.

> 국공채 매입 → 본원통화 증가 → 통화량 증가 → 이자율 하락
> 국공채 매각 → 본원통화 감소 → 통화량 감소 → 이자율 상승

재할인율정책이란 예금은행이 중앙은행으로부터 차입할 때 적용받는 이자율인 재할인율을 조절함으로써 통화량과 이자율을 조정하는 정책을 말한다. 예금은행이 풍부한 유동성(초과지급준비금)을 보유하고 있다면 재할인율정책은 효과가 없다. 그러므로 재할인율정책이 효과적이기 의해서는 예금은행의 중앙은행에 대한 자금의존도가 높아야 한다.

> 재할인율 인상 → 예금은행 차입 감소 → 본원통화 감소 → 통화량 감소 → 이자율 증가
> 재할인율 인하 → 예금은행 차입 증가 → 본원통화 증가 → 통화량 증가 → 이자율 하락

지급준비율정책이란 법정지급준비율을 변화시킴으로써 통화량과 이자율을 조정하는 정책을 말한다. 공개시장조작정책 및 재할인율정책과 달리 본원통화의 양은 변하지 않는다. 최근 들어 통화량을 조절하는 정책수단으로 크게 사용되지 않고 있다.

지급준비율 인상 → 통화량 감소 → 이자율 인상
지급준비율 인하 → 통화량 증가 → 이자율 하락

정답: (2)

9. 중앙은행이 통화량을 감소시키기 위해서 사용할 수 있는 정책수단으로 바른 것을 모두 고른 것은?

ㄱ. 중앙은행이 국채를 매입하였다.
ㄴ. 중앙은행이 공채를 매각하였다.
ㄷ. 중앙은행이 법정지급준비율을 인상하였다.
ㄹ. 중앙은행이 재할인율을 인상하였다.

(1) ㄱ, ㄴ, ㄷ   (2) ㄱ, ㄷ, ㄹ   (3) ㄴ, ㄷ, ㄹ   (4) ㄱ, ㄹ   (5) ㄴ, ㄷ

(해설)

중앙은행이 통화량을 조절하기 위해 사용하는 일반적인 정책수단에는 공개시장조작, 지급준비율정책, 재할인율정책 등이 있다. 공개시장조작이란 중앙은행이 증권시장에서 기관투자자나 민간을 대상으로 국·공채 등 유가증권을 매입하거나 매각함으로써 통화량을 조절하고 이자율에 영향을 미치는 정책수단을 말한다. 중앙은행이 국·공채를 매입하면 통화량은 증가하고 이자율은 하락하며, 국·공채를 매각하면 통화량은 감소하고 이자율은 상승한다.

국·공채 매입 → 통화량 증가, 국·공채 매각 → 통화량 감소

또한 중앙은행이 법정지급준비율을 인상하거나 재할인율을 인상할 경우에도 통화량을 감소시키게 된다.

지급준비율 인상 → 통화승수 감소 → 통화량 감소
재할인율 인상 → 예금은행 차입 감소 → 본원통화 감소 → 통화량 감소

정답: (3)

10. A국은 경기가 침체한 상황이다. 경기 회복을 위해서 사용할 수 있는 재정정책과 금융정책의 수단을 모두 고른 것은?

ㄱ. 재정지출 증가
ㄴ. 재정지출 감소
ㄷ. 재할인율 인하
ㄹ. 지급준비율 인상
ㅁ. 국채 매각

(1) ㄱ, ㄷ, ㄹ, ㅁ   (2) ㄱ, ㄹ, ㅁ   (3) ㄴ, ㄷ, ㄹ   (4) ㄱ, ㄷ   (5) ㄹ, ㅁ

경기 회복을 위해서는 확장적인 정책을 실시하여야 한다. 정부지출을 늘리면(확장 재정정책) 직접적으로 총수요가 증가하게 된다. 그러나 재정지출을 감소하면 총수요가 감소하게 된다.

재할인율이 인하되면 통화량이 증가하므로 이자율이 하락하여 투자가 증가하게 되고, 투자가 증가하면 총수요가 증가한다. 그러나 정부가 국채를 매각하게 되면 유동성이 감소하므로 총수요가 감소한다. 또한 지급준비율이 인상되면 통화량이 감소하므로 이자율이 상승하여 투자가 감소하게 되고, 투자가 감소하면 총수요가 감소하게 된다.

정답: (4)

11. 정부지출의 확대가 무역과 환율에 미치는 영향에 관한 다음 설명 중에서 바른 것을 모두 고른 것은?

> ㄱ. 수출을 증가시킨다.
> ㄴ. 수입을 증가시킨다.
> ㄷ. 환율상승을 초래한다.
> ㄹ. 환율하락을 초래한다.
> ㅁ. 아무런 영향을 미치지 못한다.

(1) ㄱ, ㄷ　　(2) ㄱ, ㄹ　　(3) ㄴ, ㄷ　　(4) ㄴ, ㄹ　　(5) ㅁ

정부지출의 증가는 소득의 증가에 따른 수입의 증가와 이자율 상승을 유발시키고, 이에 따라 자본유입되고, 자본유입에 따라 환율인하로 압력으로 환율이 하락하고, 환율하락은 순수출 감소를 가져오게 된다.

정답: (4)

12. 노동이 유일한 생산요소이다. A국과 B국에서 1인이 생산할 수 있는 쌀과 컴퓨터가 아래와 같을 때 다음 설명 중에서 바른 것을 고른 것은?

	A국	B국
쌀	6단위	20단위
컴퓨터	2단위	10단위

> ㄱ. A국은 컴퓨터 생산에 절대우위와 비교우위를 가지고 있다.
> ㄴ. A국은 쌀과 컴퓨터의 생산에 있어서 절대우위를 갖고 있지는 않으나 쌀 생산에 비교우위를 가지고 있다.

> ㄷ. B국은 쌀과 컴퓨터 생산 모두에 절대우위를 갖고 있고, 컴퓨터 생산에 비교우
>   위를 가지고 있다.
> ㄹ. 두 나라 사이에 무역이 개시되면 컴퓨터 1단위는 쌀 3단위와 교환될 것이다.

(1) ㄱ, ㄴ, ㄷ　　(2) ㄱ, ㄹ　　(3) ㄴ, ㄷ　　(4) ㄴ, ㄹ　　(5) ㄷ, ㄹ

(해설)

우선 B국은 A국에 비해 쌀과 컴퓨터 생산 모두에 절대우위를 갖고 있으며, 주어진 생산표를 가지고 A국과 B국의 쌀과 컴퓨터에 대한 기회비용을 구해보면, 먼저 A국의 경우 쌀 1단위 생산의 기회비용이 컴퓨터 (1/3)단위(=2/6)이고, B국의 경우 쌀 1단위 생산의 기회비용이 컴퓨터 (1/2)단위(=10/20)이다. 그러므로 A국은 쌀 생산에 비교우위가 있다.

또한 A국의 경우 컴퓨터 1단위 생산의 기회비용이 쌀 3단위(=6/2)이고, B국의 경우 컴퓨터 1단위 생산의 기회비용이 쌀 2단위(=20/10)이다. 그러므로 B국은 컴퓨터 생산에 비교우위가 있다. 만약 A국과 B국 사이에 자유무역이 개시된다면 1단위의 컴퓨터는 쌀 2단위보다는 많고 3단위보다는 적은 쌀과 교환이 될 것이다.

정답: (3)

---

13. 자유무역 개시 전에 A국과 B국의 X재와 Y재의 단위당 생산비가 다음과 같다고 한다. A국과 B국이 무역을 개시한다면 양국 모두 무역을 통해 이익을 얻을 수 있는 국제교역조건에 해당하는 것은 다음 중 어느 것인가?

(단위당 생산비)	X재	Y재
A국	80	90
B국	120	100

(1) 0.4　　(2) 0.7　　(3) 0.8　　(4) 1.1　　(5) 1.3

(해설)

애덤 스미스의 절대우위론에 입각하면 A국은 B국에 비해 X재와 Y재 모두 싸게 생산하고 있어 A국이 두 재화 모두에 절대우위가 있다. 그러나 리카도의 비교우위론에 입각하면 A국은 X재 생산에 비교우위가 있고, B국은 Y재 생산에 비교우위가 있어 A국은 X재 생산에 완전특화 하고, B국은 Y재 생산에 완전특화하여 양국은 국제무역을 통해 상호이익을 누릴 수 있다. 이러한 무역의 이익은 국제상대가격과 국내상대가격의 차이가 클수록 증가한다. 주어진 조건에서 A국의 상대가격은 $\frac{8}{9}(=\frac{80}{90})$이고, B국의 상대가격은 $\frac{6}{5}(=\frac{120}{100})$이다. 국제상대가격이 양국의 상대가격 사이에 존재할 때 국제교역이 발생하여 상호 무역이익이 발생하므로 국제상대가격(P_w)은 $(\frac{8}{9})_A \langle P_w \langle (\frac{6}{5})_B$ 사이에 존재하여야 한다. 그러므로 $\frac{8}{9}(=\frac{80}{80})$과 $\frac{6}{5}(=\frac{120}{100})$ 사이에 존재하는 국제교역조건은 1.1이 해당된다.

정답: (4)

제2부
기초편

제10장 무역의 기초와 이론

제1절 무역의 기초개념과 이론

1. 수출업자인 위탁자가 물품을 무환으로 수출하여 판매를 위탁하고, 판매된 범위 내에서 수입업자인 수탁자에게 일정의 판매수수료를 지급하고 팔린 물품의 대금을 결제받는 계약에 의한 수출을 무엇이라고 하는가?

    (1) 위탁판매수출 (2) 임대수출 (3) 위탁가공무역 (4) 외국인도수출 (5) OEM수출

(해설)

위탁판매수출이란 수출업자인 위탁자가 물품을 무환으로 수출하여 판매를 위탁하고, 판매된 범위 내에서 수입업자인 수탁자에게 일정의 판매수수료를 지급하고 팔린 물품의 대금을 결제 받는 계약에 의한 수출을 말한다.

정답: (1)

2. 다음 중 수탁판매수입과 관련한 설명으로 틀린 것은?

    (1) 수입업자인 수탁자가 물품을 위탁자의 소유 물품인 상태로 무환으로 수입하여 판매한다.

    (2) 팔린 물품은 그 대금을 결제하고, 팔리지 않은 물품은 위탁자에게 다시 수출하는 계약에 의한 수입을 말한다.

    (3) 물품의 소유권을 가진 수출업자가 자금과 위험을 부담한다.

    (4) 수입업자는 계약 조건에 따라 상품을 판매한 후 판매경비와 수수료 포함한 모든 판매대금을 수출상에게 송금해야 한다.

    (5) 수입업자는 위험부담이나 자금 부담 없이 손쉽게 수입할 수 있다.

(해설)

수입업자는 계약 조건에 따라 상품을 판매한 후 판매경비와 수수료 제외하고 판매대금을 수출상에게 송금한다.

정답: (4)

3. 다음 중 위탁가공무역에 대한 설명으로 바르지 않은 설명은?

    (1) 수출업자인 위탁자가 수입업자인 수탁자에게 가공임을 주는 조건의 무역거래 형태이다.

    (2) 외국에서 가공할 원자재의 전부나 일부를 수탁자에게 수출하거나 제3국에서 조달하여 공급하고, 수탁자는 이를 가공한 후 가공물품을 수입하거나 현지 또는 제3국에 파는 수출입을 말한다.

    (3) 외국의 싼 노동력을 활용하는 경우에 이용된다.

    (4) 외국의 선진 기술을 이용하고자 하는 경우에 이용된다.

    (5) 물품을 수출하고 일정 기간 후 다시 수입하거나 그 기간이 끝나기 전이나 후에 해당 물품의 소유권을 이전하는 수출을 말한다.

(해설)

물품을 수출하고 일정 기간 후 다시 수입하거나 그 기간이 끝나기 전이나 후에 해당 물품의 소유권을 이전하는 수출은 임대수출이다.

정답: (5)

---

check!

임대계약에 따라 물품을 수출하고 일정 기간 후 다시 수입하거나 그 기간이 끝나기 전이나 후에 해당 물품의 소유권을 이전하는 수출을 무엇이라 하는가?

(해설)

임대수출이란 임대계약에 따라 물품을 수출하고 일정 기간 후 다시 수입하거나 그 기간이 끝나기 전이나 후에 해당 물품의 소유권을 이전하는 수출로서 높은 가격의 생산 시설 수출시 사용된다. 수입업자는 임대기간 동안 생산 시설의 사용료에 해당하는 임대료를 내며, 생산시설의 성능에 만족하거나 계속 사용을 원할 때 완전 구매를 위해 일정 물품대금을 결제한다.

정답: 임대수출

---

4. 우리나라의 대외무역법 상에서 규정하고 있는 특정거래의 형태 중 하나로 수입대금은 국내에서 지급되나 수입물품은 외국에서 인수하는 수입을 무엇이라 하는가?

    (1) 임차수입 (2) 수탁판매수입 (3) 외국인수수입 (4) 물물교환 (5) 구상무역

(해설)

외국인수수입을 제3국 도착수입이라고도 하는데 수입대금은 국내에서 지급되나 수입물품은 외국에서 인수하는 수입을 말한다.

정답: (3)

5. 다음 중 직접수출의 장점으로 보기 어려운 것은?

    (1) 해외시장에 대한 정보 습득과 파악이 가능하다.
    (2) 외국경쟁기업의 마케팅활동 분석 가능하다.
    (3) 거래처의 다양화로 대형거래처에 대한 의존도를 감소시킬 수 있다.
    (4) 수출전담부서를 운영해야 되므로 비용부담이 증가한다.

(해설)

수출전담부서를 운영해야 되므로 비용부담이 증가하는 것은 단점에 해당한다.

정답: (4)

6. 다음 중 주문자상표부착방식수출의 장점으로 보기 어려운 것은?

    (1) 바이어의 지명도와 서비스망을 활용하여 판매망을 보완할 수 있다.
    (2) 대량으로 물건을 생산할 수 있으므로 최적생산규모에 가까워져서 생산코스트를 절감할 수 있다.
    (3) 외국인에 대한 한국기업제품에 대한 거부감의 회피가 가능하다.
    (4) 부메랑효과가 존재한다.

정답: (4)

(해설)

부메랑효과가 존재하는 것이 주문자상표부착방식(OEM) 수출의 단점이다.

---

check!

연계무역의 형태 중 가장 흔히 이용되는 거래방식으로서 수출업자가 상품이나 플랜트를 수출하는 대신 수입업자로부터 수출금액의 일정 비율에 해당하는 상품을 구매하는 거래형태를 무엇이라 하는가?

(해설)

대응구매란 연계무역의 형태 중 가장 흔히 이용되는 거래방식으로서 수출업자가 상품이

나 플랜트를 수출하는 대신 수입업자로부터 수출금액의 일정 비율에 해당하는 상품을
구매하는 거래형태를 말한다.

정답: 대응구매

7. 다음 중 무역의존도(degree of dependence on foreign trade)에 대한 설명으로 바르지 않는 것은?

(1) 어느 한 나라의 국민경제가 얼마만큼 무역에 의존하고 있는가를 나타내 주는 지표를 말한다.
(2) 어느 일국의 경제자립도를 나타내 준다.
(3) 무역의존도는 어느 일정한 기간 동안에 있어서 한 나라의 국민소득에 대하여 일정한 기간의 무역액의 비율로 나누어 구할 수 있다.
(4) 국민경제에는 국민소득을 대입하고 무역에는 무역액을 대입하여 그 비율을 구하게 되는데, 일반적으로 국민소득은 국민총소득(GNI)을 사용하여 구하게 된다.
(5) 어느 일정한 기간의 무역액은 해당 기간의 수출액과 수입액의 합을 사용한다.

(해설)
무역의존도는 국민경제에는 국민소득을 대입하고 무역에는 무역액을 대입하여 그 비율을 구하게 되는데, 일반적으로 국민소득은 국내총생산(GDP)을 사용하여 구하게 된다.

정답: (4)

8. A국의 국내총생산이 5천억 달러이고, 수출액이 1천5백억 달러, 수입액이 5백억 달러라고 한다면 무역의존도의 정의에 비추어 볼 때 A국의 무역의존도는 얼마이겠는가?

(1) 10%   (2) 20%   (3) 30%   (4) 40%   (5) 50%

(해설)
무역의존도는 국내총생산에 대한 무역액의 비율로 나타난다. 즉 무역의존도(%) = (무역액/국내총생산) × 100으로 구할 수 있다. 무역액은 수출액과 수입액의 합이므로 A국의 무역액은 2천억 달러(= 1천5백억 달러 + 5백 달러)이다. 그러므로 A국 무역의존도(%) = (2천억 달러/5천억 달러) × 100이므로 계산하면 40%이다.

정답: (4)

check!

국가 간에 상품이 어떤 교환비율로 교역되고 있는가를 나타내 주는 지표를 무엇이라고 하는가?

(해설)

교역조건(Terms of Trade)이란 국가 간에 상품이 어떤 교환비율로 교역되고 있는가를 나타내 주는 지표로서 재화와 재화 간의 국제교환비율을 의미한다.

정답: 교역조건

9. 다음 중 중상주의 무역관에 대한 설명으로 바르지 않은 것은?

(1) 중상주의 시대의 부(wealth)의 개념은 귀금속으로 대표되는 자산의 양으로 측정하였다.
(2) 무역은 국부를 증가시키는 수단으로 사용되어야 한다는 것이다.
(3) 국부를 증대시키기 위해서는 수출을 증가시켜야 한다.
(4) 국부를 증대시키기 위해서는 수입을 억제해야 한다.
(5) 자유무역 측면에서 무역정책이 수립되어야 한다.

(해설)

정부의 무역에 대한 정책은 보호무역 측면에서 수립되고 집행되어야 한다고 주장하였다.

정답: (5)

10. 다음 보기 A, B의 (가), (나), (다)에 들어갈 용어가 바르게 연결된 것은?

A. 우리가 보유하고 있는 재화만 소비할 수 있는 경우보다는 다른 사람과 자유롭게 (가)할 수 있는 기회가 있을 때 우리의 경제적 생활은 더욱 풍요롭다.
B. 사람에 따라 재화에 부여하는 가치가 다른 경우에 (나)를 통해서 자신이 작은 가치를 부여하는 재화를 제공하고, 큰 가치를 부여하는 재화를 획득할 수 있으므로 (다)는 각자가 보유하고 있는 재화의 가치를 증가시켜서 사회 전체의 부를 증가시킬 수 있다.

(1) 교환-교환-교환 (2) 분업-분업-분업 (3) 교환-분업-교환
(4) 분업-교환-분업 (5) 분업-교환-교환

(해설)

교환의 이익에 대한 설명으로 우리가 보유하고 있는 재화만 소비할 수 있는 경우보다는 다른 사람

과 자유롭게 (교환)할 수 있는 기회가 있을 때 우리의 경제적 생활은 더욱 풍요롭다. 또한 사람에 따라 재화에 부여하는 가치가 다른 경우에 (교환)을 통해서 자신이 작은 가치를 부여하는 재화를 제공하고, 큰 가치를 부여하는 재화를 획득할 수 있으므로 (교환)은 각자가 보유하고 있는 재화의 가치를 증가시켜서 사회 전체의 부를 증가시킬 수 있다.

정답: (1)

---

check!

각국의 특수한 적성, 즉 생산조건과 수요조건에 따라 각국이 각각 유리한 상품 생산에 전문화 또는 특화하는 것을 무엇이라고 하는가?

(해설)

국제분업이란 각국의 특수한 적성, 즉 생산조건과 수요조건에 따라 각국이 각각 유리한 상품 생산에 전문화 또는 특화하는 것을 말한다.

정답: 국제분업

---

11. 국제분업의 개념에 있어서 다음 중 수요조건에 해당하는 것으로 보기 어려운 것은?

(1) 인구수　　(2) 기호　　(3) 취미　　(4) 인간능력　　(5) 생활수준

(해설)

국제분업은 각국의 특수한 적성, 즉 생산조건과 수요조건에 따라 각국이 각각 유리한 상품 생산에 전문화 또는 특화하는 것을 말하는데 인간능력은 생산조건에 해당한다.

정답: (4)

12. 다음 중 자유무역주의의 기본적인 주장과 가장 관계가 있는 것은 무엇인가?

(1) 국내시장의 확대　　(2) 국제분업의 이익　　(3) 국내 원재료의 수출촉진
(4) 자급자족의 이익　　(5) 자유경제의 공업화의 이해

(해설)

자유무역주의는 국제분업의 이익을 기초로 삼아 전개된 애덤 스미스의 이론이다.

정답: (2)

13. 다음 중 자유무역사상을 전개한 국부론의 저자는 누구인가?

(1) D. Ricardo (2) J. S. Mil (3) A. Smith (4) K. Mark (5) A. C. Pigou

(해설)

아담 스미스는 그의 저서 국부론에서 자유무역사상을 전개하였다.

정답: (3)

14. 다음 중 고전학파 무역이론의 전개가 바르게 연결된 것은?

(1) 스미스 - 리카도 - 핵셔올린   (2) 스미스 - 핵셔올린 - 리카도

(3) 리카도 - 핵셔올린 - 스미스   (4) 리카도 - 스미스 - 핵셔올린

(5) 핵셔올린 - 스미스 - 리카도

(해설)

애덤 스미스의 절대우위론에서 데이비드 리카도의 비교우위론, 그리고 핵셔올린이론으로 전개되었다.

정답: (1)

15. 애덤 스미스의 절대우위론에 대한 설명으로 바르지 않은 것은?

(1) 절대우위(absolute advantage)란 두 나라에 있어 생산비의 절대적 차이를 의미한다.

(2) 애덤 스미스는 노동가치설에 근거하고 있다.

(3) 노동과 자본이 경제 내에서 생산요소라고 가정한다.

(4) 생산비는 그 상품을 생산하기 위해 투입된 노동량으로 측정된다.

(5) 양국의 생산비에 절대적 차이가 있을 경우 각 나라는 절대우위 상품의 생산에만 전문화한다면 분업에 의한 이익을 누릴 수 있다고 주장한다.

(해설)

애덤 스미스의 절대우위론은 노동이 경제 내에서 유일한 생산요소라고 가정하고 있다.

정답: (3)

16. 다음 중 비교우위론에 대한 설명으로 바르지 않은 것은?

(1) 비교우위란 두 상품의 우위의 차이를 비교하여 그 우위가 큰 것을 말한다.

(2) 한 국가가 두 교역상품에 있어 모두 절대우위를 갖는 경우에도 두 상품 사이에 비교우위가 있다면 무역이 발생할 수 있음을 밝히고 있다.

(3) 무역의 이익이 교역 당사국에 어떻게 배분될 것인가 하는 문제에 있어서도 명확

한 답을 제시하고 있다.
(4) 절대생산비이론을 보완하여 자유무역에 대한 이론적 토대를 확고히 하였다.
(5) 일국이 비교우위가 있는 한 상품에 완전특화한다고 가정하고 있다.

무역의 이익이 교역 당사국에 어떻게 배분될 것인가 하는 문제에 있어서 명확한 답을 제시하지 못하고 있다.

정답: (3)

17. 비교우위론에서 양 국가가 모두 무역으로부터 이익을 얻기 위해서는 어떤 조건이 충족되어야 하는가?
(1) 한 나라가 다른 나라보다 상당히 커야 한다.
(2) 한 나라가 두 상품의 생산에 있어 모두 절대우위를 가져서는 안 된다.
(3) 한 나라가 두 상품 중 한 상품의 생산에 있어 상대적으로 더 효율적이어야 한다.
(4) 한 나라가 두 상품의 생산에 있어 모두 절대우위를 자져야 한다.
(5) 생산요소의 이동이 자유로워야 한다.

(해설)

데이비드 리카도의 비교우위론은 비교생산비에 근거하고 있기 때문에 한 나라가 두 상품 중 한 상품의 생산에 있어 상대적으로 더 효율적 이어야 무역이 발생하고 이로부터 무역이익을 얻을 수 있다는 이론이다.

정답: (3)

18. 다음 중 상호수요균등의 법칙을 주장한 학자는 누구인가?
(1) A. Smith (2) D. Ricardo (3) J. S. Mill (4) R. E. Harrod (5) J. M Keynes

(해설)

J. S. Mill은 양국 간에 실제로 교환되는 두 상품의 비율은 양국이 갖는 상대국 상품에 대한 각각의 수요가 정확하게 일치되는 수준에서 결정된다고 하였다. 이것이 소위 밀의 상호수요균등의 이론이다. 이렇게 상호수요가 일치되는 점에서 일국의 수출량과 그에 대한 상대국의 수입량이 정확하게 같을 경우 무역균형이 성립되며 무역균형을 성립하게 하는 국제교환비율이 곧 균형국제교역조건이 된다는 것이다. 이와 같이 밀은 고전무역이론의 분석에서 수요개념을 최초로 도입하여 무역균형에 대한 설명을 제시하였다.

정답: (3)

19. 다음 중 존 스튜어트 밀(John Stuart Mill)의 상호수요이론에 대한 설명으로 바르지 않은 것은?

(1) 양국 간에 실제로 교환되는 두 상품의 비율은 양국이 갖는 상대국 상품에 대한 각각의 수요가 정확하게 일치되는 수준에서 결정된다고 하였다.

(2) 국제무역이 발생하는 과정을 상호수요의 개념으로 설명한 이론이다.

(3) 구 상품의 국내교환비율과 국제교환비율을 가지고 무역을 설명하였다.

(4) 상호수요의 탄력성이 균형조건을 변동시키는 힘으로 작용한다.

(5) 상호수요란 양국 간의 교역에 있어서 자국의 수출제품(비교우위제품)에 대한 수요를 말한다.

(해설)

상호수요란 양국 간의 교역에 있어서 자국의 수입제품(비교열위제품)에 대한 수요를 말한다.

정답: (5)

20. 국제무역에 있어서 생산요소의 부존비율의 차이에 의해 비교우위를 발생시킨다고 주장한 이론은 다음 중 어느 것인가?

(1) 리카도의 비교우위론　　(2) 스미스의 절대우위론　　(3) 밀의 상호수요이론

(4) 레온티에프의 역설　　(5) 핵셔올린이론

(해설)

헥셔와 올린은 국가 사이에 발생하는 비교 생산비차이의 원천은 요소부존도의 차이에 있다는 것을 밝힘으로써 무역이론에 있어 획기적인 발전을 이룩하였다.

정답: (5)

21. 핵셔올린이론은 각 국가 간의 상대가격 차이와 무역의 가장 중요한 원인을 다음 중 어느 것의 차이에 기인한다고 보고 있는가?

(1) 수요조건　　(2) 취미　　(3) 기술　　(4) 기호　　(5) 요소부존량

(해설)

핵셔－올린 이론은 국가 간에 생산요소의 부존도가 다르고, 각 재화에 투입되는 생산요소의 비율이 다르기 때문에 비교생산비의 차이가 존재하게 된다는 것을 설명하였다.

정답: (5)

22. 헥셔올린이론이 성립한다고 할 때 만약 A국이 B국에 비해 상대적으로 노동이 더 풍부하고, 의류 생산이 쌀 생산보다 더 노동집약적인 재화라고 한다면?

    (1) A국은 의류를 수출할 것이다.

    (2) B국은 의류를 수출할 것이다.

    (3) A국과 B국 모두 옷감과 식량을 수출할 것이다.

    (4) 경제규모가 큰 나라가 옷감과 식량을 수출할 것이다.

    (5) 경제규모가 작은 나라가 옷감과 식량을 수출할 것이다.

(해설)

헥셔올린이론이 성립한다고 하였으므로 요소풍부도에 의해 무역패턴이 결정되게 되는데 A국이 B국보다 노동이 풍부하고, 의류가 쌀 보다 노동집약적인 재화라 하였으므로 A국은 의류생산에 비교우위가 있게 되어 의류를 수출하게 된다.

정답: (1)

23. 핵셔-올린이론의 제1 명제인 요소부존이론에 대한 설명으로 바르지 않은 것은?

    (1) 무역의 전개에 따라 요소의 이동이 아닌 재화의 이동에 따라 국가 간에 요소의 상대적 가격이 균등화된다는 것이다.

    (2) 국가 간 요소부존비율의 차이에 따라 무역의 방향이 결정된다.

    (3) 한 나라가 다른 나라에 비하여 상대적으로 보다 풍부하게 부존된 생산요소를 보다 집약적으로 사용하여 생산한 상품에 비교우위를 갖는 경향이 있다는 것이다.

    (4) 세계에 노동이 풍부한 국가와 자본이 풍부한 두 국가가 있다면 노동이 풍부한 국가에서는 노동집약적인 상품의 생산에 비교우위를 갖게 되어 노동집약재를 수출하게 된다.

    (5) 어느 나라든 그 나라에서 풍부한 생산요소를 많이 사용하는 제품을 수출하고 희소한 생산요소를 많이 사용하는 상품은 수입하게 됨을 설명하고 있다.

(해설)

무역의 전개에 따라 요소의 이동이 아닌 재화의 이동에 따라 국가 간에 요소의 상대적 가격이 균등화된다는 것은 핵셔-올린이론의 제2명제인 요소가격균등화이론이다.

정답: (1)

24. 재화의 가격에 변화가 없다고 할 때 한 생산요소의 부존량이 증가하면 그 생산요소를 집약적으로 사용하는 재화의 생산량은 증가하고, 다른 생산요소를 덜 집약적으로 사용하는 재화의 생산량은 감소한다는 주장과 관계있는 학자는?

   (1) 리카도   (2) 스미스   (3) 립친스키   (4) 레온티에프   (5) 마르크스

(해설)

립친스키 정리의 기본 내용은 재화의 가격에 변화가 없다고 할 때 한 생산요소의 부존량이 증가하면 그 생산요소를 집약적으로 사용하는 재화의 생산량은 증가하고, 다른 생산요소를 덜 집약적으로 사용하는 재화의 생산량은 감소한다는 것이다.

정답: (3)

1. 다음 중 환율에 대한 설명으로 바른 것은?

    (1) 두 국가 사이에서의 일반물가수준의 비율
    (2) 두 국가 사이에서의 통화의 교환비율
    (3) 수입물품 한 단위에 대한 수출물품의 교환비율
    (4) 수출물품 한 단위에 대한 수입물품의 교환비율
    (5) 한 국가 경제에서 무역이 차지하는 비율

(해설)
환율이란 두 국가 사이에서의 통화의 교환비율을 말한다.

정답: (2)

2. 수송비나 기타의 무역장벽이 전혀 존재하지 않는다고 한다면 상품 A가 미국에서는 3달러, 한국에서는 4,500원이라면 두 통화의 교환비율은 얼마이겠는가?

    (1) USD1＝KRW4,500　(2) USD1＝KRW2,500　(3) USD1＝KRW2,000
    (4) USD1＝KRW1,500　(5) USD1＝KRW1,000

(해설)
상품 A가 미국에서는 3달러, 한국에서는 4,500원이라면 USD1＝KRW1,500이다.

정답: (4)

3. 미국 5달러 구입에 6,000원이 필요한 경우 환율은 어떻게 표시되겠는가?

    (1) USD1＝KRW6,000　　(2) USD1＝KRW3,000　　(3) USD1＝KRW2,000
    (4) USD1＝KRW1,200　　(5) USD1＝KRW800

(해설)
미국 5달러 구입에 6,000원이 필요하다면 USD1＝KRW1,200이다.

정답: (4)

4. 환율결정이론 중에서 구매력평가설을 주장한 사람은 누구인가?

    (1) J. S. Mill　　(2) G. J. Gossen　　(3) A. Marshall　　(4) G. Cassel　　(5) A. Smith

(해설)

구매력평가설은 카셀(G. Cassel)이 주장하였다.

정답: (4)

5. 다음 중 외환의 공급은 주로 무엇에 의해 이루어지는가?

(1) 수출과 외자도입　　(2) 수입과 외자도입　　(3) 수출과 해외투자

(4) 수입과 해외투자　　(5) 외자도입과 해외투자

(해설)

외환의 공급은 자국에 외환이 유입(capital inflow)되는 것이므로 수출과 외자도입에 의해 이루어진다.

정답: (1)

6. 다음 중 외환의 수요는 주로 무엇에 의해 이루어지는가?

(1) 수입과 외자도입　　(2) 수출과 외자도입　　(3) 수입과 해외투자

(4) 수출과 해외투자　　(5) 해외투자와 외자도입

(해설)

외환의 수요는 자국에서 외환이 유출(captial outflow)되는 것이므로 수입과 해외투자에 의해 이루어진다.

정답: (1)

7. 다음 중 외환의 수요가 증가하는 경우는 어느 것인가?

(1) 수출품에 대한 외국의 수요가 증가할 경우

(2) 수입품에 대한 국내의 수요가 증가할 경우

(3) 수출품의 국내가격이 하락하는 경우

(4) 수입품에 대한 국내가격이 상승하는 경우

(5) 수출품의 국제가격이 상승하는 경우

(해설)

수입품에 대한 국내의 수요가 증가하는 경우 국내수입이 증가하므로 수입대금 지급에 필요한 외환 수요가 증가한다.

정답: (2)

8. 미국 사람이 80,000달러로 3,200,000엔을 샀다면 달러로 나타낸 엔화의 가
   격은 얼마이겠는가?
   (1) 10엔   (2) 20엔   (3) 30엔   (4) 40엔   (5) 60엔

(해설)

미국 사람이 80,000달러로 3,200,000엔을 샀다면 달러로 나타낸 엔화의 가격은 USD1 = JPY40
이 된다.

정답: (4)

9. 미국의 달러와 일본의 엔화 환율이 USD1 = JPY500에서 USD1 = JPY550이
   되었다면 다음 중 바른 것을 모두 고른 것은?

> 가. 미국에서 일본자동차가 더 많이 팔릴 것이다.
> 나. 일본에서 미국자동차가 더 많이 팔릴 것이다.
> 다. 일본에서 미국자동차가 더 적게 팔릴 것이다.
> 라. 미국에서 일본자동차가 더 적게 팔릴 것이다.

   (1) 가, 다   (2) 가, 라   (3) 나, 다   (4) 나, 라   (5) 다, 라

(해설)

USD1 = JPY500에서 USD1 = JPY550로 변했다면 미국 달러화에 비해 엔화 가치가 떨어진 것이
므로 미국에서는 일본자동차가 더 많이 팔릴 것이고, 일본에서는 미국자동차가 더 적게 팔릴 것이다.

정답: (3)

10. 다음 중 자국화폐의 가치가 하락하게 되면 유리한 사람은 누구인가?
    (1) 국내소비자   (2) 자국화폐소유자   (3) 수출업자   (4) 차관도입기업   (5) 수입업자

(해설)

자국화폐가치가 하락했다면 우리나라를 자국이라 했을 때 미국과의 환율을 표시해 보면 USD1 =
KRW1,000에서 USD1 = KRW1,100으로 변한 것이므로 수출을 증가시키고, 수출업자에게는 환차
익을 발생시킨다.

정답: (3)

11. 다음 중 외환의 수요곡선이 오른쪽으로 이동하게 되는 이유로 보기 어려운 것은?

    (1) 국제시장에서 원자재 가격이 상승하였다.

    (2) 자국의 수입이 증가하였다.

    (3) 내국인의 외환송금이 증가하였다.

    (4) 내국인의 해외여행이 증가하였다.

    (5) 수입물품의 가격이 높아졌다.

(해설)

수입물품의 가격이 높아지면 수입이 감소하게 되므로 외환의 수요곡선을 왼쪽으로 이동시키게 된다.

정답: (5)

12. 다음 중 외환의 수요곡선이 왼쪽으로 이동하게 되는 이유로 보기 어려운 것은?

    (1) 국제시장에서 원자재 가격이 하락하였다.

    (2) 자국의 수입이 감소하였다.

    (3) 내국인의 외환송금이 감소하였다.

    (4) 내국인의 해외여행이 증가하였다.

    (5) 수입물품의 가격이 인상되었다.

(해설)

내국인의 외환송금이 증가하면 외환의 수요곡선을 오른쪽으로 이동시키게 된다.

정답: (5)

13. 다음 중 외환의 공급곡선이 오른쪽으로 이동하게 되는 이유로 보기 어려운 것은?

    (1) 외국의 기업이 국내의 기업을 인수하였다.

    (2) 자국의 수출이 증가하였다.

    (3) 외국인의 국내관광이 증가하였다.

    (4) 외국자본의 국내유입이 증가하였다.

    (5) 자국의 수입이 증가하였다.

(해설)

자국의 수입이 증가하는 것은 외환의 수요가 증가하는 것이다.

정답: (5)

14. 다음 중 외환의 공급곡선이 왼쪽으로 이동하게 되는 이유에 해당하는 것을 모두 고른 것은?

> 가. 외국인의 국내관광이 증가하였다.
> 나. 자국의 수출이 감소하였다.
> 다. 외국자본의 국내유입이 감소하였다.
> 라. 내국인의 해외관광이 증가하였다.

(1) 가, 나　　(2) 가, 다　　(3) 나, 다　　(4) 나, 라　　(5) 다, 라

(해설)

자국의 수출과 외국자본의 국내유입 감소는 외환의 공급을 줄이게 되어 외환의 공급곡선을 왼쪽으로 이동시키게 된다.

정답: (3)

15. 우리나라의 경우에 있어서 100단위를 적용하고 있는 나라로 보기 어려운 통화는 무엇인가?

(1) 일본 엔화　　　　(2) 이태리 리라　　　　(3) 스페인 페서타

(4) 호주 달러　　　　(5) 인도네시아 루피아

(해설)

호주 달러는 1단위를 적용하고 있다.

정답: (4)

16. 다음 중 우리나라에 있어서 환율을 인상(상승)시키게 되는 요인들로 보기 어려운 것을 모두 고른 것은?

> 가. 국내경기가 호황이다
> 나. 해외경기가 호황이다
> 다. 국내이자율이 인상되었다.
> 라. 국내물가가 상승하였다.

(1) 가, 나　　(2) 가, 라　　(3) 나, 다　　(4) 나, 라　　(5) 다, 라

(해설)

해외경기가 좋으면 다른 나라들의 우리나라 상품에 대한 수입수요를 증가시켜 우리나라의 수출을

증대시키게 되어 외환이 공급되어 환율을 하락시키게 되고, 국내이자율이 인상되면 소비와 투자수
요가 줄고 수입수요가 줄게 되어 외환에 대한 수요를 감소시키게 되어 환율하락에 영향을 미치게
된다.

정답: (3)

17. 다음 중 환율인상(depreciation)이 무역에 미치는 영향에 대한 설명이 바르지 않은 것을 모두 고른 것은?

> 가. 수입을 감소시킨다.
> 나. 수출을 감소시킨다.
> 다. 수출업자에게 환차익을 발생시킨다.
> 라. 수입업자에게 환차익을 발생시킨다.

(1) 가, 다　　(2) 가, 라　　(3) 나, 다　　(4) 나, 라　　(5) 다, 라

(해설)

환율인상은 수출을 증가, 수입을 감소시키며, 수출업자에게는 환차익을, 수입업자에게는 환차손을
발생시킨다.

정답: (4)

18. 다음 중 환율인하(appreciation)가 무역에 미치는 영향에 대한 설명이 바르지 않은 것을 모두 고른 것은?

> 가. 수입을 증가시킨다.
> 나. 수출을 감소시킨다.
> 다. 수출업자에게 환차익을 발생시킨다.
> 라. 수입업자에게 환차손을 발생시킨다.

(1) 가, 다　　(2) 가, 라　　(3) 나, 다　　(4) 나, 라　　(5) 다, 라

(해설)

환율인하는 수출을 감소, 수입을 증가시키며, 수출업자에게는 환차손을, 수입업자에게는 환차익을
발생시킨다.

정답: (5)

19. 다음 중 리딩과 래깅(Leading & Lagging)에 대한 설명으로 바른 것을 모두 고른 것은?

> 가. 향후 환율변동에 대한 예측을 바탕으로 외화자금의 흐름시기를 의도적으로 앞당기거나 지연시키는 무역기업의 환위험 관리기법이다.
>
> 나. 수출업자는 자국통화의 가치가 상승할 것으로 예상되는 경우에는 수출상품의 선적 시기나 선적서류의 매입 시기를 늦추어야 한다.
>
> 다. 수입업자의 경우에는 자국통화의 가치가 하락할 것으로 예상되는 경우에는 결제시점을 보다 앞당겨야 한다.
>
> 라. 수입업자의 경우에는 환율이 인상될 것으로 예상되는 경우에는 결제시점을 보다 늦추어야 한다.

(1) 가, 나　　(2) 가, 다　　(3) 가, 라　　(4) 나, 다　　(5) 나, 라

(해설)

수출업자의 경우에는 자국통화의 가치가 하락할 것으로 예상되는 경우에는 수출상품의 선적 시기나 선적서류의 매입 시기를 늦춤으로써 보다 많은 자국통화의 수출대금을 얻고자 하며, 수입업자의 경우에는 결제시점을 보다 앞당기면서 자국통화 수입결제대금의 지급을 줄일 수 있다.

정답: (2)

---

check!

외환의 수요와 공급을 연결하는 장소 또는 메커니즘을 무엇이라고 하는가?

(해설)

외환시장(foreign exchange market)이란 외환의 수요와 공급을 연결하는 장소 또는 메커니즘을 외환시장이라 하며, 참가자에 따라 은행 간 외환시장과 대고객 외환시장, 지역에 따라 국내외환시장과 국제외환시장으로 구분할 수 있다.

정답: 외환시장

---

check!

일정기간 동안 한나라의 거주자와 비거주자 사이에 발생한 상품 및 서비스, 자본 등의 모든 경제적 거래에 따른 수취와 지급의 차이를 의미하는 것을 무엇이라고 하는가?

20. 다음 중 국제수지의 의의에 대한 설명으로 바르지 않은 것을 모두 고른 것은?

가. 어느 일국의 경제 상태를 나타내 주는 중요한 지표라 할 수 있다.
나. 어느 한 국가의 대외지급 능력의 척도로 사용되기 어려운 지표이다.
다. 적정 환율의 결정요인이 된다.
라. 어느 국가의 단기적인 대외거래의 전망을 평가할 수 없다.

(1) 가, 나　　(2) 가, 다　　(3) 가, 라　　(4) 나, 다　　(5) 나, 라

21. 다음 중 국제수지의 구성과 관련한 설명으로 바르지 않은 것을 고른 것은?

가. 상품수지는 상품의 수출로 인하여 지급받은 돈과 상품의 수입으로 인하여 그 대가를 지불한 돈과의 차액으로 나타내어진다.
나. 서비스수지는 외국과의 서비스거래 결과로 획득한 돈과 지급한 돈의 차이를 말한다.
다. 증권투자수지는 외국에 있는 기업에 대한 경영참여 등과 같이 영속적인 이익을 취득하기 위하여 행하는 대외투자수지를 말한다.
라. 기타자본수지는 직접투자수지와 해외이주자가 외국에 이주할 때 가지고 가는 해외이주비 등을 기록한다.

(1) 가, 나　　(2) 가, 다　　(3) 나, 다　　(4) 나, 라　　(5) 다, 라

직접투자수지는 외국에 있는 기업에 대한 경영참여 등과 같이 영속적인 이익을 취득하기 위하여 행하는 대외투자수지를 말하며, 기타자본수지는 특허권, 상표권 등을 사고파는 거래에서 발생하게 되는 비금융자산의 취득과 처분 및 해외이주자가 외국에 이주할 때 가지고 가는 해외이주비 등을 기록한다.

정답: (5)

22. 국제수지에 있어서 서비스수지에 해당하지 않는 것은?

    (1) 해운·보험   (2) 은행수수료   (3) 이자수익   (4) 관광수지   (5) 특허권수수료

(해설)

이자수익은 소득수지에 해당한다.

정답: (3)

23. 다음 중에서 경상계정에 속하지 않는 것은?

    (1) 상품무역   (2) 운임보험료   (3) 증여   (4) 외국기업 주식구입   (5) 투자수익

(해설)

외국기업의 주식구입은 자본계정에 해당한다.

정답: (4)

24. 다음 중 국제수지의 항목이 될 수 없는 것은?

    (1) 여행   (2) 운송   (3) 화폐용 금   (4) 상품   (5) 관세

(해설)

관세는 국내수지로서 조세의 일종이다.

정답: (5)

25. 다음의 거래 중에서 A국의 수취로 볼 수 있는 것을 모두 고른 것은?

> 가. A국의 보험회사가 B국의 수출업자에게 보험을 판다.
> 나. A국이 개발도상국에 원조를 준다.

다. A국이 외국으로부터 LCD TV를 수입한다.

라. A국의 거주자가 외국에 투자하여 배당금을 받았다.

  (1) 가, 나   (2) 가, 라   (3) 나, 다   (4) 나, 라   (5) 다, 라

(해설)

A국의 보험회사가 B국의 수출업자에게 보험을 판 것과 A국의 거주자가 외국에 투자하여 배당금을 받은 것은 수취에 해당하며, A국이 개발도상국에 원조를 준 것과 A국이 외국으로부터 LCD TV를 수입한 것은 지급에 해당된다.

정답: (2)

26. 다음 중 경상수지란 무엇을 말하는가?

  (1) 상품수지＋서비스 (2) 상품수지＋소득수지 (3) 상품수지＋서비스수지＋소득수지

  (4) 상품수지＋서비스수지＋소득수지＋경상이전수지 (5) 상품수지＋자본수지

(해설)

경상수지는 상품수지, 서비스수지, 소득수지, 경상이전수지로 구성된다.

정답: (4)

---

check!

A국의 국제경제거래 따른 수취와 지급에 있어서 상품거래에서는 수취 1,000달러, 지급 950달러, 서비스거래에서는 수취 300달러, 지급 230달러, 소득거래에서는 수취 150달러, 지급 160달러라고 할 때 A국의 경상수지 흑자규모는 얼마인가?

(해설)

A국의 상품수지는 50달러($=1,000-950$), 서비스수지는 70달러($=300-230$), 소득수지는 $-10(=150-160)$이므로 경상수지 흑자규모는 110달러$[=50+70+(-10)]$이다.

정답: 110

27. A국의 국제경제거래 따른 수취와 지급에 있어서 상품거래에서는 수취 500억 달러, 지급 400억 달러, 서비스거래에서는 수취 100억 달러, 지급 80억 달러, 소득거래에서는 수취 50억 달러, 지급 60억 달러라고 할 때 다음 설명에서 바른 것을 모두 고른 것은?

> 가. 상품수지는 100억 달러 흑자이다
> 나. 서비스수지는 20억 달러 적자이다
> 다. 소득수지는 10억 달러 적자이다.
> 라. 경상수지는 130억 달러 흑자이다.

(1) 가, 나　　(2) 가, 다　　(3) 나, 다　　(4) 나, 라　　(5) 다, 라

(해설)

A국의 서비스수지는 20억 달러 흑자이고, 경상수지는 110억 달러 흑자이다.

정답: (2)

---

check!

B국의 국제경제거래 따른 수취와 지급에 있어서 상품거래에서는 수취 200달러, 지급 220달러, 소득거래에서는 수취 150달러, 지급 155달러, 경상이전거래에서는 수취 135달러, 지급 110달러라고 할 때 A국의 경상수지 규모는 얼마인가?

(해설)

A국의 상품수지는 -20달러$(=200-220)$, 서비스수지는 -5달러$(=150-155)$, 경상이전수지는 $25(=135-110)$이므로 경상수지 적자규모는 0달러$[=(-20)+(-5)+25]$이다.

정답: 0

---

28. 다음의 보기에서 설명하는 것을 바르게 연결한 것은?

> (가) 상품의 수출과 수입의 차이를 나타낸다.
> (나) 거주자와 비거주자 사이에 아무런 대가없이 주고받는 거래, 즉 무상거래의 수지차를 말한다.
> (다) 급료 및 임금수지와 투자소득수지로 구성된다.

(1) 상품수지 − 경상이전수지 − 소득수지　　(2) 상품수지 − 서비스수지 − 경상이전수지
(3) 서비스수지 − 경상지전수지 − 소득수지　　(4) 경상이전수지 − 상품수지 − 서비스수지

(5) 상품수지 - 서비스수지 - 소득수지

(해설)

상품의 수출과 수입의 차이는 상품수지, 거주자와 비거주자 사이에 아무런 대가없이 주고받는 거래 즉 무상거래의 수지 차이는 경상이전수지, 급료 및 임금수지와 투자소득수지로 구성되는 것은 소득수지이다.

정답: (1)

---

check!

A국의 국제경제거래 따른 수취와 지급에 있어서 상품거래에서는 수취 1,100억 달러, 지급 1,160억 달러, 서비스거래에서는 수취 300억 달러, 지급 250억 달러, 소득거래에서는 수취 150억 달러, 지급 160억 달러, 경상이전거래에서는 수취 100억 달러, 지급 90억 달러 라고 할 때 A국의 경상수지는 흑자인가 적자인가?

(해설)

A국의 상품수지는 −60억 달러(=1,100−1,160), 서비스수지는 50억 달러(=300−250), 소득수지는 −10억 달러(=150−160), 경상이전수지는 10억 달러(=100−90)이므로 경상수지 적자규모는 −10억 달러[=(−60)+50+(−10)+10]이다.

정답: 적자

---

29. 해외에 거주하는 교포가 국내의 친척 등에게 보내오는 송금, 종교기관이나 자선단체의 기부금과 구호물자, 정부 간의 무상원조 등이 기록되는 것과 관계있는 것은?

(1) 상품수지　　(2) 투자수지　　(3) 서비스수지　　(4) 소득수지　　(5) 경상이전수지

(해설)

경상이전수지라 함은 거주자와 비거주자 사이에 아무런 대가없이 주고받은 거래, 즉 무상거래의 수지차를 말한다. 경상이전은 수혜자의 소득과 소비를 늘려주게 되는데 해외에 거주하는 교포가 국내의 친척 등에게 보내오는 송금, 종교기관이나 자선단체의 기부금과 구호물자, 정부 간의 무상원조 등이 여기에 기록된다.

정답: (5)

30. 외국과의 주식, 채권, 파생금융상품 거래 등의 투자자본의 가치증가 또는 이윤
획득만을 목적으로 하는 것과 관계있는 투자수지는?

(1) 직접투자수지　　　　　　　　(2) 증권투자수지

(3) 기타투자수지　　　　　　　　(4) 비금융자산의 취득과 처분수지

(5) 해외이주비수지

(해설)

증권투자수지(포트폴리오투자수지)는 외국과의 주식, 채권, 파생금융상품 기래 등의 투자자본의 가
치증가 또는 이윤획득만을 목적으로 하고 있다.

정답: (2)

31. 경상수지 안정화 정책 중 서비스수지정책의 수단으로 보기 어려운 것은?

(1) 해외로부터의 관광객 유치　　(2) 해운수지 개선　　(3) 해외에 대한 증여 삭감

(4) 해외에 대한 정부지출 삭감　　(5) 해외시장개척 촉진

(해설)

해외시장 개척은 상품수지정책 중 수출촉진정책에 해당한다.

정답: (5)

32. 다음 중 상품수지 안정화 정책 수단으로 보기 어려운 것은?

(1) 관세인상　　　　　　　　(2) 수입규제　　　　　　(3) 수출보조금 지급

(4) 수출자금 우선 융자　　　(5) 해운수지 개선

(해설)

해운수지 개선은 서비스수지 안정화 정책에 해당한다.

정답: (5)

33. 다음 보기 중에서 자본수지 안정화 정책의 수단과 관계있는 것을 모두 고른 것은?

> 가. 공공차관 도입
> 나. 해외시장 개척
> 다. 해외관광객 유치
> 라. 해외직접투자유치

(1) 가, 나   (2) 가, 라   (3) 나, 다   (4) 나, 라   (5) 다, 라

(해설)

해외시장 개척과 해외관광객 유치는 경상수지안정화 정책 수단, 공공차관 도입과 해외직접투자 유치는 자본수지 안정화 정책 수단에 해당한다.

정답: (2)

34. 다음 중 국제수지의 적자를 조정하기 위한 정책으로 적당하지 않은 것은?

(1) 평가절하 (2) 정부지출의 감소 (3) 수입규제 (4) 조세감소 (5) 해외증여삭감

(해설)

조세를 감소시키면 소비수요가 늘어나게 되고, 소비수요 중 일부는 수입수요를 증가시키게 되어 적자를 누적시키게 된다.

정답: (4)

1. 다음 중 보호무역의 성격과 거리가 먼 것은?

(1) 관세율 인상　(2) 수입할당제　(3) 수입과징금　(4) 수입제한　(5) 수입자유화

(해설)

수입자유화는 자유무역의 성격이다.

정답: (5)

check!

자국의 산업을 보호하기 위해 국가가 간섭하여 수입을 제한하는 무역정책을 무엇이라고 하는가?

(해설)

보호무역이란 자국의 산업을 보호하기 위해 국가가 간섭하여 수입을 제한하는 무역 정책으로 국가 권력을 배제하고 외국과 자유롭게 무역을 하는 '자유무역'과 반대되는 입장이다.

정답: 보호무역

2. 비관세장벽의 대표적인 형태로서 GATT/WTO에서 일반적으로 금지하고 있는 것으로 우리나라에서는 영화 상영과 관련하여 시행되고 있는 국산영화의무상영제도와 관련이 있는 비관세장벽(NTB: Non-tariff Barrier)은 무엇인가?

(1) 수입허가제도　(2) 상계관세　(3) 반덤핑관세　(4) 쿼터　(5) 자의적 관세품목분류

(해설)

비관세장벽의 대표적인 형태로 국산영화의무상영제도(Screen Quota)와 관련이 있는 것은 쿼터(Quota, 수량제한)이다.

정답: (4)

check!
현재는 비교열위에 있으나 장래에 비교우위로 전환할 수 있는 산업이라는 특징을 지니고 있는 산업을 무엇이라고 하는가?

(해설)
유치산업이란 현재는 비교열위에 있으나 장래에 비교우위로 전환할 수 있는 산업이라는 특징을 지니고 있는 산업을 말한다.

정답: 유치산업

3. 19세기에 들어와 보호무역주의를 체계화한 사람은 리스트와 바그너로서 이들의 주장과 거리가 먼 것은?
    (1) 자국의 유치산업을 보호해야 한다.
    (2) 수입증대를 통해 고용을 증대해야 한다.
    (3) 국내경기의 안정으로 임금을 안정시켜야 한다.
    (4) 국방산업을 육성해야 한다.
    (5) 기간산업을 육성해야 한다.

(해설)
수출증대를 통해 고용을 증대해야 한다고 주장하였다.

정답: (2)

check!
국가 간의 자유무역을 제약하는 인위적 조치로서 무역제한 효과를 갖는 조치를 통칭하는 것을 무엇이라 하는가?

(해설)
무역장벽이란 국가 간의 자유무역을 제약하는 인위적 조치로서 무역제한 효과를 갖는 조치를 의미한다.

정답: 무역장벽

4. 다음 중 관세와 관련한 설명으로 바르지 않은 것을 모두 고른 것은?

> 가. 관세는 한 국가의 국경선을 통과하는 상품에 부과하는 세금이다
> 나. 수입물품에만 부과되는 것이 아니라 수출물품에도 부과된다
> 다. 종가관세(ad valorem duty)란 수량을 과세기준으로 부과하는 관세이다
> 라. 종량관세(specific duty)란 가격에 대하여 일정비율로 부과하는 관세이다.

(1) 가, 나   (2) 가, 라   (3) 나, 다   (4) 나, 라   (5) 다, 라

(해설)
종가관세(ad valorem duty)란 가격에 대하여 일정비율로 부과하는 관세를 말하고, 종량관세(specific duty)란 수량을 과세기준으로 부과하는 관세이다.

정답: (5)

---

check!
교역되는 상품이 국경을 통과할 때 부과되는 조세를 총칭하여 무엇이라 하는가?

(해설)
관세란 교역되는 상품이 국경을 통과할 때 부과되는 조세를 의미한다.

정답: 관세

---

5. 다음 중 관세의 특성에 대한 설명으로 바르지 않은 것은?

(1) 일국의 산업보호 및 재정수입을 목적으로 부과한다.
(2) 법률 및 조약에 의해 국가의 세관당국이 강제적으로 부과한다.
(3) 대물세의 성격을 가지고 있다.
(4) 수시세의 성격을 지니고 있다.
(5) 납세자와 담세자가 서로 같다.

(해설)
관세는 간접세로서 납세자와 담세자가 서로 상이하다.

정답: (5)

check!

A국은 B국으로부터 자동차를 수입하고 있는데, 국내의 자동차 산업을 보호할 목적으로 8%의 관세를 부과하고 있다고 한다면 자동차 수입 신고가격이 100달러이고, 수입량이 120대일 때 관세수입은 얼마이겠는가?

(해설)

A국의 관세율이 8%, 자동차 수입 신고가격이 100달러라면 자동차 1대당 관세수입은 8달러이고, 수입량이 120대이므로 960달러(＝8달러×120대)이다.

정답: 960

6. 하바나헌장(Havana Charter)과 관련이 있는 국제기구는 무엇인가?

(1) GATT　　(2) WTO　　(3) ITO　　(4) IBRD　　(5) IMF

(해설)

하나바헌장은 ITO설립을 위한 헌장으로서 국제무역기구(ITO)설립과 관련이 있다.

정답: (3)

7. 세계무역기구를 뜻하는 것은 다음 중 어느 것인가?

(1) OECD　　(2) GATT　　(3) WTO　　(4) IBRD　　(5) IMF

(해설)

WTO는 세계무역기구로 GATT 제8차 우루과이라운드(UR) 협상의 결과로 1995년 1월 1일 공식 출범하였으며, World Trade Organization의 약자이다.

정답: (3)

8. WTO는 자유무역을 추구하고 있으나 현재 합법적으로 인정하고 있는 산업보호수단이 있는데 다음 중 어느 것인가?

(1) 회색지대조치　(2) 수출자율규제　(3) 관세　(4) 수입수량제한　(5) 수출수량제한

(해설)

현재 합법적으로 인정하고 있는 산업보호수단은 관세이다.

정답: (3)

9. GATT는 여러 원칙들이 존재하였는데 다음 중 GATT의 기본원칙에 해당하는 것으로 보기 어려운 것은?

(1) 무차별대우의 원칙　　　　(2) 최혜국대우의 원칙
(3) 개도국특별대우의 원칙　　(4) 관세인하의 원칙
(5) 내국민대우의 원칙

(해설)
개발도상국을 특별대우 하는 것을 기본원칙으로 하고 있지 않다.

정답: (3)

10. GATT의 기본적인 목표로 가장 적합한 것은?

    (1) 외환의 부족을 돕는다.

    (2) 개발도상국에 원조를 공여한다.

    (3) 선진국과 후진국간의 갈등을 해소한다.

    (4) 환율의 안정을 도모한다.

    (5) 국가 간의 다각적인 관세인하를 도모한다.

(해설)

GATT는 관세 및 기타의 무역장벽을 감축 철폐하기 위하여 다각적인 노력을 하며 이를 통해 자유무역을 확대하고자 하였다.

정답: (5)

11. 과거 GATT체제에서나 현재의 WTO체제에서 무차별원칙의 예외적으로 인정하고 있는 경우로 가장 타당하지 않은 것은 무엇인가?

    (1) 국제수지의 악화를 방지하기 위하여 필요하다고 인정하는 경우

    (2) 자국의 수입 산업을 보호하기 위한 경우

    (3) 식량의 자급자족의 위협을 받을 경우

    (4) 덤핑의 방지를 위하여 필요하다고 인정될 경우

    (5) 저개발국의 경제발전을 위하여 수입할당이 필요하다고 인정될 경우

(해설)

자국의 산업을 보호하기 위하여 최혜국대우나 내국민대우 원칙의 예외로 인정받기는 어렵다.

정답: (2)

12. 모든 체약국이 그 상호간의 무역에 있어서 서로 동등하고 가장 유리한 조건하에서 무역하는 것과 관련이 있는 GATT의 원칙은 무엇인가?

    (1) 회원국특별대우의 원칙   (2) 최혜국대우의 원칙

    (3) 자국민대우의 원칙   (4) 내국민대우의 원칙

    (5) 관세인하의 원칙

(해설)

GATT의 무차별원칙 중 최혜국대우 원칙은 모든 체약국이 그 상호 간의 무역에 있어서 서로 동등하고 가장 유리한 조건하에서 무역하는 것을 의미한다.

정답: (2)

13. 캐나다는 지난 1996년부터 캐나다에 투자한 미국의 소위 빅3 자동차회사와 스웨덴의 볼보사가 외국으로 수입하는 자동차보다 한국과 일본 등의 캐나다의 외국산 자동차에 대한 불리한 대우로 인하여 WTO에 제소된 분쟁사례가 있는데 이 사례와 관련이 있는 것은 다음 중 무엇인가?

    (1) 수량제한   (2) 최혜국대우   (3) 보조금지급   (4) 덤핑행위   (5) 수출자율규제

(해설)

캐나다에 투자한 미국의 소위 빅3 자동차회사와 스웨덴의 볼보사가 외국으로 수입하는 자동차보다 한국과 일본 등의 캐나다의 외국산 자동차에 대한 차별대우, 즉 최혜국대우와 내국민대우와 관련된 사례이다.

정답: (2)

14. GATT체제와 WTO체제를 비교한 다음의 내용 중에서 바르지 않은 것은?

    (1) GATT는 임시적이며 잠정적으로 존재한 반면 WTO는 정식기구이다
    (2) GATT는 체약국들의 무역정책을 주기적으로 검토하였다.
    (3) GATT는 분쟁해결기구를 가지고 있지 않았다.
    (4) WTO는 상품뿐만 아니라 서비스와 지적 재산권도 관장한다.
    (5) WTO는 국제기구로서 튼튼한 법적 근거를 가지고 있다.

(해설)

WTO는 무역정책검토기구(TPRM)를 통해 회원국들의 무역정책을 주기적으로 검토하고 있다.

정답: (2)

15. 국제통화기금을 뜻하는 것은 다음 중 어느 것인가?

    (1) GATT   (2) WTO   (3) IBRD   (4) IMF   (5) OECD

(해설)

IMF는 국제통화기금이라고 하며, International Monetary Fund의 약자로 브레튼우즈협정에 의해 설립되었다.

정답: (4)

16. 국제부흥개발은행, 즉 통칭하여 세계은행이라 부르는 것은?
  (1) IBRD (2) IMF (3) OECD (4) GATT (5) WTO

(해설)
IBRD는 국제부흥개발은행으로 일명 세계은행이라고 하며, International Bank for Reconstruction and Development)의 약자로 브래튼우즈협정에 의해 설립되었다.

정답: (1)

17. 브레튼우즈협정 체제에 속하는 항목은 다음 중 어느 것인가?
  (1) IMF, ILO (2) IMF, IBRD (3) ITO, FAO (4) ITO, ILO (5) FAO, IMF

(해설)
브레튼우즈협정과 관련이 있는 것은 국제금융 측면에서는 IMF, IBRD이고, 국제무역측면에서는 ITO이다.

정답: (2)

18. 배타적이고 폐쇄적인 세계경제가 제2차 세계대전의 주요 원인이라는 단정을 내렸고, 세계의 평화를 지속적으로 유지하기 위해서는 세계 각국의 경제번영이 이룩되어야 한다는 인식 하에서 범세계적인 차원에서 각국이 협력하고 국제무역을 자유롭고 활발하게 하기 위한 움직임이 연합국을 중심으로 세계 2차 대전 중에 대두되었고, 1944년 세계대전 종식을 앞두고 통화와 투자 및 무역문제를 처리하기 위한 국제기구의 설립문제를 검토하게 되어 이러한 노력의 결과 국제금융 측면에서는 IMF, IBRD를 설립하기로 하고, 국제무역측면에서는 이 기구의 설립이 추진되었는데 무엇인가?
  (1) WTO (2) MTO (3) ITO (4) WHO (5) ISO

(해설)
국제무역측면에서는 ITO의 설립이 추진되었다.

정답: (3)

19. 다음의 보기에서 설명하고 있는 무역환경은 어느 연대에 해당하는가?

> 가. 미국 주도 하에 IMF－GATT체제 내에서 결정된 범미주의(Pax－American)의
>   시대
> 나. 미국과 소련을 양극으로 하는 일방적인 원조무역시기

    (1) 1940년대   (2) 1950년대   (3) 1960년대   (4) 1970년대   (5) 1980년대

(해설)

1950년대 무역환경은 원조무역시기이다.

정답: (3)

20. 범세계적인 무역자유화 분위기 속에서 미국은 GATT 창설 이래 제6차 다자간
    무역협상인 케네디라운드를 주도적으로 성공시킴으로써 선진국의 관세는 평균
    35%가 인하되어 GATT가 추구하는 자유무역질서의 확립에 크게 기여한 시기
    와 관련이 있는 것은?

    (1) 1950년대   (2) 1960년대   (3) 1970년대   (4) 1980년대   (5) 1990년대

(해설)

GATT 제6차 다자간 무역협상인 케네디라운드는 1960년대에 진행되었다.

정답: (2)

21. 선진제국의 경기침체로 보호주의와 지역주의가 강화됨으로써 전후 무역 규범의
    기본골격이었던 GATT의 무차별원칙은 크게 위협받았던 시기로 닉슨쇼크(Nixon
    Shock)와 오일쇼크(Oil Shock)가 있었던 시기는?

    (1) 1950년대   (2) 1960년대   (3) 1970년대   (4) 1980년대   (5) 1990년대

(해설)

선진제국의 경기침체로 보호주의와 지역주의가 강화됨으로써 전후 무역 규범의 기본골격이었던
GATT의 무차별원칙은 크게 위협받았던 시기로 닉슨쇼크(Nixon Shock)와 오일쇼크(Oil Shock)
가 있었던 시기는 1970년대이다.

정답: (3)

22. GATT 제8차 다자간무역협상인 우루과이라운드(UR)가 시작되었던 시기이기도 하지만 기존의 국제무역질서 동요하고, 기존질서의 근간이 되어 왔던 시장경제의 원리나 자유무역의 원리는 점차 한계에 부딪히게 되고 정부가 개입하여 간섭하거나 관리하는 관리무역이 점차 확대되던 시기는?

   (1) 1960년대   (2) 1970년대   (3) 1980년대   (4) 1990년대   (5) 2000년대

(해설)

1980년대는 기존의 국제무역질서 동요하고, 기존질서의 근간이 되어 왔던 시장경제의 원리나 자유무역의 원리는 점차 한계에 부딪히게 되고 정부가 개입하여 간섭하거나 관리하는 관리무역이 점차 확대되던 시기이며, GATT 제8차 다자간무역협상인 우루과이라운드(UR)가 1986년 9월부터 시작되었다.

정답: (3)

23. 역내 제 경제정책의 통일을 전제로 하며, 각 회원국들의 의사를 수렴하는 초국가적 기구의 설립을 통해 경제적 측면뿐만 아니라 정치적인 측면에서의 통합까지도 수반하는 경제통합의 형태는?

   (1) 자유무역지역   (2) 관세동맹   (3) 공동시장   (4) 경제동맹   (5) 완전한 경제통합

(해설)

완전한 경제통합 역내 제 경제정책의 통일을 전제로 하며, 각 회원국들의 의사를 수렴하는 초국가적 기구의 설립을 통해 경제적 측면뿐만 아니라 정치적인 측면에서의 통합까지도 수반하는 경제통합의 형태이다.

정답: (5)

24. CACM, MERCOSUR가 대표적으로 가맹국 간에 관세를 제거하고 공통의 대외관세장벽을 설정하여 회원국내에서 노동과 자본의 자유로운 이동을 허용하는 경제통합 형태는?

   (1) 완전한 경제통합   (2) 자유무역지역   (3) 관세동맹   (4) 공동시장   (5) 경제동맹

(해설)

CACM, MERCOSUR는 가맹국간에 관세를 제거하고 공통의 대외관세장벽을 설정하여 회원국내에서 노동과 자본의 자유로운 이동을 허용하는 경제통합 형태이다.

정답: (4)

25. 한국과 미국은 지난 2007년 4월 2일 한-미 간 자유무역협정(FTA)을 정식 타결하였고, 미국 의회의 비준에 이어 2011년 11월 22일 우리나라 국회의 비준을 받으면서 지난 2012년 3월 15일 공식 발효되었다. 경제통합이론에 근거해 볼 때 한-미 간 FTA, 즉 'KORUS'의 성격에 대한 설명으로 가장 바른 것은?

   (1) 한국과 미국 간에 생산요소가 자유롭게 이동할 수 있다.
   (2) 한국과 미국은 독자적인 관세정책을 유지한다.
   (3) 한국과 미국은 비회원국에 대하여 공통의 관세정책을 실시한다.
   (4) 한국과 미국은 무역정책을 포함한 경제정책을 상호 협조 하에 실시한다.
   (5) 한국과 미국은 경제면에서 완전히 통일된 정책을 사용한다.

(해설)

한국과 미국 간에 체결한 경제통합의 형태는 자유무역지역(free trade area) 형태로서 한국과 미국 상호 간에는 궁극적으로 관세를 포함한 모든 무역장벽을 철폐하고 자유무역을 실시하지만 비회원국에 대해서는 각 국가가 독자적으로 무역정책을 실시하고 있다.

정답: (2)

26. 경제통합의 형태는 발라사의 분류에 의해 다섯 가지로 나타난다. 다음 중 협정 체결 회원국들의 경제적 결합 정도의 강도가 큰 것부터 순서대로 나열한 것은?

   (1) 자유무역지역 – 공동시장 – 관세동맹 – 경제동맹
   (2) 자유무역지역 – 관세동맹 – 공동시장 – 경제동맹
   (3) 관세동맹 – 자유무역지역 – 공동시장 – 경제동맹
   (4) 경제동맹 – 공동시장 – 관세동맹 – 자유무역지역
   (5) 경제동맹 – 관세동맹 – 공동시장 – 자유무역지역

(해설)

협정 체결 회원국들의 경제적 결합 정도의 강도가 큰 것은 경제동맹 – 공동시장 – 관세동맹 – 자유무역지역의 순서이다.

정답: (4)

27. 발라사는 경제통합의 형태를 다섯 가지로 분류하였고, 협정 체결 회원국들의 경제적 결합 정도의 강도에 따라 발전한다고 하였는데 경제통합 발전의 단계가 바른 것은?

   (1) 자유무역지역 – 공동시장 – 관세동맹 – 경제동맹

(2) 자유무역지역 – 관세동맹 – 공동시장 – 경제동맹

(3) 경제동맹 – 공동시장 – 관세동맹 – 자유무역지역

(4) 경제동맹 – 관세동맹 – 공동시장 – 자유무역지역

(5) 관세동맹 – 경제동맹 – 자유무역지역 – 관세동맹

(해설)

발라사에 의하면 경제통합이론에 의한 단계를 거치는 것은 아니지만 경제통합 발전 단계는 자유무역지역 – 관세동맹 – 공동시장 – 경제동맹의 순서로 발전한다고 하였다.

정답: (2)

28. 다음 중 그 성격이 다른 하나는 무엇인가?

(1) EU (2) NAFTA (3) MERCOSUR (4) SACU (5) APEC

(해설)

APEC는 경제통합체가 아니다.

정답: (5)

29. 역내국들이 관세인하로 비교우위를 갖게 되는 재화를 중심으로 상호교역을 하게 되고, 이에 따라 역내국들은 비싼 국산재화를 값싼 역내상품으로 대체하게 되는 효과를 무엇이라 하는가?

(1) 실효보호효과 (2) 무역창출효과 (3) 무역전환효과

(4) 스파게티볼 효과 (5) 정치적 효과

(해설)

무역창출효과는 역내국들이 관세인하로 비교우위를 갖게 되는 재화를 중심으로 상호교역을 하게 되고, 따라서 역내국들은 비싼 국산재화를 값싼 역내상품으로 대체하게 되는 효과를 의미한다.

정답: (2)

30. 다음 중 무역창출효과에 대한 설명으로 바르지 않은 것은?

(1) 관세로 인해 야기되었던 교역구조의 왜곡이 시정된다.

(2) 교역기회가 새로이 발생한다.

(3) 저가의 역외국의 상품이 높은 가격의 역내상품으로 대체된다.

(4) 각 역내국 비교우위상품의 시장이 확대된다.

(5) 자원배분의 효율성이 증가한다.

(해설)

저가의 역외국의 상품이 높은 가격의 역내상품으로 대체되는 것은 무역전환효과이다.

정답: (3)

31. 우리나라가 참여하지 않고 있는 자유무역협정체는 다음 중 어느 것인가?

(1) KORUS　　(2) 한-인도CEPA　　(3) 한-페루FTA　　(4) FTAAP　　(5) TPP

(해설)

TPP는 환태평양경제동반자협정으로 우리나라는 이 협정에 참가하지 않고 있으며, KORUS는 한-미FTA를 말한다.

정답: (5)

32. APEC 21개 국가의 다자간 자유무역협정의 이름은 무엇인가?

(1) FTAAP　　(2) SACU　　(3) MERCOSUR　　(4) TPP　　(5) CACM

(해설)

FTAAP는 아시아태평양자유무역지대로서 APEC 21개 국가의 다자간 자유무역협정체의 이름이다.

정답: (1)

33. 아시아·태평양 지역의 경제통합을 목적으로 2005년 6월 뉴질랜드, 싱가포르, 칠레, 브루나이 4개국 체제로 출범한 다자간 경제협정체로서 환태평양경제동반자협정이라고 불리는 것은 다음 중 어느 것인가?

(1) NAFTA　　(2) MERCOSUR　　(3) TPP　　(4) FTAAP　　(5) AFTA

(해설)

TPP는 아시아·태평양 지역의 경제통합을 목적으로 2005년 6월 뉴질랜드, 싱가포르, 칠레, 브루나이 4개국 체제로 출범한 다자간 경제협정체로서 환태평양경제동반자협정이라고 한다.

정답: (3)

34. 우리나라가 FTA를 적극적으로 동시다발적으로 추진하게 된 이유로 보기 어려운 것은?

    (1) 급변하는 새로운 무역환경에 대응하기 위해서이다.

    (2) 해외시장을 유지하기 위해서이다.

    (3) 새로운 시장을 개척하기 위해서이다.

    (4) WTO와 대립하기 위해서이다.

    (5) 경제시스템을 고도화하기 위해서이다.

(해설)

우리나라는 WTO의 다자주의를 지지하면서 이와 병행하여 자유무역협정을 추진하고 있다.

정답: (4)

35. 우리나라의 FTA 추진전략과 내용에 대한 설명으로 바르지 않은 것은?

    (1) 상품분야에서의 관세철폐뿐만 아니라 서비스, 투자, 지적재산권 등 여러 분야를 포함하는 FTA를 지향하고 있다.

    (2) 단편적이고 낮은 수준의 개방을 강조하여 추진하고 있다.

    (3) 다자주의를 보완하고자 한다.

    (4) FTA를 통해 국내제도의 개선을 도모하고 있다.

    (5) FTA를 통해 선진화를 도모하고 있다.

(해설)

포괄적이고 수준 높은 FTA를 지향하고 있다.

정답: (2)

36. 우리나라는 WTO를 중심으로 하는 다자주의를 지지하는 입장이었다. 그러나 1998년 말 우리나라의 통상정책 기조에 변화로 인하여 지역주의를 수용하는 입장으로 정책기조가 수정되었다. 현재 우리나라가 지역주의 환경을 받아들여 체결한 최초의 자유무역협정은 무엇인가?

    (1) 한－미FTA   (2) 한－EUFTA   (3) 한－싱가포르FTA
    (4) 한－칠레FTA   (5) 한－페루FTA

(해설)

우리나라 최초의 자유무역협정은 한－칠레FTA이다.

정답: (4)

37. 다음 중 스파게티볼 효과에 대한 설명으로 바르지 않은 것은?

(1) 미국의 자그디시 바그와티 교수가 처음 사용하였다.

(2) 스파게티 가락들이 서로 복잡하게 얽혀 있는 모습과 비슷하다고 해서 명명되었다.

(3) 어느 한 국가가 여러 나라와 동시에 자유무역협정을 체결하게 되면 발생할 수 있는 위험성을 경고한 것이다.

(4) 저가의 역외국의 상품이 높은 가격의 역내상품으로 대체되는 것을 의미한다.

(5) 많은 나라 사이에 동시다발적 자유무역협정 체결로 그 효과를 반감시킬 수 있음을 지적하는 표현이다.

(해설)

저가의 역외국의 상품이 높은 가격의 역내상품으로 대체되는 것은 무역전환효과에 대한 설명이다.

정답: (4)

38. 다음 중 무역을 규제하기 위한 수단으로 보기 어려운 것은?

(1) 반덤핑관세 (2) 수량제한 (3) 수출자율규제 (4) 수출금융

(해설)

수출금융은 무역진흥수단이다.

정답: (4)

제11장 국제경영

1. 다국적기업과 관련한 다음 설명 중에서 바르지 않은 것은?

    (1) 다국적기업이란 용어가 일반적으로 쓰이게 된 것은 1970년대부터이다.

    (2) 릴리엔탈(D. E. Lilienthal)이 다국적기업이란 용어를 처음으로 사용하였다.

    (3) 커처(D. P. Kircher)는 초국적기업이라는 용어를 사용하였다.

    (4) 커처(D. P. Kricher)는 경영자의 태도를 중시하고 다국적기업을 지구중심적 경영을 하는 기업이라고 정의하였다.

    (5) 포터(M. Proter)는 다국적기업을 포춘(Fortune)의 500대 기업에 연 2회 이상 등재되어 있는 동시에 6개국 이상에서 현지생산 및 판매활동을 하는 기업이라고 정의하였다.

(해설)

버논(R. Vernon, 1981)은 다국적기업을 '포춘(Fortune)의 500대 기업에 연 2회 이상 등재되어 있는 동시에 6개국 이상에서 현지생산 및 판매활동을 하는 기업'이라고 정의하였다.

정답: (5)

2. 기업의 활동과 자원배분이 전 세계시장을 중심으로 이루어지는 기업의 형태와 관련이 있는 것은?

    (1) Geocentric Firm   (2) Regiocentric Firm   (3) Giocentric Firm

    (4) Polycentric Firm   (5) Ethnocentric Firm

(해설)

Geocentric Firm(세계중심기업)은 기업의 활동과 자원배분이 전 세계시장을 중심으로 이루어지는 기업을 의미한다.

정답: (1)

3. 본국에 있는 본사가 소수의 지역본사를 통하여 해외자회사들을 관리하는 기업의 형태와 관련이 있는 것은?

    (1) Polycentric Firm   (2) Ethnocentric Firm   (3) Geocentric Firm

    (4) Regiocentric Firm   (5) Giocentric Firm

Regiocentric Firm(지역시장중심기업)은 본국에 있는 본사가 소수의 지역본사를 통하여 해외자회사들을 관리하는 기업의 형태를 의미한다.

정답: (4)

4. 기업의 해외직접투자에 의해 현지시장에 자회사가 설립되고, 현지시장은 상품의 생산지인 동시에 판매시장으로서 중요한 의미를 갖게 되는 기업의 형태는?
   (1) Ethnocentric Firm   (2) Geocentric Firm   (3) Polycentric Firm
   (4) Regiocentric Firm   (5) Giocentric Firm

(해설)

Polycentric Firm(현지시장중심기업)은 기업의 해외직접투자에 의해 현지시장에 자회사가 설립되고, 현지시장은 상품의 생산지인 동시에 판매시장으로서 중요한 의미를 갖게 되는 기업의 형태이다.

정답: (3)

5. 기존시장의 유지 및 새로운 시장개척을 위해 피투자국의 현지시장을 겨냥하여 현지에 생산공장을 설립하는 해외직접투자의 경우와 관련이 있는 것은?
   (1) 시장추구형   (2) 생산효율추구형   (3) 자원추구형
   (4) 정치적 안정추구형   (5) 선도기업추구형

(해설)

해외직접투자를 추구하는 동기 중 시장추구형에 해당한다.

정답: (1)

6. 각종 원자재가 풍부하고 저렴한 지역의 자원을 개발 및 이용하기 위해 해외직접투자를 하는 경우와 관련이 있는 것은?
   (1) 생산효율추구형   (2) 자원추구형   (3) 정치적 안정추구형
   (4) 시장추구형   (5) 선도기업추구형

(해설)

해외직접투자를 추구하는 동기 중 자원추구형에 해당한다.

정답: (2)

7. 경영관리의 주체는 본사의 모기업이지만 주요한 해외사업은 외국에 진출한 현지에서 생산을 하며 판매를 시작하는 단계에 있는 기업과 관련이 있는 것은?

(1) 국가기업   (2) 국제기업   (3) 다국적기업   (4) 초국적기업   (5) 초국가기업

(해설)

로빈슨은 기업경영관리의 국제화 단계를 5단계로 구분하였는데, 국제기업은 경영관리의 주체는 본사의 모기업이지만 주요한 해외사업은 외국에 진출한 현지에서 생산을 하며 판매를 시작하는 단계에 있는 기업이다.

정답: (2)

8. 기업경영관리의 주체는 본사에 있는 모기업이며, 해외사업은 단순한 상품수출 및 외국기업과의 기술제휴에 있는 기업은?

(1) 다국적기업   (2) 초국적기업   (3) 초국가기업   (4) 국가기업   (5) 국제기업

(해설)

로빈슨은 기업경영관리의 국제화 단계를 5단계로 구분하였는데, 국가기업은 기업경영관리의 주체는 본사에 있는 모기업이며, 해외사업은 단순한 상품수출 및 외국기업과의 기술제휴에 있는 기업이다.

정답: (4)

9. 다국적기업의 긍정적인 영향으로 보기 어려운 것은?

(1) 경영자원의 전 세계적인 최적 분배   (2) 신제품·신기술의 보급 확대
(3) 특정산업에 집중 진출   (4) 경쟁의 고차화
(5) 국제협력에의 공헌

(해설)

특정산업에 집중 진출에 의한 사업지배는 진출국의 해당 산업이 글로벌기업에 의해 실질적으로 폐해를 낳을 수 있다.

정답: (3)

10. 다국적기업의 부정적인 영향으로 보기 어려운 것은?
  (1) 자금의 현지조달　　　　(2) 특정산업에 집중적 진출
  (3) 현지국 경영방식과의 마찰　　(4) 기술격차의 확대와 기술적 식민지화
  (5) 경쟁의 고차화

(해설)
경쟁의 고차화는 글로벌기업의 해당 지역에의 진출은 해당 시장의 자유경쟁을 유발하는 데 지대한 공헌을 하는 긍정적인 영향을 줄 수 있다.

정답: (5)

11. 제조업체가 본사의 수출전담부서 혹은 계열무역회사를 통해서 해외시장에 진출하는 방식과 관련이 있는 것은 다음 중 어느 것인가?
  (1) 직접투자　　(2) 간접투자　　(3) 직접수출　　(4) 간접수출

(해설)
수출은 기업이 해외시장에 진출하기 위한 가장 기본적인 전략으로 수출업무의 개입정도에 따라 간접수출과 직접수출로 구분되며, 직접수출은 제조업체가 본사의 수출전담부서 또는 계열무역회사를 통해서 수출하는 방식을 말한다.

정답: (3)

12. 루트(F. R. Root)는 기업이 해외시장 진입방법을 선택할 때 외부요인과 내부요인이라는 두 가지 요인에 영향을 고려하여 진입방법을 선택한다고 하였는데 다음 중 외부요인에 해당하지 않는 것은?
  (1) 진출대상국의 생산요인　　(2) 제품요인
  (3) 진출대상국의 환경요인　　(4) 진출대상국의 시장요인

(해설)
제품요인은 내부요인에 해당한다.

정답: (2)

13. 러그만(A. Rugman)은 기업이 해외시장에 진출할 경우에 있어서 만약 기업이 갖고 있는 기술의 유출위험이 존재하게 된다면 어느 전략의 유형을 선택한다고 하였는가?

    (1) 수출   (2) 해외직접투자   (3) 라이선싱   (4) 프랜차이징

(해설)

러그만(A. Rugman)은 기업이 해외시장에 진출할 경우 초기에는 위험수준이 가장 낮은 단순한 수출방식으로 시작하고, 무역장벽이 존재하게 되면 수출이 불가능해지므로 다른 방안, 즉 라이선싱 이나 해외직접투자 같은 방안을 모색하게 되는데, 만약 기업이 갖고 있는 기술의 유출위험이 존재 하게 된다면 해외직접투자를 수행하여 기술의 유출을 방지한다고 하였다.

정답: (2)

14. 기술 공여자 기업의 경우 전략적 가치가 떨어져 더 이상 개발할 필요가 없다고 판단된 제품이나 기술은 라이선싱을 통하여 다른 기업에게 이전시켜 이익을 얻 을 수 있다는 것과 관련이 있는 라이선싱의 동기는 무엇인가?

    (1) 전략적 동기   (2) 법적 동기   (3) 경제적 동기   (4) 정치적 동기

(해설)

라이선싱의 전략적 동기는 기술 공여자 기업의 경우 전략적 가치가 떨어져 더 이상 개발할 필요가 없다고 판단된 제품이나 기술은 라이선싱을 통하여 다른 기업에게 이전시켜 이익을 얻을 수 있다 는 것이다.

정답: (1)

15. 기술 공여자의 입장에서 보면 해외직접투자에 따른 자본비용과 설비비용, 그리 고 재고에 대한 위험을 피할 수 있으며, 외국의 현지사정에의 적응에 필요한비 용을 현지기업에게 넘길 수 있다는 장점이 있다는 라이선싱의 동기는?

    (1) 경제적 동기   (2) 정치적 동기   (3) 전략적 동기   (4) 법적 동기

(해설)

라이선싱의 경제적 동기는 기술 공여자의 입장에서 보면 해외직접투자에 따른 자본비용과 설비비 용, 그리고 재고에 대한 위험을 피할 수 있으며, 외국의 현지사정에의 적응에 필요한비용을 현지기 업에게 넘길 수 있다는 장점이 있다는 것이다.

정답: (1)

16. 루트(F. R. Root)가 주장하고 있는 기업이 해외시장 진입방법을 선택함에 있어
서 고려하고 있는 외부의 영향요인 중 진출대상국의 시장요인에 해당하지 않는
것은?

(1) 시장규모   (2) 마케팅 하부구조의 이용가능성
(3) 시장규모   (4) 수입제한정책

(해설)
수입제한정책은 진출대상국의 환경요인에 해당한다.

정답: (4)

17. 루트(F. R. Root)가 주장하고 있는 기업이 해외시장 진입방법을 선택함에 있어
서 고려하고 있는 내부의 영향요인 중 제품요인에 해당하지 않는 것은?

(1) 자원의 투입정도
(2) 제품의 특성
(3) 사전 및 사후의 서비스의 필요 정도
(4) 제품차별화 정도

(해설)
자원의 투입정도는 내부요인 중 자원 및 투입요인에 해당한다.

정답: (1)

18. 루트(F. R. Root)가 주장하고 있는 기업이 해외시장 진입방법을 선택함에 있어
서 고려하고 있는 외부의 영향요인 중 진출대상국의 환경요인에 해당하는 것은?

(1) 시장규모
(2) 경제체제
(3) 사전 및 사후의 서비스의 필요 정도
(4) 운송과 통신의 경제적 기반시설

(해설)
진출대상국의 환경요인에 해당하는 것은 경제체제이다.

정답: (2)

19. 다음 중 간접수출의 장점으로 보기 어려운 것은?

   (1) 기업의 위험도는 수출대행업자에게 물건을 넘기는 순간 없어진다.

   (2) 정보획득이 용이하다.

   (3) 통제력이 약화된다.

   (4) 자금 부담을 완화시킬 수 있다.

(해설)

통제력의 약화는 간접수출의 단점에 해당한다.

정답: (3)

20. 국제하청생산이라고도 하는 계약생산의 단점으로 보기 어려운 것은 다음 중 어느 것인가?

   (1) 현지에서 적합한 현지 제조업체를 찾기가 쉽지 않다.

   (2) 일단 적합한 현지 제조업체를 찾아낸 경우에도 일정한 수준의 품질과 생산규모에 도달하기까지에는 상당한 기술지원이 이루어져야 한다.

   (3) 직접 공장을 운영하지 않으면서 신속한 시장진입이 가능하다.

   (4) 현지기업이 잠재적인 경쟁기업으로 성장할 가능성이 있다.

(해설)

직접 공장을 운영하지 않으면서 신속한 시장진입이 가능하다는 것은 계약생산의 장점이다.

정답: (3)

21. 프랜차이징의 특성에서 진입방법상의 유리한 점으로 보기 어려운 것은?

   (1) 프랜차이징은 적은 자본으로 해외시장에서의 신속한 확산이 가능하다.

   (2) 독특한 이미지로 표준화된 마케팅이 가능하다.

   (3) 동기부여를 할 수 있다.

   (4) 경쟁사의 양성 가능성이 있다.

(해설)

경쟁사의 양성 가능성이 있다는 것은 단점에 해당한다.

정답: (4)

22. 다음 중 경영관리계약의 단점으로 보기 어려운 것은?

    (1) 수익은 계약기간 동안으로 제한된다.

    (2) 해외시장에 영구적인 교두보를 확실하게 구축하지 못한다.

    (3) 위탁경영을 할 경우 위탁기업에 대한 숙련과정이 지연되면 나쁜 감정이 유발하게 될 가능성 존재한다.

    (4) 위험도가 상당히 낮은 해외시장 진입방법이다.

(해설)

경영관리계약의 장점은 위험도가 상당히 낮은 해외시장 진입방법이라는 점이다.

정답: (4)

23. 기업의 해외시장 진출방식에 있어서 계약형태의 방법에 의한 것을 모두 고른 것은?

가. 직접수출　　나. 라이선싱　　다. 프렌차이징　　라. 합작투자　　마. 인수합병

    (1) 가, 나　　(2) 가, 라　　(3) 나, 다　　(4) 다, 라

(해설)

기업의 해외시장 진출방식 중에서 계약형태에 의한 것으로는 라이선싱(licensing), 프랜차이징(franchising), 계약생산(contract manufacturing), 관리계약(management contract), 턴기운영(turn-key operations) 등이 있다.

정답: (3)

24. 다음은 간접수출과 직접수출에 대한 설명이다. 직접수출에 비해서 간접수출이 지니고 있는 장점에 해당하는 것을 모두 고른 것은?

가. 거래처의 다양화로 대형거래처에 대한 의존도를 감소시킬 수 있다. 나. 기업의 위험도가 낮아 안정적이다. 다. 소비자에 대한 A/S가 가능하다. 라. 수출전담부서 등을 운영하기 위한 유지비용이 거의 없기 때문에 자금 부담을 완화시킬 수 있다.

    (1) 가, 나　　(2) 가, 다　　(3) 나, 라　　(4) 다, 라

(해설)

직접수출에 비해 간접수출은 기업위험도는 수출대행업자에게 물건을 넘기는 순간 없어지기 때문에

안정적이며, 수출전담부서 등을 운영하기 위한 유지비용이 거의 없기 때문에 자금 부담을 완화시킬 수 있는 장점을 가지고 있다. 거래처의 다양화로 대형거래처에 대한 의존도를 감소시킬 수 있다는 점과 소비자에 대한 A/S가 가능하다는 점은 간접수출에 비해 직접수출이 갖는 장점이다.

정답: (3)

25. 다음은 기업이 수출이나 해외직접투자로 외국에 진출하지 않고 라이선싱이라는 계약형태로 해외로 진출하는 동기를 설명하고 있다. (가), (나), (다)를 바르게 연결한 것은?

> (가) 기술 공여자의 입장에서 보면 해외직접투자에 따른 자본비용과 설비비용, 그리고 재고에 대한 위험을 피할 수 있으며, 외국의 현지사정에의 적응에 필요한 비용을 현지기업에게 넘길 수 있다.
>
> (나) 기술 공여자 기업의 경우 전략적 가치가 떨어져 더 이상 개발할 필요가 없다고 판단된 제품이나 기술은 라이선싱을 통하여 다른 기업에게 이전시켜 이익을 얻을 수 있는 동기, 즉 예를 들어 소니의 경우 라디오, VTR 제조기술 같은 단순기술은 더 이상 필요하지 않지만, 이 기술을 후진국의 기업에게 라이선싱으로 계약을 체결한다면 새로운 이익을 창출할 수 있는 것이다.
>
> (다) 기업이 해외시장에 진출하고자 할 때 관세, 쿼터 등의 수입장벽이 존재할 경우 이러한 장벽을 피하기 위해 라이선싱을 택하기도 하며, 수입제한이나 경쟁의 심화로 더 이상 수출이 어려운 경우 또는 상표, 특허, 저작권 같은 자산을 보존하는 수단으로 라이선싱이라는 진출 방식을 채택하게 된다.

	(가)	(나)	(다)
(1)	경제적 동기	전략적 동기	정치적·법적 동기
(2)	전략적 동기	경제적 동기	정치적·법적 동기
(3)	정치적·법적 동기	경제적 동기	전략적 동기
(4)	전략적 동기	정치적·법적 동기	경제적 동기

(해설)

기업이 수출이나 해외직접투자로 외국에 진출하지 않고 라이선싱이라는 계약형태로 해외로 진출하는 이유는 경제적 동기, 전략적 동기, 정칙적·법적 동기에서 찾을 수 있으며, (가)는 경제적 동기, (나)는 전략적 동기, (다)는 정치적·법적 동기에 대한 설명이다.

정답: (1)

26. 계약형태에 의한 해외시장진출방식이란 무형의 자산인 상표, 저작권 등의 지적
소유권과 기술적·경영적 노하우 등의 경영자산을 하나의 상품으로 취급하여 해
외시장에 진출하는 방식이다. 다음 중 계약형태에 의한 진출방식의 유형에 대한
(가), (나), (다), (라)에 해당하는 것을 바르게 연결한 것은?

(가) 한국의 민국상사는 자사가 보유하고 있는 특허, 기업비결, 노하우, 등록상표,
지식, 기술공정 등의 상업적 자산권을 사용할 수 있는 권리를 일본의 도모미
상사에게 제공하고 그 대가로 일정한 로열티, 수수료 등의 대가를 받는 계약
협정을 체결하였다.

(나) 한국의 대한상사는 일본의 토미상사에게 표준화된 패키지상품, 시스템 및 관
리용역을 제공하고 토미상사는 시장에 관한 지식과 자본을 제공하여 경영관
리에 직접 참여하여 개입하는 사업방식을 체결하였다.

(다) 한국의 대한전자(주)는 3년 동안 일본의 기요전자(주)의 일상적인 운영을 할
수 있는 권리를 계약하여 무궁화상사의 경영시스템과 경영노하우를 이전하고
이에 대한 대가를 받기로 하였다.

(라) 한국의 국민기계(주)는 대만의 대만기계(주)에게 생산 및 제조기술을 제공하면
서 선반기계제품의 생산을 주문하고, 그 주문 생산된 제품을 공급받아 현지시
장이나 제3국 시장에 판매하는 계약방식을 체결하였다.

	(가)	(나)	(다)	(라)
(1)	라이선싱	프랜차이징	경영관리계약	국제하청생산
(2)	프랜차이징	라이선싱	국제하청생산	경영관리계약
(3)	국제하청생산	프렌차이징	라이선싱	경영관리계약
(4)	경영관리계약	국제하청생산	라이선싱	프렌차이징

(해설)

(가)는 민국상사와 도모미상사는 (국제)라이선싱계약 체결, 대한상사와 토미상사는 (국제)프랜차이
징, 대한전자(주)와 기요전자(주)는 경영관리계약, 국민기계(주)와 대만기계(주)는 국제하청생산계
약을 체결한 것이다.

정답: (1)

제12장 무역실무

제1절 무역계약

1. 다음 중 그 성격이 다른 하나는?

    (1) Seller   (2) Drawer   (3) Payer   (4) Accounter

(해설)

수출업자를 나타내는 것으로서 지급관계에 있어서 수출업자는 Payee이고, Payer는 수입업자를 나타낸다.

정답: (3)

2. 국제물품매매계약의 성격과 거리가 먼 것은 어느 것인가?

    (1) 불요식계약   (2) 편무계약   (3) 유상계약   (4) 합의계약

(해설)

국제물품매매계약은 쌍무계약이다.

정답: (2)

3. 계약당사자의 합의만으로 성립하는 계약으로서 당사자 일방이 일정한 조건으로 물품을 판매하겠다는 청약에 대해 상대방이 승낙함으로써 성립한다는 무역계약의 특성은 무엇인가?

    (1) 유상계약   (2) 쌍무계약   (3) 낙성계약   (4) 불요식계약

(해설)

낙성계약이란 계약당사자의 합의만으로 성립하는 계약으로서 당사자 일방이 일정한 조건으로 물품을 판매하겠다는 청약에 대해 상대방이 승낙함으로써 성립한다는 무역계약의 특성을 말한다.

정답: (3)

4. 무역계약은 그 성립을 위하여 당사자 간의 합의 외에는 다른 특별한 방식을 필요
로 하지 않는 계약으로 구두, 서면으로도 계약체결이 가능하다는 특성은 무엇인가?
    (1) 합의계약   (2) 낙성계약   (3) 불요식계약   (4) 유상계약

(해설)

불요식계약이란 무역계약은 그 성립을 위하여 당사자 간의 합의 외에는 다른 특별한 방식을 필요
로 하지 않는 계약으로 구두, 서면으로도 계약체결이 가능하다는 특성을 의미한다.

정답: (3)

5. 계약당사자가 서로 가치 있는 대가교환을 목적으로 하는 계약으로 매도인은 물품
을 인도하고, 매수인은 그에 따른 대금을 지급하는 계약의 특성과 관련 있는 것은?
    (1) 낙성계약   (2) 불요식계약   (3) 유상계약   (4) 합의계약

(해설)

유상계약은 계약당사자가 서로 가치 있는 대가교환을 목적으로 하는 계약으로 매도인은 물품을 인
도하고, 매수인은 그에 따른 대금을 지급하는 무역계약의 특성을 말한다.

정답: (3)

6. 무역거래당사자는 안전한 무역거래를 하기 위해서는 거래 상대방의 계약이행과 상
거래에 대한 태도, 공정 행위 등에 관한 주위의 평판 등에 관한 신용조사를 해야
하는데 이것은 신용조사의 내용 중 어느 것에 해당하는가?
    (1) Currency   (2) Country   (3) Character   (4) Capital

(해설)

계약이행태도와 평판 등은 신용조사의 내용 중 Character(성격)의 평가항목이다.

정답: (3)

7. 불확정청약(free offer)에 관한 다음의 설명에서 바르게 않은 것은?
    (1) 청약자가 청약 시에 승낙 또는 회답의 유효기간 표시가 없는 청약이다.
    (2) 상대방이 승낙을 받기 전까지는 청약자가 청약내용을 일방적으로 철회하거나 변경
        할 수 있다
    (3) 청약자가 청약 시에 확정적(firm)이라는 표시를 하지 아니한 청약이다.

(4) 계약이 성립되기 위해서는 이 청약에 대해 피청약자가 승낙하고 다시 청약자의 확
인(acknowledgement)이 필요 없다.

(해설)

불확정청약은 계약이 성립되기 위해서는 이 청약에 대해 피청약자가 승낙하고 다시 청약자의 확인
(acknowledgement)이 필요하다.

정답: (4)

8. 피청약자는 당초는 청약자가 제시한 원청약(original offer)의 내용 가운데 일부를
   수정하여 예를 들면 가격을 낮춘다든가 선적일을 변경한다든가 또는 결제조건을 바
   꾼다든가 하여 반대로 오퍼를 제시하게 되는데 이러한 청약과 관련이 있는 것은?
   (1) selling offer   (2) buying offer   (3) counter offer   (4) acknowledgement

(해설)

반대청약(counter offer)은 피청약자는 당초는 청약자가 제시한 원청약(original offer)의 내용
가운데 일부를 수정하여 예컨대 가격을 낮춘다든가 선적일을 변경한다든가 또는 결제조건을 바꾼
다든가 하여 반대로 오퍼를 제시하게 되는데 이러한 청약을 의미한다.

정답: (3)

9. 매도인이 매수인에게 청약을 하는 것과 관련이 있는 것은?
   (1) selling offer   (2) buying offer   (3) acceptance   (4) acknowledgement

(해설)

매도청약(selling offer)은 매도인이 매수인에게 청약을 하는 것을 말한다.

정답: (3)

10. 무역계약 시 목재나 냉동어류에 대한 품질결정기준으로 삼는 조건은 무엇인가?
    (1) Sales by sample   (2) FAQ   (3) USQ   (4) GMQ

(해설)

판매적격품질조건(G.M.Q; Good Merchantable Quality)은 목재나 냉동수산물, 광석 등의 거
래에 주로 적용되는 조건이다.

정답: (4)

11. ISO 또는 JIS 혹은 KS와 같은 기준에 의해 품질이 결정되는 매매방식은 무엇인가?

    (1) 명세서매매   (2) 견본매매   (3) 명세서매매   (4) 규격매매

(해설)

ISO 또는 JIS 혹은 KS와 같은 기준에 의해 품질이 결정되는 매매방식은 공적규정에 의한 규격매매이다.

정답: (4)

12. 다음 중 품질결정방법에 있어서 명세서에 의해 품질이 결정되는 것은?

    (1) 곡물   (2) 철도차량   (3) 철강   (4) 카메라

(해설)

철도차량 같은 것은 명세서매매에 의하여 품질을 결정하는 것으로 상품의 재료, 구조, 성능 등을 자세히 설명한 명세서, 설명서, 청사진 등에 의해서 품질을 결정한다.

정답: (2)

13. 공인검사기관 또는 공인표준 기준에 의해서 보통품질을 표준품의 품질로 결정하는 조건은 무엇인가?

    (1) FAQ   (2) USQ   (3) GMQ   (4) CQD

(해설)

보통표준품질조건(U.S.Q; Usual Standard Quality)은 공인검사기관 또는 공인표준 기준에의해서 보통품질을 표준품의 품질로 결정하는 조건을 말한다.

정답: (2)

14. 다음 중 무역계약서에 물품의 수량을 중량으로 나타낼 경우에 있어서 가장 무거운 순서로 배열이 된 것은 어느 것인가?

    (1) L/T>S/T>M/T   (2) L/T>M/T>S/T   (3) M/T>L/T>S/T   (4) S/T>M/T>L/T

(해설)

L/T는 1,016kgs, M/T는 1,000kgs, S/T는 907kgs이므로 L/T>M/T>S/T이다.

정답: (2)

15. 선적에 관한 용어 중 first half라는 용어는 언제부터 언제까지를 의미하는가?

    (1) 1일부터 10일   (2) 1일부터 15일   (3) 11일부터 20일   (4) 16일부터 30일

(해설)

선적에 관한 용어 중 first half라는 용어는 "1일부터 15일"을 의미한다.

정답: (2)

16. 다음의 괄호 안에 들어갈 용어가 바르게 연결된 것은?

> "분할선적은 신용장상에 별도의 금지규정에 관한 내용이 표시되지 않는 경우에는
> (   )되고, 일반적으로 환적은 귀중품이나 파손되기 쉬운 상품의 경우에 매수인에
> 의하여 (   )된다."

    (1) 금지－허용   (2) 금지－금지   (3) 허용－금지   (4) 허용－허용

(해설)

분할선적은 신용장상에 별도의 금지규정에 관한 내용이 표시되지 않는 경우에는 허용되고, 일반적으로 환적은 귀중품이나 파손되기 쉬운 상품의 경우에는 매수인에 의하여 금지된다.

정답: (3)

17. 다음 중 수출입공고에 수출 또는 수입의 제한 내지 금지품목만을 표시하고 여기에 표시되지 않은 기타 품목은 수출 또는 수입이 허용되도록 하는 수출입공고의 품목표시방법과 관련이 있는 것은?

    (1) Positive List System   (2) Negative List System
    (3) Zero Sum System   (4) Harmonized System

(해설)

Negative List System은 수출입공고에 수출 또는 수입의 제한 내지 금지품목만을 표시하고 여기에 표시되지 않은 기타 품목은 수출 또는 수입이 허용되도록 하는 수출입공고의 품목표시방법을 의미한다.

정답: (2)

18. 우리나라 무역의 관리원칙은 다음 중 어느 것인가?

    (1) 원칙제한, 예외자유   (2) 원칙보호, 예외자유

(3) 원칙제한, 예외제한　　　　　　(4) 원칙자유, 예외제한

(해설)

우리나라는 자유무역 원칙에 따라 Negative System을 가지고 있으며, 이는 원칙적으로 자유롭게 무역을 할 수 있고, 예외적으로 제한하고 있음을 의미한다.

정답: (4)

19. HS부호는 수출입 물품에 대해 HS협약에 의해 부여되는 상품분류 코드(Code)로서 국제적으로 공통으로 사용하는 코드를 말한다. 국제적으로 첨가 또는 감축 등의 변경을 하지 않고 그대로 사용해야 하는 단위는 어디까지인가?

(1) 2자리　　(2) 4자리　　(3) 6자리　　(4) 10자리

(해설)

HS는 6단위 이하로 더 세분하여 사용할 수 있으나 관세율표와 통계품목상의 6단위까지는 첨가 또는 감축 등의 변경을 하지 않고 그대로 사용해야 한다.

정답: (3)

20. 이 계약이 체결되면 수출업자는 계약품목을 수입국의 지정수입업자 외에는 수출해서는 안 되며 특히 다른 명의나 제3자를 통해서도 그 시장에 침투하지 않아야 하고 수입업자도 수출국의 다른 기업으로부터 동일한 품목을 수입해서도 안 되는 특징을 가지고 있는 무역계약 형태는 무엇인가?

(1) 대리점계약　　　(2) 개별계약　　　(3) 포괄계약　　　(4) 독점계약

(해설)

독점계약이 체결되면 수출업자는 계약품목을 수입국의 지정수입업자 외에는 수출해서는 안 되며 특히 다른 명의나 제3자를 통해서도 그 시장에 침투하지 않아야 하고 수입업자도 수출국의 다른 기업으로부터 동일한 품목을 수입해서도 안 되는 특징을 가지고 있다.

정답: (4)

21. 무역거래의 상대방을 물색(선정)하는 과정에서 흔히 실행하는 거래처 신용조회(credit inquiry)의 내용 가운데 이른바 3C's가 있다. 3C's는 거래하고자 하는 상대방에 대한 전반적인 신용조사를 하는 것으로 연간매출액, 취급품목,

거래관계, 생산능력 등 경영능력을 파악하는 조사는 다음 중 어느 것에 해당하
는가?

    (1) Character   (2) Capital   (3) Capacity   (4) Currency

(해설)

Capacity(능력, 거래능력)는 당해 업체의 연간매출액(turn – over), 업체 형태(개인상사, 회사형
태, 기어공개 여부 등), 연혁(historical background) 내지 경력(career) 및 영업권(goodwill),
생산능력 등 영업능력에 관한 내용을 조사하는 것이다.

정답: (3)

22. 당해 업체의 개성(personality), 성실성(integrity), 평판(reputation), 영
    업태도(attitude toward business), 채무변제이행열의(willingness to
    meet obligation) 및 계약이행에 대한 도덕성에 관련된 내용을 조사하는 것
    과 관련이 있는 것은?

    (1) Capital   (2) Capacity   (3) Currency   (4) Character

(해설)

신용조회 중 Character(성격)는 당해 업체의 개성(personality), 성실성(integrity), 평판
(reputation), 영업태도(attitude toward business), 채무변제이행열의(willingness to meet
obligation) 및 계약이행에 대한 도덕성에 관련된 내용을 조사하는 것이다.

정답: (4)

23. 피청약자가 승낙의 의사표시를 발송한 때 계약이 성립한다는 승낙의 효력발생시
    기와 관련이 있는 것은?

    (1) 요지주의   (2) 도달주의   (3) 발신주의   (4) 착신주의

(해설)

발신주의는 피청약자가 승낙의 의사표시를 발송한 때 계약이 성립한다는 승낙의 효력발생시기를
의미한다.

정답: (3)

24. 단지 물리적으로 승낙의 의사표시가 청약자에게 도달할 뿐 아니라 현실적으로
    청약자가 그 내용을 인지한 때에 계약의 성립을 인정하는 승낙의 효력발생시기
    와 관계가 있는 것은?

    (1) 도달주의   (2) 발신주의   (3) 요지주의   (4) 확신주의

(해설)

승낙의 효력발생시기 중에서 단지 물리적으로 승낙의 의사표시가 청약자에게 도달할 뿐 아니라 현실적으로 청약자가 그 내용을 인지한 때에 계약의 성립을 인정하는 것은 요지주의이다.

정답: (3)

25. 스테인리스 스틸 등과 같은 공산품 매매에 가장 편리한 품질결정방법은 무엇인가?

    (1) 명세서매매   (2) 표준품매매   (3) 규격매매   (4) 견본매매

(해설)

스테인리스 스틸 등과 같은 공산품의 경우 국제적으로 통일되어 있거나 수출국의 공적규정에 의해서 정해진 물품의 경우에 이용되는 매매방법으로서 규격매매로 품질을 결정한다.

정답: (3)

26. 국제적으로 널리 알려진 물품에 대해서는 견본을 제시할 필요 없이 상표(trademark)
    나 통명(brand)에 의하여 품질기준으로 삼는 거래는 무엇인가?

    (1) 상표매매   (2) 규격매매   (3) 견본매매   (4) 명세서매매

(해설)

상표매매는 국제적으로 널리 알려진 물품에 대해서는 견본을 제시할 필요 없이 상표(trademark)나 통명(brand)에 의하여 품질기준으로 삼는 거래를 말한다.

정답: (1)

27. 상품의 재료, 구조, 성능 등을 자세히 설명한 명세서, 설명서, 청사진 등에 의
    해서 품질을 결정하는 방법은 무엇인가?

    (1) 표준품매매   (2) 규격매매   (3) 견본매매   (4) 명세서매매

(해설)

명세서매매란 상품의 재료, 구조, 성능 등을 자세히 설명한 명세서, 설명서, 청사진 등에 의해서 품질을 결정하는 방법을 말한다.

정답: (4)

28. 선적지에서 해당계절 출하품의 평균중등품을 표준으로 하고 선물거래일 때는 전년도 수확물의 평균중등품의 가격을 기준으로 정하고 인도물품의 품질수준은 신(新)수확물의 평균중등품으로 하는 품질조건은?
    (1) GMQ (2) CQD (3) FAQ (4) USQ

(해설)

평균중등품질조건(F.A.Q; Fair Average Quality)은 동종상품 중 평균적이며 중등의 품질을 뜻하는 것으로 평균중등품 품질조건이 표준품 매매의 일반적 기준이며, 곡물매매에서 많이 쓰이는데 선적지에서 해당계절 출하품의 평균중등품을 표준으로 하고 선물거래일 때는 전년도수확물의 평균중등품의 가격을 기준으로 정하고 인도물품의 품질수준은 신(新)수확물의 평균중등품으로 한다.

정답: (3)

29. 알래스카산 명태를 수입하고자 하는 경우 약정해야 할 품질결정방법으로 가장 적합한 것은 무엇인가?
    (1) FAQ (2) USQ (3) CQD (4) GMQ

(해설)

판매적격품질조건(G.M.Q; Good Merchantable Quality)은 목재, 냉동수산물, 광석 등의 거래에 주로 적용되는 조건이다. 이들 물품은 내부의 부패나 기타의 잠재하자(潛在瑕疵)가 외관상으로는 확인하기가 곤란하므로 수입지에서 인수한 현물에서 내부의 하자가 발견되어 판매가 불가능한 부분에 대하여는 매수인이 매도인에게 배상을 요구할 수 있는 판매적격품 품질조건이 적합하다.

정답: (4)

30. 품질을 결정하는 방법 중의 하나인 표준품매매에 있어서 평균중등품질조건은 다음 중 어느 물품에 적합하다고 할 수 있는가?
    (1) 가전제품   (2) 섬유제품   (3) 목재류
    (4) 과실류과 곡물 및 기타 천연물의 선물거래

(해설)

과실류과 곡물 및 기타 천연물의 선물거래에 활용될 수 있는 품질조건은 표준품매매 중 평균중등
품질조건(FAQ)이 적합하다.

정답: (4)

31. 다음 중 원사의 거래에 활용될 수 있는 품질조건과 관련이 있는 것은?

    (1) FAQ   (2) GMQ   (3) Sales by Specification   (4) USQ

(해설)

보통품질조건(USQ)은 주로 원사거래에 사용되는 품질조건이다.

정답: (4)

32. 다음 중 표준품매매에서 품질의 결정시기에 대한 연결이 바르게 된 것은?

    (1) GMQ－목재류－양륙품질   (2) FAQ－목재류－선적품질
    (3) GMQ－냉동어류－선적품질   (4) FAQ－곡물류－양륙품질

(해설)

목재류나 냉동어류의 품질결정은 GMQ에 의하며, 품질의 결정시기는 양륙품질조건에 해당한다.
FAQ는 품질의 결정시기에 있어서 선적품질조건에 해당한다.

정답: (1)

**33. 철광석, 석탄, 양곡 등과 같이 산적되는 화물은 정확하게 수량을 측정하는 것이
불가능하기 때문에 과부족 용인조건이 없더라도 신용장 금액의 범위 내에서 과
부족이 허용되고 있는데 몇 % 이내인가?**

    (1) 5%   (2) 10%   (3) 15%   (4) 20%

(해설)

철광석, 석탄, 양곡 등과 같이 산적되는 화물은 정확하게 수량을 측정하는 것이 불가능하기 때문에
과부족 용인조건이 없더라도 신용장 금액의 범위 내에서 5% 이내의 과부족이 허용되고 있다.

정답: (1)

34. 무역계약 수량이 120Ton이라고 할 때 More or Less 5%로 매매계약을 체
결하였다면 다음 중 수량부족으로 클레임을 제기할 수 없는 수량에 해당하는 것은?
   (1) 110   (2) 115   (3) 128   (4) 130

(해설)

무역계약 수량이 120Ton이고, More or Less 5%로 매매계약을 체결하였으므로 114Ton에서
126Ton 이내에 수량이 있으면 수량부족으로 클레임을 제기할 수 없다.

정답: (2)

35. 중량을 표시하는 단위에서 Short Ton은 다음 중 몇 kgs에 해당하는가?
   (1) 907kgs   (2) 917kgs   (3) 927kgs   (4) 937kgs

(해설)

중량을 표시하는 단위에서 Short Ton은 907kgs이다.

정답: (1)

36. 다음 중 중량을 표시하는 단위로 보기 어려운 것은?
   (1) Ton   (2) Pound   (3) Kilogram   (4) Cubic Meter

(해설)

Cubic Meter는 용적단위에 해당한다.

정답: (4)

37. 수량단위는 상품의 성질 따라 중량(weight), 용적(measurement), 개수(piece,
dozen), 포장단위(package), 길이(length), 면적(square)으로 분류한다.
특히 중량을 표시하는 단위에는 Ton, Pound(lb), kilogram(kg) 등의 종류
가 있다. 다음 중 Ton을 사용하는 경우에 있어 가장 중량이 많이 나가는 것은?
   (1) 9M/T   (2) 10S/T   (3) 11L/T   (4) 12S/T

(해설)

9M/T = 9 × 1,000 = 9,000kgs, 10S/T = 10 × 907 = 9,070kgs, 11L/T = 11 × 1,016 = 11,176kgs,
12S/T = 12 × 907 = 10,884kgs이므로 11L/T가 가장 많이 중량이 나간다.

정답: (3)

38. 잡화 및 기계들의 수량단위로 사용되며, Piece(1개), Dozen(12개), Gross, Small gross, Great gross 등이 있는데 1 Small gross는 몇 개를 말하는 것인가?

    (1) 100개   (2) 110개   (3) 120개   (4) 130개

(해설)

1 Small gross = 10dozen(10×12piece) = 120개이다.

정답: (3)

39. 수량단위 중 1 Great gross는 몇 개를 말하는가?

    (1) 120개   (2) 144개   (3) 240개   (4) 1,728개

(해설)

1 Great gross = 12gross(12×12×12piece) = 1,728개이다.

정답: (4)

40. 잡화 및 기계들의 수량단위로 사용되는 개수로는 Piece, Dozen, Gross, Small gross, Great gross 등이 있다. 다음 중 개수가 가장 많은 것은?

    (1) 100dozen   (2) 10Gross   (3) 10 Small gross   (4) 1 Great gross

(해설)

100dozen = 100×12개 = 1,200개, 10Gross = 10×144개 = 1,440개, 10 Small gross = 10×120개 = 1,200개, 1 Great gross = 12gross(12×12×12piece) = 1,728개이므로 1 Great gross 가장 많은 개수이다.

정답: (4)

41. 수량단위 중에서 포장단위(Package)에 사용하는 것으로 보기 어려운 것은?

    (1) bale   (2) cubic feet   (3) drum   (4) can

(해설)

cubic feet는 용적단위에 해당한다.

정답: (2)

42. 선적기일을 표현하는 데 있어서 유의해야 할 기간용어 및 일자가 있는데 다음 중 당해 일을 포함하지 않는 용어는 무엇인가?

    (1) from   (2) until   (3) after   (4) to

(해설)

from, till, until, to 등은 당해 일을 포함하며 after는 당해 일을 제외한다.

정답: (3)

43. 선적기일의 표현에 있어서 on or about는 지정일로부터 총 며칠을 말하는 것인가?

    (1) 9일   (2) 10일   (3) 11일   (4) 12일

(해설)

"on or about"는 지정일로부터 5일 전후로 이루어지는 기간을 지칭하므로 총 11일을 말한다.

정답: (3)

44. 1996년 12월 30일 대외무역법 개정 시에 무역의 활성화를 위하여 2000년 1월 1일부터 무역업을 자유화하여 이 제도를 실시하고 있는 무엇인가?

    (1) 무역업허가제   (2) 무역업등록제   (3) 무역업신고제   (4) 무역업고유번호제

(해설)

1996년 12월 30일 대외무역법 개정 시에 무역의 활성화를 위하여 2000년 1월 1일부터 무역업의 신고제를 폐지하도록 하는 경과규정을 두어 현재는 무역을 하고자 하는 자가 지식경제부장관에게 신고할 의무가 없어지고, 2000년 1월 1일부터 무역업고유번호제를 실시하고 있다.

정답: (4)

45. 은행은 담보권을 확보한 채 수입업자에게 담보화물을 대도하고 수입업자는 화물 매각대금으로 대금결제 또는 차입금을 상환하는 제도를 무엇이라고 하는가?

    (1) L/I   (2) L/C   (3) T/R   (4) L/G

(해설)

수입화물대도(T/R: Trust Receipt)는 은행은 담보권을 확보한 채 수입업자에게 담보화물을 대도

하고 수입업자는 화물매각대금으로 대금결제 또는 차입금을 상환하는 제도를 말한다.

정답: (3)

46. 다음의 상황을 고려해 볼 때 한국의 삼송물산(주)이 일본 모시다상사와 국제물품 매매계약을 체결하고자 하는 경우 다음 중 어느 계약이 가장 적절한 계약이라 할 수 있는가?

> (가) 한국의 수출업자인 삼송물산(주)은 오랜 기간 동안 일본의 모시다상사와 원만한 거래관계를 유지해왔다.
> (나) 삼송물산(주)은 모시다상사와 컴퓨터를 장기적으로 수출하고자 한다.

(1) master contract　　　　(2) agency agreement
(3) case by case contract　　(4) exclusive contract

(해설)

포괄계약(master contract, 장기계약)은 매매당사자자간에 서로 오랜 기간 거래를 하여 잘 알고 있을 경우 특정품목을 지정하여 일정기간 동안 포괄적으로 계약을 체결하고 필요할 때마다 거래상품을 선적해 주는 경우에 사용되는 계약이다.

정답: (1)

47. 다음 중 무역계약의 특성을 바르게 설명한 것끼리 묶은 것은?

> 가. 낙성계약이란 계약당사자의 합의만으로 성립하는 계약으로서 당사자 일방이 일정한 조건으로 물품을 판매하겠다는 청약에 대해 상대방이 승낙함으로써 성립하는 계약이다.
> 나. 불요식계약이란 계약당사자가 서로 가치 있는 대가교환을 목적으로 하는 계약으로 매도인은 물품을 인도하고, 매수인은 그에 따른 대금을 지급하는 계약이다.
> 다. 유상계약이란 그 성립을 위하여 당사자 간의 합의 외에는 다른 특별한 방식을 필요로 하지 않는 계약으로 구두, 서면으로도 계약체결이 가능한 계약이다.
> 라. 계약이란 계약의 결과로 당사자들이 서로 의무를 부담하는 계약으로 매도인은 물품인도의무를 부담하고, 매수인은 대금지급의무를 부담하는 계약이다.

(1) 가, 나　　(2) 가, 라　　(3) 나, 다　　(4) 나, 라

(해설)

불요식계약이란 그 성립을 위하여 당사자 간의 합의 외에는 다른 특별한 방식을 필요로 하지 않는

계약으로 구두, 서면으로도 계약체결이 가능한 계약이다. 유상계약이란 계약당사자가 서로 가치 있는 대가교환을 목적으로 하는 계약으로 매도인은 물품을 인도하고, 매수인은 그에 따른 대금을 지급하는 계약이다.

정답: (2)

48. 다음에서 설명하고 있는 무역계약의 특성은 무엇인가?

> A contract in which both the contracting parties are bound to fulfil obligations reciprocally towards each other; as a contract of sales, where one becomes bound to deliver the thing sold, and the other to pay the price of it.

(1) Consensual Contract (2) Bilateral Contract
(3) Informal Contract (4) Remunerative Contract

(해설)

"쌍방에 대하여 상호 호혜적으로 의무를 충족해야 할 계약당사자가 맺는 매매계약으로서 일방은 판매물품을 인도해야 할 의무가 있는 반면에 다른 일방은 그것에 대한 대금을 지불해야 할 의무가 있다."는 Bilateral Contract(쌍무계약)의 특성이다.

정답: (2)

49. 다음의 상황에 따른 무역계약의 법률적 특성에 속하지 않는 것은 무엇인가?

> 한국의 수입업자 갑을상사는 중국의 수출업자 호야상사가 제시한 거래조건이 합리적이라 생각되어 관상용열대어 수족관을 수입하기로 하였다. 한국 내에서 수족관 수요가 급증하여 필요수량만 먼저 수입하기로 전화상으로 매매계약을 체결하였다. 결제조건은 취소불능화환신용장으로 하여 선적일 50일 전에 신용장을 개설하기로 하였다. 가격은 CIF 조건으로 하였다. 선적기일은 2012년 5월 20일까지이며 선적지는 중국 칭다오항이다.

(1) Formal Contract (2) Remunerative Contract
(3) Consensual Contract (4) Bilateral Contract

(해설)

매매계약을 체결함에 있어서 반드시 요식(formal)을 갖춰야만 법적인 효력을 가지는 것은 아니다. 문서나 구두(전화)에 의한 명시적 계약이나 묵시적 계약으로 이루어진 불요식계약(Informal Contract)도 법률적인 효력이 있다.

정답: (1)

50. 거래처의 선정을 위하여 행하는 신용조회의 주된 내용인 3C's 가운데 특히 마
    켓클레임(Market Claim)의 예방을 위하여 철저히 조사되어야 할 신용조회 항
    목은 무엇인가?

    (1) Capital   (2) Capacity   (3) Country   (4) Character

(해설)

마켓클레임은 시장 상황의 변동에 따라 가격(금액)인하를 목적으로 제기하는 클레임을 의미하므로
마켓클레임을 사전에 예방하기 위해서는 Character(상도덕)를 철저히 분석해야 한다.

정답: (4)

51. 다음 중 청약(offer)에 관한 일반적인 설명이다. 바르지 않게 설명한 것끼리 묶
    은 것은?

> 가. 청약은 청약에 대한 무조건적인 승낙이 있을 때 계약을 성립시키고, 여기에 구
>   속된다는 확정적 의사표시라 할 수 있다.
> 나. 청약은 상대방에게 전달되어야 하며, 상대방에게 발신됨으로써 그 효력이 발생한다.
> 다. 청약의 효력 존속기간이 정해져 있는 것은 확정청약(firm offer)이다.
> 라. 청약은 반드시 서면으로 하여야 하며, 청약이라는 단어를 사용하여야 한다.

    (1) 가, 나   (2) 가, 라   (3) 나, 다   (4) 나, 라

(해설)

청약(Offer)이란 "계약을 성립시킬 목적으로 청약자가 피청약자에게 행하는 확정적인 의사표시"로
서 구두나 서면 또는 행위에 의하여 상대방에게 할 수 있다. 따라서 본질적으로 상대방의 승낙에
의하여 합의로 전환될 수 있는 청약은 특정한 조건이 승낙되면 법적인 구속력을 가지는 명확한 약
속으로 구성되어야 하며, 약의 효력 발생 시기는 "상대방이 있는 의사표시는 그 통지가 상대방에
게 도달한 때로부터 그 효력이 발생한다."라고 하여 '도달주의 원칙'이 준수된다.

정답: (4)

52. 다음에서 설명하고 있는 내용에 근거하여 괄호 안에 들어갈 가장 알맞은 용어는
    무엇인가?

> "We find the price is rather high. Please take an additional 10% reduction off
> the price. If you accept this (　　), we would like to place an order with you."

    (1) 반대청약(counter offer)

    (2) 선착순판매조건부청약(offer subject to prior sale)

    (3) 확정청약(firm offer)

    (4) 최종승인조건부청약(offer subject to final confirmation)

(해설)

"가격이 좀 높습니다. 10% 추가할인을 해 주십시오. 만약 이 반대오퍼(counter offer)를 승낙하신다면 당사는 귀사에게 주문을 하겠습니다."는 제시된 원래의 청약(offer)에 대하여 가격할인을 요청하는 반대청약(counter offer)이다.

정답: (1)

53. 다음은 품질결정방법에 관한 설명들이다. 바르게 설명한 것끼리 묶은 것은?

> 가. 스테인리스 스틸 등과 같은 공산품 매매에 가장 편리한 품질결정방법은 규격매매(Sales by type or grade)이다.
> 나. 선박, 철도차량, 중장비 등의 품질을 결정할 경우 명세서 매매를 이용하는 것이 바람직하다.
> 다. ISO, JIS, KS 등과 같은 기준에 의해 품질을 결정하는 방법은 상표매매이다.
> 라. 상표나 브랜드가 널리 알려진 경우에는 견본매매를 통해 품질을 결정하는 것이 가장 좋다.

    (1) 가, 나, 라   (2) 나, 다, 라   (3) 가, 나   (4) 나, 라

(해설)

일반적으로 ISO, JIS, KS 등과 같은 기준에 의해 품질을 결정하는 방법은 규격매매, 상표나 브랜드가 널리 알려진 경우에는 상표매매를 통해 품질을 결정한다.

정답: (3)

54. 다음 (가), (나)의 국제물품매매계약에서 이용할 수 있는 품질결정방법이 바르게 연결된 것은?

> (가) 일본의 도요다상사가 한국의 대한무역(주)로부터 일본의 JIS에서의 기준에 의해 상품을 수입하고자 하는 경우
> (나) 중국의 중화상사가 한국의 민국상사(주)로부터 철도차량을 수입하고자 하는 경우

    (1) 견본매매 － 상표매매   (2) 표준품매매 － 규격매매
    (3) 규격매매 － 명세서매매   (4) 상표매매 － 점검매매

'일본의 도요다상사가 한국의 대한무역(주)로부터 일본의 JIS에서의 기준에 의해 상품을 수입하고자 하는 경우'는 JIS라는 일본의 공적 규격에 의한 매매를 하고자 하는 것이므로 '규격매매'이고, '중국의 중화상사가 한국의 민국상사(주)로부터 철도차량을 수입하고자 하는 경우'는 철도차량같이 기계류는 견본을 제시하기 어렵기 때문에 재료, 구조, 성능 등에 관하여 상세히 설명하고 있는 '명세서매매'이다.

정답: (3)

55. 다음의 거래 상황에서 적합한 품질결정방법이 바르게 연결된 것은?

> 가. 알래스카산 명태를 수입하고자 하는 경우
> 나. 과실류 및 곡물 기타 천연물의 선물거래의 경우
> 다. 원사를 수입하고자 하는 경우

(1) FAQ — GMQ — USQ　　(2) FAQ — USQ — GMQ
(3) GMQ — FAQ — USQ　　(4) GMQ — USQ — FAQ

알래스카산 명태를 수입하고자 하는 경우는 '판매적합품질조건(GMQ)', 과실류 및 곡물 기타 천연물의 선물거래의 경우는 '평균중등품질조건(FAQ)', 원사를 수입하고자 하는 경우는 '보통품질조건(USQ)'이다.

정답: (3)

56. 다음은 품질결정방법에 관한 설명이다. 그 내용과 가장 가까운 조건은 무엇인가?

> 수출업자는 수입업자에게 제공하는 냉동 패류와 같은 상품의 품질에 대하여 적합성을 보장하여야 한다.

(1) GMQ　　(2) FAQ　　(3) TQ　　(4) RT

판매적합품질조건(GMQ: Good Merchantable Quality)은 냉동어류나 목재 등의 매매거래에 사용되며, 정확한 견본 또는 표준품의 이용이 곤란한 경우에 사용되는 품질조건으로 인도하는 물품의 품질이 그 시장에서 판매 적합하여야 한다는 품질조건이다.

정답: (1)

57. 품질의 결정시기에 대하여 다음과 같이 약정될 경우에 일반적으로 적용이 되는 물품에 해당하는 것은?

> "fair average quality of the seasons's shipment at time and place of shipment"

(1) 원면   (2) 목재류   (3) 냉동어류   (4) 곡물류

(해설)

'fair average quality ~'에서 FAQ 조건임을 알 수 있고, FAQ(평균중등품질조건)은 곡물이나 과일 등의 농산물에 사용되는 품질조건으로 인도물품의 품질조건은 그 인도(선적)의 시기 및 장소에서 그 계절 출하품의 평균중등품질로 하는 조건이다.

정답: (4)

58. 한국통상(주)는 인도의 수입업자와 전자기기 수출계약을 체결하였다. 매매계약서에 다음과 같은 내용이 표시되어 있다면 한국통상(주)는 어떤 품질과 규격으로 물품을 인도해야 하는가?

> Commodity: mp3 player and USB Card
> Quality: to be up to the sample, No. 100

(1) 샘플과 똑같은 mp3 player와 USB   (2) 샘플과 비슷한 mp3 player와 USB
(3) 샘플과 유사한 mp3 player와 USB   (4) 샘플과 같은 번호의 mp3 player와 USB
(5) 샘플과 다른 mp3 player와 USB

(해설)

견본 100에 따른 품질이므로 '견본과 일치하는 mp3 player와 USB Card' 인도해야 한다는 것으로 the same as ~ = be up to ~ = be full equal to ~ 등은 '견본과 일치하는 것'이라는 의미이다.

정답: (1)

59. 다음은 과부족용인조항(M/L Clause)에 관한 설명이다. 바르지 않은 설명을 모두 고른 것은?

> 가. 살화물의 경우 신용장거래에서는 금액, 수량, 단가 앞에 about나 circa와 같은 용어를 사용하였을 때 과부족이 용인된다.
> 나. 신용장상에 물품수량의 과부족용인문언의 표시가 없더라도 포장단위나 개개품

> 목으로 수량이 명기된 경우에 신용장금액을 초과하지 않는 범위 내에서 5%까
> 지 과부족이 용인된다.
> 다. 휴대전화 10대 등 개개품목으로 수량이 정하여지는 경우에는 적용되지 아니한다.
> 라. 과부족을 용인하는 경우 일반적으로 과부족 부분에 대하여 대금을 정산할 때
> 정산가격은 시가(current price)에 의하는 것이 원칙이다.

(1) 가, 나   (2) 가, 라   (3) 나, 다   (4) 나, 라

(해설)

과부족용인조건은 포장단위나 개개품목으로 수량이 명기된 경우에는 적용되지 아니하며, 과부족을 용인하는 경우 일반적으로 과부족 부분에 대하여 대금을 정산할 때 정산가격은 계약가격(contract price)에 의하는 것이 일반적이다.

정답: (4)

60. 다음은 매매계약서에 표시된 선적기일에 관한 표현이다. 바른 설명으로 묶은 것은?

> 가. shipment: on or about May 12 ― 5월 7일부터 5월 17일까지 선적할 것
> 나. shipment: on or before May 12 ― 5월 12일 전까지 선적할 것
> 다. shipment: from May to June ― 5월 1일부터 6월 말일까지 선적할 것
> 라. shipment: within thirty days from the date of this contract ― 본 계약일을 제
> 외한 날로부터 30일 이내에 선적할 것

(1) 가, 나   (2) 가, 다   (3) 나, 다   (4) 나, 라

(해설)

선적일 앞에 'on or about'이 사용될 경우 선적일은 양단일을 포함하여 5일 전후까지의 기간 내 (총 11일)이므로 5월 7일부터 5월 17일까지, 선적일 앞에 'on or before'(by, not later than) 이 사용된 경우 당해 일자를 포함하므로 5월 12은 선적일에 포함되므로 선적일은 9월 12일까지, 'from May to June' 식의 연월식으로 표현한 경우에 선적일은 시작달의 초일부터 마감달의 말 일까지이므로 5월 1일부터 6월 말일까지, 선적일에 'from'이 쓰인 경우 당해일자를 포함하므로 선적일은 본 계약일로부터 30일 이내를 말한다.

정답: (2)

61. 다음은 품질조건, 수량조건, 선적조건에 대한 설명이다. 바르게 설명한 것을 모두 묶은 것은?

> 가. 신용장 거래 시 선적일과 관련하여 from, to, till, until이 사용되는 경우에 당해일은 포함하는 것으로 해석한다.
> 나. 1 Metric ton은 kilo ton이라고도 불리며, 약 1,016kgs에 해당한다.
> 다. 잡화품과 같이 개수를 기준으로 거래되는 경우에 사용되는 gross는 12dozen에 해당한다.
> 라. GMQ조건은 양륙지에서의 검사를 최종적으로 하는 것으로 선적지에서의 검사를 통해서는 물품의 결함 등을 확인하기 곤란한 물품인 목재나 육류 등의 거래에서 이용된다.

(1) 가, 나, 다　　(2) 가, 나, 라　　(3) 가, 다, 라　　(4) 나, 다, 라

(해설)

수량단위 중 Ton의 종류는 Long Ton(English Ton) = 1,016kgs = 2,240 lbs(영국계), Short Ton(America Ton) = 907kgs = 2,000 lbs(미국계), Metric Ton(French Ton) = 1,000kgs = 2,204 lbs(프랑스계, 한국)이다.

정답: (3)

62. 다음은 무역계약의 협상조건 중에서 수량조건에 대한 설명이다. 바르지 않은 설명을 모두 고른 것은?

> 가. 살화물(bulk cargo) 거래 시 운송 등 취급 중의 감량에 대비하여 계약서에 M/L 3%와 같이 표기하는 것이 바람직하다.
> 나. Ton 단위에는 Long Ton, Short Ton, Metric Ton 등이 있으므로 정확히 어떤 Ton을 사용하는지 합의해야 한다.
> 다. 신용장에 과부족용인조항이나 about 등의 표현이 없는 경우에도 모든 종류의 물품에 대하여 5% 감량은 항상 허용된다.
> 라. 조화 등과 같이 개수를 기준으로 거래되는 경우에 사용되는 1 small gross는 12dozen에 해당한다.

(1) 가, 나　　(2) 가, 다　　(3) 나, 다　　(4) 다, 라

(해설)

과부족용인조항은 신용장 상의 수량이 포장단위 또는 개별품목의 개수로 되어 있는 경우에는 허용되지 않으며, 1 small gross는 10dozen이다.

정답: (4)

63. 다음은 무역계약의 협상조건 중에서 선적조건에 대한 설명이다. 바르게 설명한 것을 모두 고른 것은?

가. 분할선적과 할부선적은 동일한 것으로 해석된다.

나. 신용장 상에 선적기간으로 'on or before 13 May'과 같이 기재된 경우 선적기간은 5월13일까지이다.

다. 분할선적은 신용장 상에 별도의 금지규정에 관한 내용이 표시되지 않는 경우에는 허용된다.

라. 할부선적에서 해당 선적분이 지연되었다면 그 이전의 선적분은 유효하고, 당해 선적분은 무효가 되며, 나머지 잔여의 선적분은 유효하게 된다.

마. 깨지기 쉬운 물품이나 귀중물품의 경우 환적을 허용하는 것이 좋다.

(1) 가, 나, 다　　(2) 가, 다, 라　　(3) 나, 라, 마　　(4) 나, 다

(해설)

분할선적(Partial shipment): 계약상품을 다 선적하지 못하고 2회 이상 분할하여 선적하는 것을 말하며, 분할선적은 신용장상에 별도의 금지규정에 관한 내용이 표시되지 않는 경우에는 허용된다. 반면 할부선적(Installment shipment)은 계약당사자에 의해 선적수량, 선적일자가 각각 정해져 있는 경우로서 어떤 물품을 매월 10일 인도를 기준으로 10회에 걸쳐서 인도하기로 하였는데 3회분은 정해진 10일에 도착하였으나 4회분이 10일이 지나 인도되었다면 3회분까지는 유효, 기일을 어긴 4회분 포함 나머지 6회분 모두 무효가 된다. 환적(Transshipment)은 선적된 화물을 다른 선박이나 운송수단에 다시 적재하는 것을 말하며, 일반적으로 환적은 귀중품이나 파손되기 쉬운 상품의 경우에는 매수인에 의해 금지되고 있으며, 사전에 명확히 하는 것이 바람직하다.

정답: (4)

64. 다음의 내용을 살펴볼 때 어떤 것을 의미하는 것인가?

This means unloading and reloading from one vessel to another vessel during the course of ocean carriage from the port of loading to the port of discharge stipulated in Credit.

(1) Installment shipment　　(2) Partial shipment

(3) Letter of Credit　　(4) Transshipment

(해설)

"이것은 신용장에 규정된 선적항에서 양륙항까지의 운송과정 중에 화물을 하나의 선박으로부터 다른 선박으로 양하하고 재적재하는 것을 의미한다."

환적(Transshipment)은 선적항에서 양륙항까지의 운송과정 중에 화물을 하나의 선박으로부터 다른 선박으로 양하하고 재적재하는 것을 의미한다.

정답: (4)

1. 다음 중 Incoterms 2010에서 규정하고 있는 거래조건에 해당하지 않는 것은?

   (1) EXW   (2) CIP   (3) DEQ   (4) DAP

(해설)

DEQ조건은 Incoterms 2000에는 규정하고 있었으나 2010년에 개정하면서 현재 발효되고 있는 Incoterms 2010에서는 규정하고 있지 않다.

정답: (3)

2. 다음 중 선적지인도조건에 해당하지 않는 Incoterms 2010 조건은?

   (1) FCA   (2) CFR   (3) CPT   (4) DAT

(해설)

Incoterms 2010에서 DAT조건은 양륙지인도조건에 해당한다.

정답: (4)

3. CIF Busan에 대한 설명으로 바른 것은?

   (1) Busan항까지의 운임은 수입업자가 부담한다.
   (2) Busan항까지의 운임포함가격이다.
   (3) Busan항까지의 운임보험료포함가격이다.
   (4) Busan항은 선적항을 말한다.

(해설)

CIF Busan 조건은 Busan항까지의 운임보험료포함가격을 말한다.

정답: (3)

4. 수입업자가 운송계약을 체결하고 목적지까지의 운임을 부담해야 하는 조건에 해당하지 않는 것은?

   (1) CFR   (2) FOB   (3) EXW   (4) FAS

(해설)

CFR조건은 수출업자가 운송계약을 체결하고 목적지까지의 운임을 부담해야 하는 조건이다.

정답: (1)

5. 무역조건에 대한 해석상의 분쟁이 발생하였을 경우에 일반적으로 가장 널리 채택 되고 있는 해석기준은 다음 중 어느 것인가?

(1) UNCTAD   (2) UCP   (3) MIA   (4) INCOTERMS

(해설)

INCOTERMS는 무역조건에 대한 해석상의 분쟁이 발생하였을 경우에 일반적으로 가장 널리 채택 되고 있는 해석기준이다.

정답: (4)

6. 현재 발효되고 있는 INCOTERMS는 무엇인가?

(1) 1980년에 개정된 INCOTERMS   (2) 1990년에 개정된 INCOTERMS
(3) 2000년에 개정된 INCOTERMS   (4) 2010년에 개정된 INCOTERMS

(해설)

INCOTERMS는 10년 단위로 개정하고 있으며, 인코텀즈 2010(Incoterms 2010)은 일곱 번째 개정된 것으로 2010년에 개정되어 2011년 1월1일부터 발효되고 있다.

정답: (4)

7. 다음의 Incoterms 2010조건 중에서 도착지인도조건에 해당하지 않는 것은?

(1) CIP   (2) DAT   (3) DAP   (4) DDP

(해설)

Incoterms 2010에서 CIP조건은 선적지인도조건에 해당한다.

정답: (1)

8. 다음 중 용어의 설명이 바르지 않은 것은?

(1) FCA − 운송인인도조건   (2) FOB − 본선인도조건

(3) CIP – 운송비지급인도조건　　(4) DDP – 관세지급인도조건

(해설)
CIP조건은 운송비・보험료지급인도조건을 말하며, 운송비지급인도조건은 CPT를 말한다.

정답: (3)

9. 무역물품을 인도하기 이전에 선적 전 검사가 이루어지는 경우 무역거래당사자 간에 별도의 약정이 없으면 선적 전 검사비용은 누가 부담해야 하는가?
(1) 매수인　　(2) 매도인　　(3) 송하인　　(4) 운송업자

(해설)
무역계약에서 달리 규정하고 있지 않는 한 매수인은 자신을 위해 이루어지는 선적 전 검사 비용을 지급하여야 한다.

정답: (1)

10. 다음 중 해상운송이나 내수로 운송에서만 이용 가능한 거래조건에 해당하지 않는 것은?
(1) CIF　　(2) FOB　　(3) CFR　　(4) FCA

(해설)
해상 및 내수로 운송조건에 해당하는 조건은 FAS, FOB, CFR, CIF이다.

정답: (4)

11. 다음의 정형거래조건 중에서 CFR을 대신해서 복합운송에 사용하기가 가장 적합한 조건은 무엇인가?
(1) CIP　　(2) DAT　　(3) CPT　　(4) DDP

(해설)
CFR을 대신하여 복합운송에 적합한 조건은 CPT이다.

정답: (3)

12. 다음 중 복합운송조건에 해당하는 것으로 보기 어려운 것은?
(1) CPT　　(2) CIP　　(3) CIF　　(4) DAP

(해설)

CIF조건은 해상 및 내수로 운송에 적용되는 정형거래조건이다.

정답: (3)

13. Incoterms 2010 조건 중에서 수출업자에게 가장 적은 부담을 주는 조건은?
(1) DDP　　(2) CIF　　(3) FOB　　(4) EXW

(해설)

수출업자에게 가장 적은 부담을 주는 조건은 EXW이다.

정답: (4)

14. 수출업자에게 가장 많은 부담을 주는 Incoterms 2010 조건은 무엇인가?
(1) FCA　　(2) EXW　　(3) CIP　　(4) DDP

(해설)

수출업자에게 가장 많은 부담을 주는 조건은 DDP이다.

정답: (4)

15. 다음 중 수입업자의 위험과 비용부담이 가장 큰 Incoterms 2010 조건은 무엇인가?
(1) DAP　　(2) CFR　　(3) FAS　　(4) EXW

(해설)

수입업자의 위험과 비용부담이 가장 큰 Incoterms 2010 조건은 EXW조건이다.

정답: (4)

16. 매도인이 운송계약을 체결하고 목적지까지의 운임을 부담해야 하는 조건에 해당
    하지 않는 것은?
    (1) CPT   (2) CFR   (3) FOB   (4) CIP

(해설)
FOB조건은 매수인이 운송계약을 체결하고 목적지까지의 운임을 부담해야 하는 조건이다.

정답: (3)

17. FOB가격조건에서 보험계약을 체결해야 하는 사람은 다음 중 누구인가?
    (1) 운송업자   (2) 매수인   (3) 매도인   (4) 보험자

(해설)
FOB가격조건에서는 매수인이 보험계약을 체결해야 한다.

정답: (2)

18. Incoterms 2010에서 수입관세나 제반 비용을 매수인이 부담하도록 하는 가
    격조건에 해당하는 것은?
    (1) CIF   (2) DAT   (3) DAP   (4) DDP

(해설)
수입관세나 제반 비용을 매수인이 부담하도록 하는 가격조건은 DDP이다.

정답: (4)

19. 다음은 Incoterms 2010에 대한 설명이다. 바르지 않은 것을 모두 고른 것은?

> 가. 수출업자에게 가장 적은 부담조건은 DDP이고, 가장 많은 부담 조건은 EXW
>   이다.
> 나. D, F, C 조건은 모두 선적지인도조건으로서 매도인의 인도의무는 선적지에서
>   종료된다.
> 다. D조건은 모두 양륙지인도조건으로서 매도인의 인도의무는 양륙지의 지정목적
>   지까지 연장된다.
> 라. EXW조건에서는 수출통관을 매도인이 하여야 한다.

(1) 가, 나   (2) 가, 라   (3) 나, 다   (4) 나, 라

(해설)

인코텀즈란 International Commercial Terms 약칭으로 '국내 및 국제거래조건의 사용에 관한 ICC 규칙'을 말하며, E그룹(EXW), F그룹(FCA, FAS, FOB), C그룹(CFR, CIF, CPT, CIP), D그룹(DAT, DAP, DDP)으로 구성되어 있다. 수출업자에게 가장 적은 부담조건은 EXW, 가장 많은 부담 조건은 DDP이고, EXW조건에서는 수출통관을 매수인해야 한다.

정답: (2)

20. 다음의 내용을 보고 괄호 안에 들어갈 용어로 가장 적합한 것은?

> The ( ) is the term in which the seller's obligation is at its minimum : the seller has to do no more than the goods at the disposal of the buyer at the agreed place. If the buyer wants the seller to do more, this should be made clear in the contract of sale.

(1) D terms   (2) C terms   (3) F terms   (4) E term

(해설)

"이 조건은 매도인의 의무가 최소인 조건이다. 즉 매도인은 합의된 장소, 통상적으로 매도인 자신의 영업소에서 물품을 매수인의 임의처분 상태로 놓아두어야 한다. 만일 매수인이 매도인에게 그 이상의 것을 원하는 경우에는 매매계약서에서 이것을 명확히 규정해야 한다."
E 조건(E term)은 매도인의 최소의무 부담조건으로 EXW(공장인도조건, 작업장인도조건)이 해당된다.

정답: (4)

21. 다음의 내용에서 설명하는 Incoterms 2010의 가격조건은 무엇인가?

> This term means that the seller delivers when the goods are placed at the disposal of the buyer on the arriving means of transport ready for unloading at the named place of destination. The seller bears all risks involved in bringing the goods to the named place.

(1) CPT   (2) DAP   (3) DAT   (4) FCA

(해설)

"이 조건은 매도인이 지정목적지에서 도착한 운송수단으로부터 양하 준비가 된 상태로 물품을 매

수인의 임의처분 상태로 인도하는 것을 의미한다. 매도인은 물품을 지정목적지로 가져오는데 관련된 모든 위험과 비용을 부담한다.”

DAP(도착장소인도조건)조건은 매도인이 지정목적지에서 도착한 운송수단으로부터 양하 준비가 된 상태로 물품을 매수인의 임의처분 상태로 인도하는 것을 의미하며, 매도인은 물품을 지정목적지로 가져오는 데 관련된 모든 위험과 비용을 부담한다.

정답: (2)

22. 다음은 Incoterms 2010 조건에 관한 것이다. 괄호 안에 들어갈 가격조건이 바르게 연결된 것은?

> In the case of (   ) contract, the seller delivers the goods th the carrier nominated by him, but the seller must in addition pay the cost of carriage necessary to bring the goods to the named destination. In (   ) the seller also has to the procure insurance against the buyer's risk of loss of or damage to the goods during the carriage.

(1) CPT－CFR　　(2) CPT－CPT　　(3) CIP－CIP　　(4) CIP－CIF

(해설)

“(CIP) 계약조건의 경우, 매도인은 자신이 지명한 운송인들에게 물품을 인도하는 것을 의미하고, 또한 매도인은 지정된 목적지까지 물품을 운송하는 데 필요한 운송비를 지불해야 하는 것을 의미한다. (CIP) 조건에서는 또한 매도인은 내수인이 부담하는 운송중의 물품의 멸실 또는 손상의 위험에 대해서 보험을 수배하여야 한다.”

CIP(Carriage and Insurance Paid to)는 운송비·보험료지급인도조건으로서 비용부담의 종료는 the named destination(지정목적지)까지이지만 CIF(CFR)은 the named port of destination(지정목적항)이다.

정답: (3)

23. 한국의 수출업자인 한국상사(주)는 수입업자인 일본의 미시도상사와 컴퓨터 수출 계약을 FOB 가격조건으로 체결하였다. 이에 대한 바른 설명으로 묶은 것은?

> 가. 선박의 지정은 미시도상사가 해야 한다.
> 나. 한국상사(주)는 물품이 본선의 갑판에 적재된 이후의 위험과 추가비용을 부담해야 한다.
> 다. 국제운송계약체결은 미시도상사가 해야 한다.
> 라. 한국상사(주)는 목적항까지의 운임과 보험 등의 일체의 경비를 부담해야 한다.

(1) 가, 나   (2) 가, 다   (3) 나, 다   (4) 나, 라

(해설)

'본선인도조건(FOB; Free on Board)'은 매도인(수출업자)이 물품을 지정 선박항에서 매수인(수입업자)에 의하여 지정된 본선에 적재하여 인도하거나 이미 그렇게 인도된 물품을 조달하는 것을 의미하고, 물품의 멸실 또는 손상의 위험은 물품이 본선에 적재된 때에 이전하며, 매수인(수입업자)은 그러한 시점 이후의 모든 비용을 부담한다는 것으로 수입업자인 미시도상사가 물품이 본선의 갑판에 적재된 이후의 위험과 추가비용을 부담해야 하고, 목적항까지의 운임과 보험 등의 일체의 경비를 부담하여야 한다.

정답: (2)

24. 다음의 내용을 만족시키는 인코텀즈 2010의 거래조건은 무엇인가?

> 가. This terms are used in sea or inland waterway transportation
>
> 나. The insurance obligation rests with the seller

(1) FOB   (2) CIF   (3) FAS   (4) CPT

(해설)

'이 조건은 해상과 내수로운송에 사용된다.'와 '보험의 의무는 매도인이 진다.'라는 의미로서, 해상 또는 내수로운송에만 사용될 수 있는 조건은 FAS, FOB, CFR, CIF, 매도인이 부보의무를 지는 거래조건은 CIF, CIP이므로 이 두 조건을 충족하는 것은 CIF이다.

정답: (2)

25. 다음 중 Incoterms 2010의 정형거래조건 중에서 수출업자가 보험계약을 체결할 거래조건으로만 묶인 것을 고른 것은?

(1) CIP, CPT, FOB   (2) DAP, FOB, CIP
(3) EXW, DAP, DDP   (4) CIF, CIP, DDP

(해설)

수출업자가 보험을 부보해야 하는 조건은 C조건, D조건이며, C조건 중 CFR, CPT는 보험료 미포함 운임지급조건이므로 CIF, CIP, DDP가 수출업자가 보험계약을 체결할 거래조건으로만 묶인 것이다.

정답: (4)

26. 다음의 자료에 근거해 볼 때, 한국의 수출업자인 무궁화상사(주)가 가격조건을 체결할 때 가장 적합한 Incoterms 2010의 조건은 무엇인가?

가. 무궁화상사(주)는 계약 체결을 위해 가능한 한 수입업자인 일본의 고요미상사 (주)의 거래조건을 수용할 의사가 있는 상황이다.

나. 수입 통관된 물품이 고요미상사(주)가 지정한 목적지까지 운송되기를 바라고 있다.

다. 일본의 고요미상사(주)는 한국의 무궁화상사(주)가 수입관세와 부가가치세 등 기타 세금을 부담하는 조건으로 계약체결을 원하고 있다.

---

(1) EXW 　(2) FOB 　(3) CIF 　(4) DDP

(해설)

계약 체결을 위해 고요미상사(주)의 거래조건을 수용할 의사가 있는 상황에서 무궁화상사(주)가 수입 통관된 물품이 고요미상사(주)가 지정한 목적지까지 운송하고, 관세와 부가가치세 등 기타 세금을 부담하는 조건은 DDP(관세지급인도조건)이다.

정답: (4)

1. 다음 중 송금결제방식의 범주에 해당하지 않는 것은?

   (1) D/A   (2) COD   (3) Open Account   (4) CAD

(해설)

D/A는 추심결제방식에 해당한다.

정답: (1)

2. 송금결제방식에 해당하는 CAD조건과 유사한 대금결제방식은 무엇인가?

   (1) CWO   (2) D/A   (3) D/P   (4) COD

(해설)

CAD 결제방식과 유사한 것은 D/P결제방식이다.

정답: (3)

3. 다음 중 D/P와 D/A에 의한 환어음 결제방식은 어느 것에 해당하는가?

   (1) 단순송금방식   (2) 청산결제방식   (3) 추심결제방식   (4) 기탁계정결제방식

(해설)

추심결제방식은 수출업자가 물품을 선적해 보내고 선적서류와 환어음을 은행을 통하여 수입업자에게 제시하여 지급받거나 어음을 인수함으로써 거래대금을 결제하는 방식을 말하며 D/A와 D/P가 있다.

정답: (3)

4. 다음 중에서 바르게 설명하고 있는 것은?

   (1) 송금결제방식은 추심결제방식에 해당한다.
   (2) D/A조건은 수출업자에게 D/P보다 더 유리한 조건이다.
   (3) 수출업자의 입장에서는 신용장 결제방식이 D/P보다 더 안전하다.
   (4) D/P조건은 수입업자에게 D/A보다 더 유리한 조건이다.

(해설)

송금결제방식은 추심결제방식과 관계가 없으며, D/P조건은 수출업자에게 D/A보다 더 유리한 조건이고, D/A조건은 수입업자에게 D/P보다 더 유리한 조건이다.

답: (3)

5. 신용장이 지니고 있는 고유의 기능이라고 보기 어려운 것은?

(1) 지급이행수단   (2) 지급보증수단   (3) 무조건부 지급수단   (4) 조건부 지급수단

(해설)

신용장은 신용장에서 요구하는 제조건과 일치해야만 대금을 지급하는 조건부 지급수단이다.

정답: (3)

6. 다음의 대금결제방식 중에서 동시지급방식에 해당하는 것으로 보기 어려운 것은?

(1) COD   (2) CWO   (3) CAD   (4) D/P

(해설)

CWO(Cash With Order)은 주문불(주문 시 지급방식)로서 선지급 방식에 해당한다.

정답: (2)

7. 소량의 견본에 대한 대금을 지불하기에 가장 좋은 결제방식은 무엇인가?

(1) COD   (2) CAD   (3) CWO   (4) L/C

(해설)

CWO는 주문불이며, 주문 시에 대금을 지급하는 방식으로 특별한 주문이나 소량의 견본대금에 이용된다.

정답: (3)

8. 추심결제방식에서 remitting bank는 다음 중 누구를 지칭하는 것인가?

(1) 추심은행   (2) 추심의뢰은행   (3) 추심의뢰인   (4) 결제은행

추심결제방식에서 remitting bank는 추심의뢰은행을 말한다.

정답: (2)

9. 추심결제방식 중 D/P조건에 대한 다음 설명에서 바르지 않은 것은?

    (1) 추심의뢰서에 결제조건의 명시가 없으면 D/A로 간주한다.
    (2) 신용장과 같은 은행의 지급확약 없이 상품이 직송된다.
    (3) 수입업자의 대금지급 조건으로 선적서류가 인도된다.
    (4) 내국신용장의 발급근거가 된다.

(해설)
추심의뢰서에 결제조건의 명시가 없으면 D/P로 간주한다.

정답: (1)

10. 다음의 대금결제조건 중에서 화환어음이 발행되지 않는 방식은?

    (1) CAD방식   (2) Usance L/C 방식   (3) D/P방식   (4) D/A방식

(해설)
CAD방식은 환어음이 발행되지 않는다.

정답: (1)

11. 수출품목이 목적지에 도착되면 수입업자가 물품을 검사한 후 수출대금을 지급하고 물품을 인수하는 대금결제방식은 무엇인가?

    (1) D/P   (2) D/A   (3) CAD   (4) COD

(해설)
현물인도지급방식(Cash on Delivery: COD)은 수출품목이 목적지에 도착되면 수입업자가 물품을 검사한 후 수출대금을 지급하고 물품을 인수하는 대금결제방식을 말한다.

정답: (4)

12. 수출업자가 상품을 선적 후 이를 증명하는 선적서류를 수입업자의 대리인 또는
    거래은행에 제시하여 선적서류와 상환으로 대금을 결제하는 방식은 무엇인가?
    (1) COD   (2) D/P   (3) L/C   (4) CAD

(해설)
서류상환지급방식(Cash Against Documents: CAD)은 수출업자가 상품을 선적 후 이를 증명
하는 선적서류를 수입업자의 대리인(주로 수출업자의 국가에 소재) 또는 거래은행에 제시하여 선
적서류와 상환으로 대금을 결제하는 방식을 말한다.

정답: (4)

13. 다음의 대금결제방식 중에서 수입업자에게 가장 유리한 결제조건은 어느 것인가?
    (1) CAD   (2) D/P   (3) COD   (4) Open Account

(해설)
청산계정(상호계정방식, Open Account)은 후불 결제방식이므로 가장 유리한 결제조건이다.

정답: (4)

14. 물품의 품질을 확인한 후에 물품과 대금을 맞바꾸게 되는 대금결제방식은?
    (1) D/P   (2) D/A   (3) COD   (4) CWO

(해설)
현물인도지급방식(Cash on Delivery: COD)은 수출품목이 목적지에 도착되면 수입업자가 물품
을 검사한 후 수출대금을 지급하고 물품을 인수하는 대금결제방식이다.

정답: (3)

15. 다음 중 수출업자가 발행한 환어음을 매입 혹은 인수 또는 지급할 것을 확약하
    고 있는 것은?
    (1) 원산지증명서(C/O)   (2) 선하증권(B/L)   (3) 신용장(L/C)   (4) 거래권유장(C/L)

(해설)
신용장(Letter of Credit)은 수출업자가 발행한 환어음을 매입 혹은 인수 또는 지급할 것을 확약
하고 있다.

정답: (3)

16. 일반적인 무역거래 관계에서 신용장의 발행인은 누구인가?

    (1) 수출업자　　　　　　　　(2) 수입업자

    (3) 수출업자의 주거래은행　　(4) 수입업자의 주거래은행

(해설)

신용장의 발행인은 수입업자의 주거래은행이다.

정답: (3)

17. 다음 중 Beneficiary를 나타내는 표현이 다른 하나는 무엇인가?

    (1) Exporter　　(2) Shipper　　(3) Consignor　　(4) Payer

(해설)

신용장거래에서 Beneficiary는 수익자로서 수출업자를 나타내며, 지급관계에서는 수출업자가 Payee이고, 수입업자가 Payer이다.

정답: (4)

18. 수출업자와의 매매계약에 따라 수출업자 앞으로 신용장의 개설을 해 줄 것을 자신의 거래은행에 요청하거나 지시하는 자는?

    (1) Issuing Bank　　(2) Advising Bank　　(3) Beneficiary　　(4) Applicant

(해설)

신용장개설의뢰인(Applicant)은 수출업자와의 매매계약에 따라 수출업자 앞으로 신용장의 개설을 해 줄 것을 자신의 거래은행에 요청하거나 지시하는 자를 말한다.

정답: (4)

19. 다음 중 신용장의 본질적 특성에서 추상성과 가장 관계가 깊은 것은?

    (1) 물품　　(2) 서류　　(3) 기타 이행　　(4) 서비스

(해설)

추상성은 서류만을 가지고 심사한다는 원칙이므로 추상성과 관련이 있는 것은 서류이다.

정답: (2)

20. 다음 중 신용장의 특성이자 원칙으로 보기 어려운 것은?

    (1) 추상성   (2) 독립성   (3) 엄격일치의 원칙   (4) 무조건지급원칙

(해설)

신용장은 신용장의 제조건과 일치해야만 대금을 지급하는 조건부지급원칙을 가지고 있다.

정답: (4)

21. 신용장에 명기된 조건과 일치하는 한, 개설은행이 틀림없이 대금을 지급하겠다는 확약 하에 개설은행이 일단신용장을 발행하여 수익자에게 통지된 이상 그 유효기간 내에는 신용장의 기본당사자 전원의 동의가 없이는 일방적으로 신용장의 취소나 내용의 변경이 불가능한 신용장을 무엇이라고 하는가?

    (1) documentary credit   (2) clean credit

    (3) Unconfirmed Credit   (4) irrevocable credit

(해설)

취소불능신용장(irrevocable credit)이란 신용장에 명기된 조건과 일치하는 한, 개설은행이 틀림없이 대금을 지급하겠다는 확약 하에 개설은행이 일단신용장을 발행하여 수익자에게 통지된 이상 그 유효기간 내에는 신용장의 기본당사자 전원의 동의가 없이는 일방적으로 신용장의 취소나 내용의 변경이 불가능한 신용장을 말한다.

정답: (4)

22. 신용장상의 수익자가 선적을 완료한 후 수출대금의 회수를 위하여 발행하는 환어음의 매입은행을 신용장에서 금융관계·자금의 수배 또는 업무상의 연락 등으로 특정은행에 한정하고 있는 신용장은?

    (1) Confirmed Credit   (2) Special Credit

    (3) irrevocable credit   (4) documentary credit

(해설)

Special Credit(특정신용장, 매입제한신용장)이란 신용장상의 수익자가 선적을 완료한 후 수출대금의 회수를 위하여 발행하는 환어음의 매입은행을 신용장에서 금융관계·자금의 수배 또는 업무상의 연락 등으로 특정은행에 한정하고 있는 신용장을 말한다.

정답: (2)

23. 원래의 수익자가 신용장의 금액 전부나 일부를 제3자에게 양도할 수 있는 권한
이 부여된 신용장을 무엇이라고 하는가?

   (1) Sight Credit   (2) Transferable Credit   (3) Confirmed Credit   (4) Restricted Credit

(해설)

양도가능신용장(Transferable Credit)이란 원래의 수익자가 신용장의 금액 전부나 일부를 제3자
에게 양도할 수 있는 권한이 부여된 신용장을 말한다.

정답: (2)

24. 수익자인 수출업자가 받은 원신용장을 근거로 하여 수출품 또는 원자재 공급업
자에게 대금 지급을 보증하기 위해 수익자가 원신용장의 통지은행 또는 거래은
행에 의뢰하여 별도로 수출품 또는 원자재 공급업자를 수익자로 하여 발행하는
신용장을 무엇이라 하는가?

   (1) Special Credit   (2) irrevocable credit   (3) Usance Credit   (4) Local Credit

(해설)

내국신용장(Local Credit, Local L/C)이란 수익자인 수출업자가 받은 원신용장을 근거로 하여 수
출품 또는 원자재 공급업자에게 대금 지급을 보증하기 위해 수익자가 원신용장의 통지은행 또는 거
래은행에 의뢰하여 별도로 수출품 또는 원자재 공급업자를 수익자로 하여 발행하는 신용장을 말한다.

정답: (4)

25. 다음은 국제대금결제방식 중 송금방식에 대한 설명이다. 바르지 않은 것을 모두
고른 것은?

> 가. 송금방식에는 CWO, COD, CAD 등이 해당한다.
> 나. 소량의 견본대금을 치르는 방법으로 가장 좋은 것은 CAD이다.
> 다. COD는 상품공급과 동시에 대금지급이 이루어지는 결제방식이다.
> 라. CWO는 후불 방식이다.

   (1) 가, 나   (2) 가, 라   (3) 나, 다   (4) 나, 라

(해설)

소량의 견본대금을 치르는 방법으로 가장 좋은 것은 CWO, 송금방식 중 CWO는 선불 방식이다.

정답: (4)

26. 다음은 국제대금결제방식 중 D/A와 D/P에 대한 설명이다. 바르지 않은 것을
모두 고른 것은?

> 가. 추심결제방식의 하나로서 추심의뢰서에 D/A와 D/P에 대한 아무런 표기가 없
> 는 경우에는 D/A로 간주한다.
> 나. 추심의뢰인, 추심의뢰은행, 추심은행이 기본당사자이다.
> 다. D/P조건은 수입상이 추심은행에 대금결제를 하고 선적서류를 인도해 간다.
> 라. D/A조건은 수출업자에게 유리한 조건이다.

(1) 가, 나   (2) 가, 라   (3) 나, 다   (4) 나, 라

(해설)

추심결제방식의 하나로서 추심의뢰서에 D/A와 D/P에 대한 아무런 표기가 없는 경우에는 D/P로
간주하며, D/A조건은 수입업자에게 유리한 조건이다.

정답: (2)

27. 다음은 무신용장에 의한 대금결제방식에 관한 설명이다. (가)와 (나)의 결제방식
이 바르게 연결된 것을 고른 것은?

> (가) 수입업자인 무궁화상사(주)는 3개월 후에 대금을 지급하는 조건으로 상품을
> 수입하였다. 추심은행으로부터 선적서류와 환어음이 도착되었다는 통지를 받
> 고, 환어음을 인수한 후 선적서류를 받았다.
> (나) 수입업자인 한국물산(주)은 수출업자인 도미노상사(주)가 발행한 환어음의 제
> 시가 있으면 곧바로 대금을 지급하는 조건으로 상품을 수입하기로 하였다. 한
> 국물산(주)은 추심은행인 신한은행으로부터 선적서류와 환어음이 도착되었다
> 는 통지를 받고, 환어음 대금을 지급한 후 선적서류를 받았다.

(1) COD-CAD   (2) CAD-COD   (3) D/P-D/A   (4) D/A-D/P

(해설)

추심은행이 개입되어 있으므로 무신용장에 의한 대금결제방식 중 추심결제방식이며, (가)의 경우
"추심은행으로부터 선적서류와 환어음이 도착되었다는 통지를 받고, 환어음을 인수한 후 선적서류
를 받았다"고 하였으므로 인수도조건(D/A), (나)의 경우 "한국물산(주)은 추심은행인 신한은행으
로부터 선적서류와 환어음이 도착되었다는 통지를 받고, 환어음 대금을 지급한 후 선적서류를 받
았다"고 하였으므로 지급도 조건(D/P)에 해당한다.

정답: (4)

28. 다음의 대금결제방식에서 (가)와 (나)에 개입되는 환어음의 종류가 바르게 연결된 것은?

> (가) 대한상사(주)는 일본의 미수다상사(주)와 대금결제 있어서 대한상사(주)가 발행한 환어음의 제시가 있으면 곧바로 대금을 지급하는 조건으로 지갑을 수출하는 계약을 체결하였다. 미수다상사(주)는 추심은행으로부터 선적서류와 환어음이 도착되었다는 통지를 받고, 환어음 대금을 지급한 후 선적서류를 받았다.
> (나) 민국상사(주)는 대만의 대도상사(주)와 벨트를 수출하는 계약을 체결하였다. 대금 결제에 있어서는 민국상사(주)가 발행한 환어음이 제시되면 3개월 후에 대금을 지급하는 조건으로 계약을 체결하였다. 대도상사(주)는 추심은행으로부터 선적서류와 환어음이 도착되었다는 통지를 받고, 환어음을 인수한 후 선적서류를 받았다.

(1) Sight Draft — Usance Draft   (2) Usance Draft — Sight Draft
(3) Demand Draft — Sight Draft   (4) Usance Draft — Demand Draft

(해설)

환어음(Bill of Exchange)은 어음의 발행인이 지급인에 대하여 일정기일에 일정금액을 일정장소에서 지시인 또는 소지인에게 무조건 지급할 것을 위탁하는 요식증권이자 유통증권을 의미하며, 일람불어음(Sight Bill, Sight Draft)은 어음이 제시되면 즉시 지불되는 조건의 어음, 기한부 어음(Usance Bill, Usance Draft)은 제시된 후 일정 기간 후 지불되는 어음을 말한다.

정답: (1)

29. 다음은 D/A, D/P, Open account에 대한 설명이다. 바르지 않은 설명으로 묶은 것은?

> 가. 수출업자가 추심을 의뢰하는 수출업자의 거래은행을 collecting bank라고 부른다.
> 나. D/A, D/P거래에서 환어음의 지급인은 원칙적으로 수입업자가 된다.
> 다. Open account는 수입업자가 상품을 수취한 후 사후에 대금을 결제하는 사후송금방식으로 수입업자의 입장에서는 대금결제 전에 미리 상품의 품질 등을 점검할 수 있자는 점이 장점으로 작용된다.
> 라. Open account는 다른 대금결제방식에 비하여 은행수수료가 많이 소요된다는 점이 단점에 해당된다.

(1) 가, 나   (2) 가, 라   (3) 나, 다   (4) 나, 라

수출업자가 추심을 의뢰하는 수출업자의 거래은행을 remitting bank(추심의뢰은행)라고 부르며, Open account는 은행은 대금송금을 위한 단순창구에 불과하기 때문에 다른 결제방식에 비하여 결제 관련 수수료가 가장 낮은 장점이 있다.

정답: (2)

30. (주)대한상사는 신용장결제방식으로 양복지 원단을 영국으로부터 수입하였다. 보세구역에서 원단을 검사해 보니 매매계약서와 다른 원단일 뿐만 아니라 습기로 인하여 변색되고, 형태가 변질되었다. 급히 개설은행에게 대금지급을 거절하라고 요청하였으나 개설은행은 이를 거절하였다. 개설은행은 신용장의 어떠한 원칙에 의거하여 요청을 거절하였는가?

   (1) 지급금지명령의 원칙   (2) 서류상당일치의 원칙
   (3) 추상성의 원칙   (4) 독립성의 원칙

매매계약서에 언급된 물품의 품질이나 실질적인 물품인도의 확인 여부에 관계없이 은행은 신용장에서 요구하는 서류만을 가지고 대금지급 여부를 판단하는데, 이를 추상성의 원칙이라 하며, 이는 신용장의 맹점이자 한계라 할 수 있다.

정답: (3)

31. 다음은 신용장의 종류에 관한 설명이다. (가), (나), (다)에 해당하는 신용장의 종류가 바르게 연결된 것은?

> (가) 한국상사는 수익자가 발행한 환어음에 신용장조건과 일치하는 선하증권, 상업송장, 보험증권 등의 운송서류를 첨부할 것을 조건으로 지급, 인수 또는 매입할 것을 확약하는 신용장 개설하고자 한다.
> (나) 민국상사는 신용장에 명기된 조건과 일치하는 한, 개설은행이 틀림없이 대금을 지급하겠다는 확약 하에, 개설은행이 일단 신용장을 발행하여 수익자에게 통지된 이상 그 유효기간 내에는 신용장의 기본당사자 전원의 동의가 없이는 일방적으로 신용장의 취소나 내용의 변경이 불가능한 신용장을 개설하였다.
> (다) 무궁화상사는 환어음의 매입을 특정한 은행으로 제한하지 않고 아무 은행에서나 매입할 수 있도록 된 조건의 신용장을 개설하고자 한다.

	(가)	(나)	(다)
(1)	화환신용장	취소불능신용장	보통신용장
(2)	무담보신용장	취소가능신용장	특정신용장
(3)	화환신용장	취소가능신용장	특정신용장
(4)	무담보신용장	취소불능신용장	보통신용장

(해설)

화환신용장은 수익자가 발행한 환어음에 신용장조건과 일치하는 선하증권, 상업송장, 보험증권 등의 운송서류를 첨부할 것을 조건으로 지급, 인수 또는 매입할 것을 확약하는 신용장을 말하며, 취소불능신용장(Irrevocable credit)은 신용장에 명기된 조건과 일치하는 한, 개설은행이 틀림없이 대금을 지급하겠다는 확약 하에 개설은행이 일단 신용장을 발행하여 수익자에게 통지된 이상 그 유효기간 내에는 신용장의 기본당사자 전원의 동의가 없이는 일방적으로 신용장의 취소나 내용의 변경이 불가능한 신용장, 보통신용장(general credit, open credit)은 환어음의 매입을 특정한 은행으로 제한하지 않고 아무 은행에서나 매입할 수 있도록 된 조건의 신용장을 말한다.

정답: (1)

1. 정기선운송 방식에 있어서의 특징으로 보기 어려운 것은?

    (1) 사전에 작성되고 공표된 운항 일정에 의해서 사전에 정해진 특정한 항로만을 반복 운항한다.

    (2) 불특정 다수 하주의 소량화물이나 여객 및 우편물 등의 장거리 수송을 주요 대상으로 한다.

    (3) 고정된 항로(route), 운임(tariff) 등에 의하여 선사마다 평등한 서비스를 제공한다.

    (4) 운임은 그 당시의 수요와 공급에 의하여 결정되고 용선계약(charter party)에 의하는 것이 일반적이다.

(해설)

운임은 그 당시의 수요와 공급에 의하여 결정되고 용선계약(charter party)에 의하는 것이 일반적인 것은 부정기선운송의 특징이다.

정답: (4)

2. 실질적으로 본선상에 화물의 선적이 완료되었음을 표시하고 있는 선하증권을 무엇이라고 하는가?

    (1) on board B/L   (2) received for B/L   (3) clean B/L   (4) dirty B/L

(해설)

선하증권은 본선 상에 운송화물이 선적된 후에 발행되는데, 증권면에 Shipped 혹은 Shipped on Board와 같이 실질적으로 화물의 선적 완료를 표시한 것이 선적선하증권(shipped or on board B/L)이다.

정답: (1)

3. 비고란에 "5 bags torn"이라는 표시가 있게 되면 발행되는 선하증권은?

    (1) received for B/L   (2) clean B/L   (3) foul B/L   (4) straight B/L

(해설)

비고란에 "5 bags torn(5자루 째짐)" 등과 같이 선박회사가 인수할 당시 포장상태가 불완전하거나 수량이 부족하면 이 사실을 증권상에 기재하게 되며, 이런 사실이 기재된 선하증권을 사고부 선하증권(Foul B/L, Dirty B/L)이라고 한다.

정답: (3)

4. 선하증권상에 특정인을 수하인으로 표시하고 있는 선하증권은?

   (1) clean B/L   (2) shipped B/L   (3) order B/L   (4) straight B/L

(해설)

기명식선하증권(straight B/L)은 화물의 수취인으로서 수입자명이 기재된 선하증권으로서 무역화물에는 거의 이용되지 않고 있다.

정답: (4)

5. 단일 하주의 만재컨테이너화물(FCL Cargo)을 선적하고 운송하여 목적지의 화물집화소에서 컨테이너를 개봉하여 화물을 분류하여 여러 수입업자에게 화물을 인도하는 방법의 컨테이너운송 형태는 다음 중 어느 것인가?

   (1) CY－CY   (2) CFS－CFS   (3) CFS－CY   (4) CY－CFS

(해설)

CY－CFS 컨테이너운송 형태는 단일 하주의 만재컨테이너화물을 선적하고 운송하여 목적지의 화물집화소에서 컨테이너를 개봉하여 화물을 분류하여 여러 수입업자에게 화물을 인도하는 방법이다.

정답: (4)

6. 두 가지 이상의 운송방식과 수단으로 전 운송구간을 커버하려는 운송과 관련이 있는 것은?

   (1) 해상운송   (2) 항공운송   (3) 복합운송   (4) 육상운송

(해설)

1960년대 들어 국제간 교역량이 확대되자 하나의 운송방식과 수단으로써는 화물운송이 원만하지 못함에 따라 두 가지 이상의 운송방식과 수단으로 전 운송구간을 커버하려는 이른바 복합운송의 개념이 대두되었다.

정답: (3)

7. 다음 중 해상운송이 육상운송이나 항공운송에 비해 지니고 있는 장점으로 보기 어려운 것은?

   (1) 대량성   (2) 저렴성   (3) 신속성   (4) 장거리성

해상운송은 항공운송, 육상운송과 비교하여 신속성, 편리성, 안전성, 정확성 등의 면에서는 뒤떨어지지만 대량성, 장거리성, 저렴성을 가지고 있다.

정답: (3)

8. 상법에 규정된 법정기재사항의 기재를 필요로 한다는 선하증권의 법적 성질은?

   (1) 채권증권   (2) 요식증권   (3) 권리증권   (4) 요인증권

(해설)

요식증권이란 상법에 규정된 법정기재사항의 기재를 필요로 한다는 선하증권의 법적 성질을 말한다.

정답: (2)

9. 운송인 또는 그 대리인이 물품을 선적 또는 선적을 위하여 수취하였다는 요인이 있어야 비로소 발행된다는 선하증권의 법적 성질과 관련이 있는 것은 다음 중 어느 것인가?

   (1) 권리증권   (2) 요인증권   (3) 물권증권   (4) 유통증권

(해설)

요인증권은 운송인 또는 그 대리인이 물품을 선적 또는 선적을 위하여 수취하였다는 요인이 있어야 비로소 발행된다는 선하증권의 법적 성질을 말한다.

정답: (2)

10. 선하증권 상의 수하인란에 특정의 수하인명이 기재되지 않고 지시인만 기재하여 유통을 목적으로 한 선하증권을 무엇이라고 하는가?

   (1) straight B/L   (2) order B/L   (3) negotiable B/L   (4) non-negotiable B/L

(해설)

지시식선하증권(order B/L)은 B/L의 수하인란에 특정의 수하인명이 기재되지 않고, 단순히 "to order", "to the order of shipper", "to the order of 000 bank"와 같이 지시인(order)만 기재하여 유통을 목적으로 한 선하증권을 말한다.

정답: (2)

11. Full Set B/L이라고 하면 선하증권 몇 통을 얘기하는 것인가?

   (1) 2통   (2) 3통   (3) 4통   (4) 5통

(해설)

Full Set B/L은 3통을 의미하며 전부 원본(Original)이다.

정답: (2)

12. 다음은 선하증권과 관련한 설명이다. 바르게 설명한 것을 모두 고른 것은?

> 가. 선적선하증권(Shipped B/L, on board B/L)은 화물이 특정선박에 선적되었다는 취지가 기재된 선하증권이고, 수취선하증권(Received B/L)은 선사가 화주와의 운송계약에 의해 화물을 특정 인수장소에서 인수하고 본선에 적재되기 전에 발행되는 선하증권을 말한다.
>
> 나. 지시식 선하증권(Straight B/L)은 선하증권의 수하인란에 화물의 수하인이 기재된 선하증권으로 유통되지 않으므로 송하인의 배서가 필요 없으며, 기명식 선하증권(Order B/L)은 수하인란에 수하인명이 기재되지 않고 to order, to order of shipper, to order of － bank와 같이 기재된 유통가능 선하증권을 말한다.
>
> 다. 사고부 선하증권(Foul B/L)은 본선상에 화물을 선적할 때 화물의 상태에 이상이 있음을 비고란(Remarks)에 기재한 선하증권이고, 무사고 선하증권(Clean B/L)은 본선상에 화물을 선적할 때 화물의 상태에 이상이 없어 증권면에 외관상 좋은 상태로 선적됨이라고 표시된 선하증권을 말한다.
>
> 라. 기간경과 선하증권(Stale B/L)은 선하증권의 제시가 필요 이상으로 늦게 이루어진 선하증권으로서 선하증권 발행 후 28일이 지나 은행에 제시된 선하증권을 말하며, 신용장에 수리 가능하다는(Stale B/L Acceptable) 표현이 없다면 은행은 수리를 거절한다.

   (1) 가, 나   (2) 가, 다   (3) 나, 다   (4) 나, 라

(해설)

기명식 선하증권(Straight B/L)은 선하증권의 수하인란에 화물의 수하인이 기재된 선하증권으로 유통되지 않으므로 송하인의 배서가 필요 없으며, 지시식 선하증권(Order B/L)은 수하인란에 수하인명이 기재되지 않고 to order, to order of shipper, to order of － bank와 같이 기재된 유통가능 선하증권을 말한다.

－ 기간경과 선하증권(Stale B/L)은 선하증권의 제시가 필요 이상으로 늦게 이루어진 선하증권으로서 선하증권 발행 후 21일이 지나 은행에 제시된 선하증권을 말하며, 신용장에 수리 가능하다

는(Stale B/L Acceptable) 표현이 없다면 은행은 수리를 거절한다.

정답: (4)

13. 다음에서 설명하는 (가)와 (나)의 컨테이너 운송에 적합한 형태를 바르게 연결한 것은?

> (가) 수출업자인 한국의 대한상사는 수입업자인 일본의 요미상사에 일관된 운송방식으로 전체 화물을 운송하고자 한다.
>
> (나) 한국의 수출기업인 한국상사, 민국상사, 무궁화상사의 상품을 수입업자인 일본의 한신상사로 운송하고자 한다.

(1) (가) CY−CY, (나) CY−CFS   (2) (가) CY−CY, (나) CFS−CY

(3) (가) CFS−CY, (나) CY−CY   (4) (가) CFS−CFS, (나) CY−CY

(해설)

(가)는 CY−CY 컨테이너운송 형태로 한 명의 수출업자가 한 명의 수입업자에게 운송하는 형태, (나)는 CFS−CY 컨테이너운송 형태로 여러 명의 수출업자가 한 명의 수입업자에게 운송하는 형태를 말한다.

정답: (2)

14. 컨테이너운송의 장점으로 보기 어려운 것은?

(1) 컨테이너는 그 자체가 상품의 외포장의 역할을 하므로 포장비가 절감된다.

(2) 컨테이너에 의한 화물운송은 운송인들에게 화물취급편리, 신속한 운송 등 여러 가지 이득을 줌으로써 하주들은 할인된 운임을 적용받을 수 있다.

(3) 컨테이너의 최대 이점의 하나는 하역단계의 간소화에 따른 노동력의 절약과 화물의 기계적 처리로 인하여 하역비를 절감할 수 있다.

(4) 컨테이너로 운송할 수 없는 화물이 있다.

(해설)

컨테이너로 운송할 수 없는 화물이 있다는 것은 컨테이너운송의 단점이라 할 수 있다.

정답: (4)

15. 수출업자의 공장 또는 창고에서부터 수입업자의 창고까지 컨테이너에 의한 일관
　　수송형태로 수송되며, 운송 도중 컨테이너의 개폐 없이 수송 되는 컨테이너운송
　　형태는?
　　(1) CFS－CFS　　　(2) CFS－CY　　　(3) CY－CFS　　　(4) CY－CY

（해설）

CY－CY 컨테이너운송 형태는 수출업자의 공장 또는 창고에서부터 수입업자의 창고까지 컨테이너
에 의한 일관수송형태로 수송되며, 운송도중 컨테이너의 개폐 없이 수송된다.

정답: (4)

16. 운송인이 여러 하주로부터 컨테이너에 운송하여 목적항의 화물집화소(CFS)에서
　　여러 수하인에게 화물을 인도하는 방법에 해당하는 컨테이너운송형태는?
　　(1) CY－CFS　　　(2) CY－CY　　　(3) CFS－CFS　　　(4) CFS－CY

（해설）

CFS－CFS 컨테이너운송 형태는 운송인이 여러 하주로부터 컨테이너에 운송하여 목적항의 화물
집화소(CFS)에서 여러 수하인에게 화물을 인도하는 방법을 의미한다.

정답: (3)

17. 대규모 수입업자가 여러 송하인들로부터 각 컨테이너만재화물(LCL Cargo)들
　　을 인수하여 일시에 자기지정창고까지 운송하고자 하는 경우에 이용되는 컨테이
　　너 운송형태는?
　　(1) CFS－CY　　　(2) CY－CFS　　　(3) CY－CY　　　(4) CFS－CFS

（해설）

CFS－CY 컨테이너운송 형태는 대규모 수입업자가 여러 송하인들로부터 각 컨테이너만 재화물
(LCL Cargo)들을 인수하여 일시에 자기 지정창고까지 운송하고자 하는 경우에 이용된다.

정답: (1)

18. 보험자와 보험계약을 체결하는 자는 누구인가?
　　(1) insurer　　　(2) assurer　　　(3) underwriter　　　(4) policy holder

(해설)

보험계약자(policy holder)는 보험자와 보험계약을 체결하는 자이다.

정답: (4)

19. 보험계약의 체결 시 보험목적물의 위험의 정도나 성질에 영향을 미치는 중요 사실(material facts)에 대하여 보험계약자 또는 피보험자가 보험자에게 최대선의에 의거하여 계약이 체결될 수 있도록 구두 또는 서면으로 진술할 의무를 무엇이라고 하는가?

   (1) 피보험이익   (2) 위부   (3) 고지의무   (4) 담보의무   (5) 공동해손

(해설)

고지의무란 보험계약의 체결 시 보험목적물의 위험의 정도나 성질에 영향을 미치는 중요 사실(material facts)에 대하여 보험계약자 또는 피보험자가 보험자에게 최대선의에 의거하여 계약이 체결될 수 있도록 구두 또는 서면으로 진술할 의무를 말한다.

정답: (3)

20. 다음 중 보험계약의 당사자로서 보험사고가 발생한 경우에 보험금을 지급할 의무를 지는 자는?

   (1) policy holder   (2) insurer   (3) assured   (4) insurable interest

(해설)

보험자(insurer)는 보험계약의 당사자로서 보험사고가 발생한 경우에 보험금을 지급할 의무를 지는 자를 말한다.

정답: (2)

21. 해상고유의 위험(perils of the seas) 중에서 S.S.C. 위험에 해당하지 않는 것은?

   (1) stranding   (2) collision   (3) sinking   (4) surprisals

(해설)

해상고유의 위험(perils of the seas) 중에서 S.S.C. 위험이란 침몰(sinking), 좌초(stranding), 충돌(collision)을 의미한다.

정답: (4)

22. 다음에서 보험계약자와 피보험자가 상이한 조건에 해당하는 것은 무엇인가?

    (1) FOB   (2) CFR   (3) CIF   (4) FCA   (5) CPT

(해설)

Incoterms2010에서 운임보험료포함인도조건(CIF)은 수출업자가 운임과 보험료를 지불하면서 운임계약과 보험계약을 체결하는 조건으로 보험계약 체결 시 보험계약자는 수출업자이나 피보험이익의 주체로서 피보험자는 수입업자이다. 그러므로 CIF조건에서는 보험계약자와 피보험자가 상이하다.

정답: (3)

23. 다음은 영국해상보험법(MIA)에서 규정하고 있는 고지의무위반과 담보의무위반을 비교하여 설명한 것이다. 그 설명이 바르지 않은 것은?

    (1) 고위의무위반은 보험계약의 취소, 담보위반은 보험계약의 해지와 관련이 있다.
    (2) 피보험자의 고지의무위반사항은 반드시 중요한 사항이어야 한다.
    (3) 담보위반은 위반내용이 중요하든 하지 않든 무조건 보험계약이 해지될 수 있다.
    (4) 고위의무위반 시에 보험료는 일부반환되고, 담보위반은 전부 반환이 된다.

(해설)

영국해상보험법(MIA)에서는 고위의무위반 시에 보험료는 전부반환되고, 담보위반은 일부 반환을 규정하고 있다.

정답: (4)

24. 해상사업을 영위하는 무역업자들이 선박이나 화물을 담보로 하여 금융업자로부터 일정한 금액을 융자받아 항해가 무사히 종료되면 원금과 이자를 상환하고 만일 해상사고로 인하여 항해를 종료하지 못하면 원금과 이자를 상환하지 않는 제도와 관련이 있는 것은 다음 중 어느 것인가?

    (1) 길드   (2) 서민조합   (3) 모험대차   (4) 롬바드   (5) 한자동맹

(해설)

모험대차는 해상사업을 영위하는 무역업자들이 선박이나 화물을 담보로 하여 금융업자로부터 일정한 금액을 융자받아 항해가 무사히 종료되면 원금과 이자를 상환하고 만일 해상사고로 인하여 항해를 종료하지 못하면 원금과 이자를 상환하지 않는 제도이다.

정답: (3)

25. 보험은 분류기준에 따라 여러 가지로 구분된다. 다음 중 해상보험의 성격과 관련이 있는 보험의 종류를 모두 고른 것은?

가. 공보험   나. 사영보험   다. 정액보험   라. 임의보험   마. 물건보험

(1) 가, 나, 마   (2) 나, 다, 라   (3) 나, 라, 마   (4) 다, 라, 마

(해설)

해상보험은 민간보험회사가 운영하는 사영보험이며, 강제성을 가지고 있지 않은 임의보험이고, 물건에 대해 부보하는 성격을 지니고 있다.

정답: (3)

26. 다음의 보기는 해상보험계약을 비롯한 보험계약이 지니는 법적 성질에 대한 설명이다. 올바르게 설명하고 있는 것을 모두 고른 것은?

가. 낙성계약이란 계약의 성립을 위하여 당사자 간의 합의 외에는 다른 특별한 방식을 필요로 하지 않는다는 계약을 말한다. 나. 유상계약은 계약의 효과로서 당사자들이 상호 대가를 치른다는 의미로 출연을 행하는 계약을 말한다. 다. 사행계약이란 당사자에게 발생하는 손실 또는 이익이 불확실한 사건의 발생과 관련되는 계약을 말한다. 라. 불요식계약이란 당사자 쌍방의 의사표시 합치만으로 성립하는 계약을 말한다.

(1) 가, 나   (2) 가, 라   (3) 나, 다   (4) 나, 라   (5) 다, 라

(해설)

해상보험계약은 계약의 성립을 위하여 당사자 간의 합의 외에는 다른 특별한 방식을 필요로 하지 않는다는 불요식계약이며, 계약의 효과로서 당사자들이 상호 대가를 치른다는 의미로 출연을 행하는 유상계약이고, 당사자에게 발생하는 손실 또는 이익이 불확실한 사건의 발생과 관련되는 사행계약과 당사자 쌍방의 의사표시 합치만으로 성립하는 낙성계약의 성질을 지니고 있다.

정답: (3)

27. 해상보험계약에서 해상보험료를 지불하는 당사자는?

(1) 피보험자   (2) 보험자   (3) 피보험자 및 보험자   (4) 피보험자 혹은 보험자

（해설）

해상보험을 비롯한 모든 보험계약에서 보험료를 지불하는 당사자는 피보험자이다.

정답: (1)

28. 해상보험료의 법률적 의미를 잘 설명하는 것은?

    (1) 생산원가   (2) 판매가격   (3) 반대급부   (4) 유가약인

（해설）

해상보험료의 법률적 의미를 잘 설명하는 것은 유가약인이다. 즉 해상보험계약에서 피보험자의 보험료 지급과 보험자의 손해보상이 반대급부로서 약속된다. 생산원가와 판매가격 등은 모두 보험료의 경제적 의미를 설명하는 것이다.

정답: (4)

29. 추정보험가액은 3,000,000원이고, 연간 이재율은 2/100이고, 보험가입 희망자 수는 100명이다. 경상경비, 안전적립금 등은 500,000원으로 추정하고 있다. 이 경우 순보험료와 부가보험료를 계산해보면?

    (1) 60,000원 및 5,000원   (2) 50,000원 및 5,000원   (3) 40,000원 및 6,000원
    (4) 30,000원 및 6,000원   (5) 20,000원 및 6,000원

（해설）

추정보험가액이 3,000,000원이고, 연간 이재율은 2/100이므로 적어도 보상기금으로 6,000,000원을 준비해야 한다. 이를 가입자 100명으로 나누게 되면 일인당 60,000원씩 부담하게 된다. 그리고 경상경비, 안전적립금 등이 500,000원이기 때문에 이를 가입자 100명으로 나누면 일인당 5,000원 꼴이 된다.

정답: (1)

30. 적하보험요율에 영향을 미치는 요소로 볼 수 없는 것은?

    (1) 화물의 종류   (2) 운송선박   (3) 선장명   (4) 운송항로

（해설）

과거에는 선장의 실력 여하에 따라 항해가 무사히 끝날 수 있었기 때문에 선장이 누구냐에 따라 보험요율 차이가 있었지만 오늘날에는 전혀 영향을 미치고 있지 않다.

정답: (3)

31. 공동해손에 관한 규칙은 York-Antwerp Rules(YAR, 2004)이 국제상관습
상 적용되고 있다. York-Antwerp Rules(YAR, 2004)의 규정에 근거할
때 공동해손희생손해로 보기 어려운 것은?

(1) 화물의 투하로 인하여 발생한 손해　　(2) 구조를 하려다 발생한 손해
(3) 고의 좌초에 의한 화물손해　　　　　　(4) 피난항에서 하역작업 중 발생하는 손해

(해설)
구조를 하려다 발생한 손해는 구조료에 해당하며, 구조료는 비용손해에 해당한다.

정답: (2)

32. Lloyd's S. G. Policy에서 담보되는 해상위험(Perils on the Seas)에 포
함되는 것으로 보기 어려운 것은?

(1) Thieves　　(2) Jettison　　(3) Stranding　　(4) Fires

(해설)
Stranding(좌초)은 해상고유의 위험에 해당한다.

정답: (3)

33. 일부보험이란 보험목적물의 가액 일부만을 보험에 붙인 경우를 말한다. 다음과
같은 손해가 발생하였다고 할 때 청구할 수 있는 보험금은 얼마이겠는가?

> 인천에서 싱가포르로 향하던 기계가 선박의 침수로 인하여 해상손해를 입었다. 보
> 험가액은 USD100,000이고, 보험금액은 USD50,000이다. 손해를 입은 피해액은
> USD40,000이다.

(1) USD25,000　(2) USD20,000　(3) USD15,000　(4) USD10,000　(5) USD5,000

(해설)
보험금액이 보험가액보다 적으므로 일부보험에 해당한다. 손해를 입은 피해액이 USD40,000이므
로 '(50,000/100,000)×40,000=20,000'이다. 즉 일부보험의 경우 '(보험금액/보험가액)×실
제피해금액'에 의해 산정하므로, 청구할 수 있는 보험금 USD20,000이다.

정답: (2)

34. 다음은 위부와 대위에 관한 설명이다. 위부와 대위에 관한 설명으로 올바르지 않은 것은?

   (1) 대위의 원칙에 의해서 보험자가 취득하는 권리는 보험목적물에 대한 소유권과 제3자에 대한 손해배상청구권으로 나누어진다.

   (2) 위부는 피보험자가 전손보험금을 청구하기 위하여 잔존물에 대한 권리를 보험자에게 포기하는 것을 말한다.

   (3) 대위는 보험목적물에 관련되는 일체의 권리를 피보험자로부터 승계하는 것을 의미한다.

   (4) 대위는 해상보험에서만 통용되지만 위부는 해상보험을 비롯한 모든 손해보험에 통용된다.

   (5) 대위는 피보험자가 가해자로부터 보상을 받고 다시 손해배상을 보험자에게 청구하게 되면 이중으로 보상을 받게 되는 것을 방지하기 위한 것이다.

(해설)

위부는 해상보험에서만 통용되지만 대위는 해상보험을 비롯한 모든 손해보험에 통용된다.

정답: (4)

35. 다음은 담보위험과 면책위험에 대한 설명이다. 이에 대한 설명이 바르지 않은 것은?

   (1) 담보위험이 아닌 위험은 자동적으로 면책위험이 된다.

   (2) 담보위험은 그 범위가 넓을수록 보험료율은 증가한다.

   (3) 현행 적하보험에서 사용되고 있는 B약관과 C약관은 열거책임주의를 채택하고 있다.

   (4) 열거책임주의 하에서는 입증책임이 보험자에게 있지만 포괄책임주의 하에서는 피보험자에게 있다.

(해설)

열거책임주의 하에서는 입증책임이 피보험자에게 있지만 포괄책임주의 하에서는 보험자에게 있다.

정답: (4)

36. 영국해상보험법(MIA)상 이로(deviation)가 허용되지 않는 경우에 해당하는 것은?

   (1) 선장 및 그의 고용주의 힘이 미치지 못하는 사정으로 인하여 일어나는 경우

   (2) 인명구조 혹은 인명이 위험에 빠질 우려가 있는 조난선을 구조하기 위한 경우

   (3) 선주가 선장에게 항로의 변경을 지시하여 항로변경이 있을 경우

(4) 선상에 있는 자에게 내과 또는 외과치료를 하기 위하여 합리적으로 필요한 경우

(해설)
선주가 선장에게 항로의 변경을 지시하여 항로변경이 있을 경우는 이로가 허용되지 않는다.

정답: (3)

37. 협회적하약관(ICC)과 영국해상보험법상에 공통으로 적용되는 보험자의 면책위험에 해당하지 않는 것은 다음 중 어느 것인가?
   (1) 보험목적물 고유의 하자 또는 성질   (2) 피보험자의 고의적 불법행위
   (3) 항해의 지연으로 인한 손해   (4) 쥐 혹은 벌레에 의한 손해

(해설)
쥐 혹은 벌레에 의한 손해는 영국해상보험법 상에서만 적용되는 면책위험이다.

정답: (4)

38. 피보험이익에 관한 다음의 설명에서 가장 적합하지 못한 것은?
   (1) 보험계약을 체결할 수 있는 혜택 혹은 권한을 말한다.
   (2) 이를 가지는 당사자를 피보험자라 한다.
   (3) 보험목적물에 대해서 금전적 혹은 정신적 이해관계를 가질 경우이다.
   (4) 피보험이익을 부정하는 계약은 법적으로 무효이다.

(해설)
보험목적물에 대해서 정신적 이해관계를 가질 경우 피보험이익은 성립되지 않는다.

정답: (3)

39. 다음 중 피보험이익의 요건에 해당되지 않은 것은?
   (1) 공공성   (2) 경제성   (3) 합법성   (4) 확실성

(해설)
공공성은 피보험이익의 요건에 해당되지 않는다.

정답: (1)

40. 다음의 설명 중에서 소급보상의 의미로 볼 수 없는 것은?

   (1) 보험목적물의 멸실 여부를 불문에 붙인다는 의미이다.

   (2) 보험계약 체결 전 발생한 사고에 대해서도 보험자가 보상한다는 의미이다.

   (3) 보험사고 발생 사실 여부를 보험자나 피보험자 모두 모르고 있어야 성립된다.

   (4) 피보험자에게 득이 될 수 있기 때문에 모든 해상보험에 적용되고 있다.

(해설)

소급보상은 해상적하보험에서만 적용되고 있다.

정답: (4)

41. 다음 중에서 보험가액의 설명에 해당되는 것은?

   (1) 보험목적물의 실제 가치   (2) 보험에 가입한 금액

   (3) 사고 발생 시 손해 사정 금액   (4) 보상금

(해설)

보험가액은 보험목적물의 실제 가치를 말한다.

정답: (1)

42. 선박의 법정보험가액을 산정할 때 정하는 기준으로 적합한 것은?

   (1) 선박의 사고 발생 시점의 가액

   (2) 보험계약 체결 시점의 가액

   (3) 보험자의 책임이 시작되는 시점의 가액

   (4) 보험자와 피보험자가 보험가액을 최종 합의한 시점

(해설)

선박의 법정보험가액은 보험자의 책임이 시작되는 시점의 가액을 기준으로 한다.

정답: (3)

43. 일차위험보험의 설명으로 적합한 것은?

   (1) 보험가액과 보험금액을 비교하여 비례 보상하는 방법

   (2) 보험금액 범위 내에서 실손 보상을 하는 방법

   (3) 보험금액에 상관없이 무조건 비례 보상하는 방법

(4) 보험가액과 보험금액을 비교해서 실손 보상하는 방법

(해설)
일부보험의 경우 비례 보상하지 않고 보험금액 범위 내에서 실손 보상을 하는 방법을 말한다.

정답: (2)

44. 다음 중 중복보험의 성립요건으로 볼 수 없는 것은?
(1) 담보위험의 동일성　　(2) 보험기간의 동일성
(3) 전부보험의 성립　　(4) 복수의 보험계약

(해설)
중복보험이 성립되려면 초과보험이 되어야 한다.

정답: (3)

45. 보험계약에 부수하는 손해방지의무를 이행함에 있어서 피보험자가 입은 비용손해를 무엇이라고 하는가?
(1) 구조료(Salvage Charge)　　(2) 특별비용(Special Charge)
(3) 손해방지비용(Sue and Labour Charge)　(4) 현실전손(Actual Total Loss)

(해설)
손해방지비용(Sue and Labour Charge)이란 보험계약에 부수하는 손해방지의무를 이행함에 있어서 피보험자가 입은 비용손해를 말한다.

정답: (3)

1. 중재(arbitration)의 특징을 설명하고 있는 다음의 설명이 바르지 않은 것은?

(1) 사전중재합의이든 사후중재합의이든 중재합의 대상에 이미 포함되어 있는 분쟁은 소송의 대상이 될 수 없다.

(2) 조정인이 선임된 날로부터 30일 이내에 조정이 성립되지 않으면 그 조정절차는 자동적으로 폐지되고 이후 중재제도에 의한 분쟁해결신청을 할 수 없다.

(3) 중재는 당사자 간에 중재에 의하여 분쟁을 해결할 것을 약정하는 중재합의가 있어야 가능하다.

(4) 우리나라의 경우 심리(hearing)의 종결일로부터 30일 이내에 판정함을 원칙으로 한다.

(해설)

조정인이 선임된 날로부터 30일 이내에 조정이 성립되지 않으면 그 조정절차는 자동적으로 폐지되고 이후 중재제도에 의한 분쟁해결신청을 할 수 있다.

정답: (2)

2. 다음 중 신속절차에 의한 중재에 대한 설명 중에서 바르지 않은 것은?

(1) 심리는 1회로 종결함이 원칙이나 상당한 이유가 있다고 인정되는 경우 심리를 재개할 수 있다.

(2) 당사자 간에 별도의 합의가 없는 경우 사무국이 중재인명부에서 1인의 중재인을 선정한다.

(3) 당사자 간에 신속절차에 따르기로 합의한 중재사건 또는 신청금액이 1억 원 이하인 국내중재의 경우에 적용한다.

(4) 심리는 2회로 종결함을 원칙으로 한다.

(해설)

신속절차에 의한 중재의 경우 심리는 1회로 종결함을 원칙으로 한다. 다만 중재판정부가 상당한 이유가 있다고 인정하는 경우에는 심리를 재개할 수 있다.

정답: (4)

3. 다음 중 중재에 대한 설명으로 올바른 것은?

(1) 중재판정은 국제적인 효력을 인정받으므로 판결자체로 해당국에서의 집행력을 갖는다.

(2) 중재절차가 진행 중에는 당사자의 화해로 종료할 수 없다.

(3) 중재는 중재합의문에 기재된 준거법을 따른다.
(4) 중재신청은 서면에 의해야 하지만 여의치 않을 경우 전화, 구두 등으로도 접수가 가능하다.

(해설)

중재판정은 국제적인 효력을 인정받으므로 판결자체로 해당국에서의 집행력을 가지고 있지 않으며, 중재절차가 진행 중에는 당사자의 화해로 종료할 수 있다. 중재신청은 반드시 서면에 의해야 한다.

정답: (3)

4. 제3자의 개입에 의한 해결은 당사자 간에 원만하게 해결할 수 없을 때, 즉 거래 당사자의 주장이 대립될 때, 쌍방 혹은 일방의 감정이 악화되어 제3자의 냉정한 판단이 필요할 때, 상대방의 무성의로 타협이나 양보가 힘들 때, 학식이나 경험이 많은 제3자를 개입하여 분쟁을 해결하는 방법을 말하는데 다음 중 이에 해당하지 않는 것은?
   (1) 화해   (2) 중재   (3) 알선   (4) 조정   (5) 소송

(해설)

화해는 제3자의 개입 없이 당사자에 의해 분쟁을 해결하는 방법이다.

정답: (1)

5. 다음 중 금전 이외의 청구를 내용으로 하는 무역클레임에 해당하는 것으로 보기 어려운 것은?
   (1) 계약이행청구   (2) 손해배상청구   (3) 잔여계약분의 해제요청   (4) 화물의 인수거절

(해설)

손해배상청구는 금전의 청구에 의한 무역클레임에 해당한다.

정답: (2)

6. 상품의 시세가 급격히 하락한 경우 수입업자는 여러 가지 이유를 들어 계약상품의 인수거부나 가격인하를 요구하는 클레임과 관련이 있는 것은?
   (1) 운송클레임   (2) 보험클레임   (3) 위장적 클레임   (4) 의도적 악성 클레임

위장적 클레임은 상품의 시세가 급격히 하락한 경우 수입업자는 여러 가지 이유를 들어 계약상품의 인수거부나 가격인하를 요구하는 클레임을 말한다.

정답: (3)

7. 금전의 청구를 내용으로 하는 클레임 중에서 손해배상청구를 할 수 없는 경우에 해당하는 것은?

    (1) 선적 불이행 시   (2) 부당한 계약해제 시
    (3) 신용장개설 지연이나 불개설시   (4) 신용장조건과 서류가 불일치할 때

(해설)

신용장조건과 서류가 불일치할 때는 네고(Nego)의 경우 매입은행이 수출대금회수를 위한 매입대금 결제를 거절하는 것이지 손해배상청구를 하는 것이 아니다.

정답: (4)

8. 다음은 상사중재의 장점에 관한 설명들이다. 올바르게 설명한 것을 모두 고른 것은?

> 가. 비공식적인 절차로 진행된다.
> 나. 약정 또는 법정기한 내에 단심으로 종결한다.
> 다. 중재인은 법률에 구속됨이 없이 스스로 양식에 따라 판정함으로써 판정기준이 애매하여 주관이 개입될 위험이 있다.
> 라. 중재인은 자기를 선임한 당사자의 대리인의 이익을 보호하려는 경향이 있다.

    (1) 가, 나   (2) 가, 라   (3) 나, 다   (4) 다, 라

(해설)

중재인은 법률에 구속됨이 없이 스스로 양식에 따라 판정함으로써 판정기준이 애매하여 주관이 개입될 위험이 있는 것과 중재인은 자기를 선임한 당사자의 대리인의 이익을 보호하려는 경향이 있는 것은 상사중재의 단점에 해당한다.

정답: (1)

9. 클레임과 분쟁해결에 대한 다음의 설명 중에서 가장 거리가 먼 것은?

    (1) 중재제도에서 중재인의 수는 서로 약정되지 않았다면 3인으로 구성된다.
    (2) 중재판정은 그 자체로는 집행력이 없으므로 해당국법원의 집행판결일 있어야 한다.

    (3) 우리나라 상법에서는 즉시 발견할 수 없는 하자는 3개월 이내에 이를 발견한 때에
        즉시 통지하도록 하고 있다.
    (4) 중재판정은 법원의 확정판결과 동일한 효력을 갖는다.

(해설)

우리나라 상법에서는 즉시 발견할 수 없는 하자는 6개월 이내에 이를 발견한 때에 즉시 통지하도록 하고 있다.

정답: (3)

10. 중재판정과 중재판정의 효력에 대한 설명으로 바르지 않은 것을 고른 것은?

> 가. 중재판정의 국내적 효력은 법원의 최고심 확정판결과 동일한 효력을 지닌다.
> 나. 항소 또는 상고는 있을 수 없으며, 당사자의 불복, 중재인의 판정 철회 또는
>   변경을 할 수 없다.
> 다. 중재판정은 당사자를 구속하는 기판력과 함께 집행력도 부여되어 있다.
> 라. 중재판정은 개인의 재산권보호에 목적이 있는 것이며, 법원의 적법판결이 없어
>   도 집행이 가능하다.
> 마. 중재판정은 서면으로 작성하여 중재인이 서명 날인하고 중재판정에 대한 주문
>   및 이유의 요지와 작성연월일을 기재해야 한다.

    (1) 가, 마   (2) 나, 마   (3) 다, 라   (4) 라, 마

(해설)

중재판정은 당사자를 구속하는 기판력은 부여되어 있으나 집행력은 부여되어 있지 않으며, 중재판정은 법원의 적법판결이 있어야 집행이 가능하다.

정답: (3)

11. 상사중재제도에 대한 다음의 설명 중에서 그 내용이 올바른 것은?

    (1) 우리나라 중재법에서는 중재판정의 불복은 대법원을 통해서 재심 청구소송을 낼
        수 있도록 하고 있다.
    (2) 중재로 해결하기로 합의한 분쟁이더라도 소송제기를 하면 이에 따라야 한다.
    (3) 조정절차에 대해서는 대부분 중재규칙의 내용에 포함되어 있기 때문에 조정절차
        에 관한 별도의 규칙은 아직 마련되어 있지 않다.
    (4) 분쟁발생의 시기와 관계없이 당사자 간에 중재합의가 있어야만 중재로 분쟁을 해
        결할 수 있다.

(해설)

우리나라 중재법에서는 중재판정의 불복은 재심 청구소송을 낼 수 없도록 하고 있으며, 중재로 해결하기로 합의한 분쟁은 소송제기를 할 수 없으며, 조정절차에 대한 별도의 규칙이 마련되어 있다.

정답: (4)

12. 다음은 중재에 대한 설명들이다. 가장 올바르게 설명하고 있는 것은?

(1) 뉴욕협약에 따르면 당사자 간에 준거법 지정이 없는 경우에는 특별한 합의가 없는 한 의사표현의 정확성을 기하기 위하여 영어 또는 불어로 진행되도록 하고 있다.

(2) 조정인이 제시한 조정안은 최종적이므로 당사자는 불복할 수 없다.

(3) 화해나 조정이 성립되어 판정문에 기재되면 중재판정과 동일한 효력을 갖는다.

(4) 분쟁은 서면으로 작성된 중재계약서에 의한 중재합의 범위 내에 속해 있어야 하며 전보나 텔렉스로 교환된 중재합의는 인정되지 않는다.

(해설)

화해나 조정이 성립되어 판정문에 기재되면 중재판정과 동일한 효력을 가지고 있다. 전보나 텔렉스로 교환된 중재합의는 인정하고 있으며, 조정안에 대해 당사자는 불복할 수 있다.

정답: (3)

13. 무역클레임의 해결방법으로 다음의 설명에서 바르지 않은 것은?

(1) 조정이란 당사자 일방 또는 쌍방의 요청에 의해 선임된 제3자를 조정인으로 선임하고, 제시된 조정안에 따라 클레임을 해결하는 방법으로서 조정안에 대한 수락의무는 없다.

(2) 중재판정은 불법을 제외하고는 법원의 확정판결과 동일한 효력을 지니며 재심을 요구하지 않는다.

(3) 클레임의 포기(Waiver of Claim)는 피해자가 피해보상을 받고 분쟁을 끝내는 것으로서 절차상 가장 합리적인 방법이다.

(4) 중재판정으로 인한 효력은 중재판정의 승인과 집행에 관한 UN협약의 체약국 내에서 그 승인과 집행이 보장된다.

(해설)

가장 좋은 클레임의 해결방법은 클레임의 포기(Waiver of Claim)라기보다는 당사자 간에 의한 합의를 통하여 우의적으로 해결하는 것이다.

정답: (3)

14. 분쟁해결수단으로서의 중재의 적용대상과 요건에 대한 다음의 설명 중에서 올바르지 않은 것은?

    (1) 분쟁이 반드시 현실적으로 존재하여야 한다.

    (2) 분쟁은 법률문제로서 서면에 의한 중재합의 범위 내에 속해야 한다.

    (3) 중재당사자는 권리와 의무의 주체로서 당사자 적격성에 결격사유가 없어야 한다.

    (4) 중재대상은 매매당사자뿐만 아니라 국가와 국가 간의 분쟁까지도 포함한다.

(해설)

국가와 국가 간의 분쟁은 적용대상에 해당하지 않는다.

정답: (4)

15. 중재계약의 효력과 판정에 대한 설명 중에서 사실과 거리가 먼 것은?

    (1) 중재판정은 동종의 사건이라도 중재인에 따라 다른 판정 가능성이 존재하므로 법적 안정성은 결여되어 있다.

    (2) 중재판정은 비합리적이고 편파적으로 이루어졌다고 의심될 경우 중재판정취소의 소를 통하여 구제받을 수 있다.

    (3) 중재계약이 무효이거나 효력을 상실 또는 이행불능일 경우에는 법원에 소송을 제기할 수 있다.

    (4) 중재합의는 합의전후를 불문하고 중재합의가 이루어졌다면 소송을 제기하여 구제를 요청할 수 없다.

(해설)

중재판정이 중재합의의 대상이 아닌 분쟁을 다룬 사실 또는 중재판정이 중재합의의 범위를 벗어난 사항을 다룬 사실일 경우 중재판정취소의 소를 할 수 있다.

정답: (2)

무역학 연습 모의시험

제1회

1. 무역계약은 청약(offer)과 승낙(acceptance)에 의해 성립한다. 다음의 보기 중에서 청약에 관한 올바른 설명을 모두 고른 것은 어느 것인가?

> 가. 계약을 성립시킬 목적으로 청약자가 피청약자에게 행하는 확정적인 의사표시이다.
> 나. 본질적으로 상대방의 승낙에 의하여 합의로 전환될 수 있는 청약은 특정한 조건이 승낙되면 법적인 구속력을 가지는 명확한 약속으로 구성되어야 한다.
> 다. 구체적이고 확정적인 의사표시이기 때문에 청약은 반드시 서면으로 하여야 한다.
> 라. 청약의 효력 발생 시기는 발신주의 원칙이 준수된다.

(1) 가, 나　　(2) 가, 라　　(3) 나, 다　　(4) 나, 라　　(5) 다, 라

2. 다음은 무역의 유형에 대한 설명이다. 다음의 보기에서 올바르게 설명한 것을 모두 고른 것은?

> 가. 우회무역은 수출국과 수입국 사이에 외교관계가 없거나 수입규제 내지 외환통제 등에 의해 직접거래가 어려울 경우 이러한 규제나 통제를 받지 않는 제3국을 통하여 이루어지는 무역을 말한다.
> 나. 중국의 무역상이 한국의 무역상으로부터 자동차를 대당 USD10,000에 수입하여 필리핀으로 USD11,000에 재수출하였다고 한다면 이는 중개무역의 형태라고 할 수 있다.
> 다. 중계무역은 매매계약은 수출입 양국 당사자 사이에 맺어지고 대금결제에 관해서만 제3국의 업자를 개입시키는 무역이다.
> 라. 통과무역은 수출물품이 수출국에서 수입국으로 직접 송부되지 않고 제3국을 통과하여 수입국으로 송부되는 경우에 제3국의 입장에서 본 무역거래 형태이다.

(1) 가, 나　　(2) 가, 라　　(3) 나, 다　　(4) 나, 라　　(5) 다, 라

3. 한국의 통화가치가 하락하였다고 할 경우 한국에 미치는 영향에 관한 다음 설명 중에서 바르지 않은 것을 모두 고른 것은?

> 가. 한국의 외채부담을 감소시킬 것이다.
> 나. 한국의 상품수출이 증가할 것이다.
> 다. 한국으로의 관광객 수는 감소할 것이다.
> 라. 한국의 상품수입이 감소할 것이다.

(1) 가, 나　　(2) 가, 라　　(3) 가, 다　　(4) 나, 라　　(5) 다, 라

4. 다음의 보기에서 자본수지를 구성하는 항목에 해당하는 것을 모두 고른 것은 어느 것인가?

> 가. 중국기업에게 상표권을 처분하였다.
> 나. 호주에서 1주일 동안 여행경비를 사용하였다.
> 다. 미국에 유학하고 있는 아들에게 5,000달러를 송금하였다.
> 라. 영국에 있는 기업에게 저작권 사용료를 지불하였다.
> 마. 일본의 채권을 매입하였다.

(1) 가, 나, 다　　(2) 나, 라, 마　　(3) 가, 마　　(4) 다, 라　　(5) 라, 마

5. 말레이시아는 자동차 수입시장에서 소국의 위치에 있는 국가라고 한다. 만약 말레이시아가 국내 자동차 산업을 보호하기 위해 자동차 수입에 대하여 관세를 부과한다고 할 때 발생될 수 있는 효과에 대한 설명으로 바른 것을 모두 고른 것은?

> 가. 말레이시아 자동차 생산자의 소득이 감소한다.
> 나. 말레이시아 경제의 총잉여가 증가하여 국민복지가 증대된다.
> 다. 말레이시아 국내시장에서의 자동차 판매가격이 국제가격보다 높아지게 된다.
> 라. 말레이시아의 자동차 생산은 증가한다.
> 마. 말레이시아 국내의 소비자잉여가 증가한다.

(1) 가, 나　　(2) 나, 다　　(3) 다, 라　　(4) 가, 나, 다　　(5) 나, 라, 마

6. 한국의 수출업자인 현대종합상사(주)가 필리핀의 파이푸무역상사와 국제물품매매계약을 체결하고자 한다. 아래의 상황을 고려해 볼 때 현대종합상사(주)는 어떠한 무역계약 형태가 가장 바람직한 계약이라 할 수 있는가?

> (가) 현대종합상사(주)는 거래가 성립될 때마다 파이푸무역상사와 거래를 하고자 한다.
> (나) 파이푸무역상사와는 처음으로 무역거래를 하는 것이기 때문에 모든 거래조건을 법적으로 분명히 해 둠으로써 분쟁을 사전에 방지하고자 한다.

(1) agency agreement　　　(2) master contract　　　(3) exclusive contract

(4) case by case contract　　(5) parallel import

7. 한국의 수입업자인 갑을무역(주)는 일본의 마시모도상사와 화장품냉장고를 수입하는 계약을 다음의 가격조건으로 체결하였다고 한다. 다음의 보기에서 바르게 설명하지 않은 것을 모두 고른 것은?

(A) means that the seller delivers the goods on board the vessel nominated by the buyer at the named port of shipment or procures the goods already so delivered. The risk of loss of or damage to the goods passes when the goods are on board the vessel, and the buyer bears all costs from that moment onwards.

가. 물품이 본선의 갑판에 적재된 이후의 위험과 추가비용은 모두 갑을무역(주)가 부담해야 한다.
나. 선박의 지정(nomination of vessel)과 운송계약체결권은 갑을무역(주)에게 있다.
다. 마시모도상사가 목적항까지의 운임과 보험 등의 일체의 경비를 부담해야 한다.
라. 갑을무역(주)가 수출통관은 물론 수입통관에 관한 제반 비용을 부담해야 한다.

(1) 가, 나　　(2) 가, 다　　(3) 나, 다　　(4) 나, 라　　(5) 다, 라

8. 다음은 무역 대금결제와 관련한 서류의 내용 일부를 발췌한 것이다. 이와 관련하여 다음 보기에서 설명하고 있는 것이 바르지 않은 것을 모두 고른 것은?

SHINHAN BANK
Seoul, Korea

Advice Date: July 20, 2012	Credit No.: 012/345/6789
Beneficiary Daehan Trading Co. Ltd C.P.O. Box 777, Seoul, Korea	Applicant ABC International Co. Ltd. 50 Liver street, New York, N.Y. 1004, U.S.A.
Amount: USD 5,000,000.00	Issuing Bank CitiBank, New York C.P.O. Box 123, Liver Street, New York, N.Y. 13211, U.S.A.
Expiry Date: September 30, 2012	

가. 수출업자는 Daehan Trading Co. Ltd, 수입업자는 ABC International Co. Ltd.이다.
나. 개설은행은 SHINHAN BANK이고, 통지은행은 CitiBank이다.
다. 대금결제통화는 미국달러이다.
라. 신용장의 통지일은 2012년 9월 30일이다.

(1) 가, 나　　(2) 가, 라　　(3) 나, 다　　(4) 나, 라　　(5) 다, 라

9. 다음은 선하증권(B/L)의 종류에 대한 설명이다. (A), (B), (C)에 들어갈 선하증권의 종류가 바르게 연결된 것은 어느 것인가?

> (가) (A)은 화물이 특정선박에 선적되었다는 취지가 기재된 선하증권을 말한다.
> (나) (B)은 수하인란에 수하인명이 기재되지 않고 to order, to order of shipper, to order of ○○ bank와 같이 기재된 유통가능 선하증권을 말한다.
> (다) (C)은 선하증권의 제시가 필요 이상으로 늦게 이루어진 선하증권으로서 선하증권 발행 후 21일이 지나 은행에 제시된 선하증권을 말한다.

(1) Shipped B/L — Straight B/L — Stale B/L

(2) Straight B/L — Shipped B/L — Stale B/L

(3) Order B/L — Shipped B/L — Clean B/L

(4) Shipped B/L — Order B/L — Stale B/L

(5) Received for B/L — Straight B/L — Stale B/L

10. 한국의 제일상사는 선풍기를 제조해서 국내시장에 공급을 하고 있는 굴지의 기업이다. 제일상사는 해외시장개척을 통해 기업을 성장 발전시키고자 일본의 마두상사와 수출계약을 체결하여 다음과 같은 신용장을 수령하였다. 다음의 보기에서 바르지 않은 설명을 모두 고른 것은?

> MT 700 ISSUE OF DOCUMENTARY CREDIT
> : 40 A Form of Documentary Credit   : IRREVOCABLE
> (중략)
> : 40E Applicable Rules   : UCPURR LATEST VERSION
> : 31D Date and Place of Expiry   : 120830 IN KOREA
> : 50 Applicant   : MADOO Trading Co.
>   Nagoya, JAPAN
> : 59 Beneficiary   : JAEIL Trading Co. Ltd.
>   Seoul, Korea
> : 32B Currency Code Amount   : USD800,000.00
> : 41D Availiable With⋯⋯ By⋯⋯   : ANY BANK BY NEGOTIATION
> : 42C Draft At⋯⋯   : AT 60 DAYS AFTER SIGHT
> : 43P partial shipment   : Prohibited
> : 43T transshipment   : Allowed
> (중략)

가. 원본 전통의 무고장선하증권으로서 ○○은행의 지시식으로 표시하고, 화물운임은 후지급, 통지처는 개설의뢰인으로 할 것을 요구하고 있다.

나. JAEIL Trading Co. Ltd.는 일람 후 60일에 만기가 되는 기한부어음을 발행하는 취소불능화환신용장을 수취하였다.

다. JAEIL Trading Co. Ltd.는 분할선적은 허용되고 환적은 금지되고 있는 조건의 신용장을 수취하였다.

라. JAEIL Trading Co. Ltd.는 매입행이 지정되지 않은 신용장을 수취하였다.

(1) 가, 나　　(2) 가, 다　　(3) 나, 다　　(4) 나, 라　　(5) 다, 라

[정답]

문제번호	정답	문제번호	정답	문제번호	정답	문제번호	정답	문제번호	정답
1	(1)	2	(2)	3	(3)	4	(3)	5	(3)
6	(4)	7	(5)	8	(4)	9	(4)	10	(2)

1. 다음은 무역계약이 성립하는 단계를 나타낸 것이다. 무역계약이 성립하기 위해 다음 중 (가), (나), (다)에 들어갈 내용의 순서가 바르게 연결된 것은 무엇인가?

> 1. 해외시장조사(Overseas Market Research)를 한다.
> 2. 거래선을 발굴한다.
> 3. ((가)   )
> 4. 거래제의를 위해 거래권유장(Circular letter)을 발송한다.
> 5. 거래조회(Trade Inquiry)를 한다.
> 6. 일반거래조건협정서(General Agreement)를 작성한다.
> 7. ((나)   )
> 8. ((다)   )
> 9. 국제물품매매계약을 체결한다.

(1) 청약을 한다. − 승낙을 한다. − 거래상대방의 신용조회(Credit Inquiry)를 한다.
(2) 거래상대방의 신용조회(Credit Inquiry)를 한다. − 청약을 한다. − 승낙을 한다.
(3) 승낙을 한다. − 거래상대방의 신용조회(Credit Inquiry)를 한다. − 청약을 한다.
(4) 거래상대방의 신용조회(Credit Inquiry)를 한다. − 승낙을 한다. − 청약을 한다.
(5) 청약을 한다. − 거래상대방의 신용조회(Credit Inquiry)를 한다. − 승낙을 한다.

2. 다음은 국제수지 항목을 구성하는 보기를 제시한 것이다. 제시된 보기의 (가), (나)는 국제수지 구성 항목 중 어느 부분에 해당하는 것인지 연결이 바르게 된 것은?

> (가) 한국의 갑을상사는 프랑스의 쁘랭땅기업에게 상표권을 사용한 대가로 로열티를 지불하였다.
> (나) 한국의 누리상사는 중국에 있는 중화제일상사에 대한 경영참여를 통해 영속적인 이익을 취득하기 위한 목적으로 투자를 하였다.

(1) 비금융자산의 취득과 처분수지 − 해외이주비수지
(2) 서비스수지 − 직접투자수지
(3) 상품수지 − 비금융자산의 취득과 처분수지
(4) 소득수지 − 경상이전수지
(5) 기타투자수지 − 직접투자수지

3. 한국의 민국상사(주)는 인도네시아의 마디상사와 수출계약을 체결하고자 가격조건을 협상 중에 있다. 다음의 상황을 고려할 때 민국상사(주)에게 가장 적합한 Incoterms 2010의 가격조건은 무엇인가?

> 가. 민국상사(주)는 LCD TV를 제조 생산하는 기업이다.
> 나. 인도네시아의 마디상사는 민국상사(주)가 운임을 지불하고 인도해 줄 것을 요청하고 있고 이를 수용하고자 한다.
> 다. 민국상사(주)는 마디상사를 위해 적하보험 계약을 체결할 의사가 있다.
> 라. 수출통관은 민국상사(주)가 수입통관은 마디상사가 부담하기로 하였다.

(1) FOB   (2) EXW   (3) CIF   (4) CFR   (5) FCA

4. 다음 중 (가)와 (나)의 상황에서 수출업자와 수입업자 간에 활용할 수 있는 컨테이너 운송의 가장 적합한 형태를 바르게 연결한 것은?

> (가) 수출업자인 한국의 한국상사, 대한상사, 우리상사는 수입업자인 일본의 미구라상사에 화물을 운송하고자 한다.
> (나) 일본의 이구상사, 긴지상사는 한국의 수출기업인 미리내상사, 스타상사, 서울상사로부터 화물을 운송받고자 한다.

(1) (가) CY－CY, (나) CY－CFS   (2) (가) CFS－CFS, (나) CFS－CY

(3) (가) CFS－CY, (나) CY－CY   (4) (가) CFS－CFS, (나) CY－CY

(5) (가) CFS－CY, (나) CY－CFS

5. 한국의 한일상사는 해외시장조사를 통해 말레이시아의 대형유통업체인 가나상사를 수입 거래선으로 발굴하였다. 무역협상 결과 서로 원만한 조건에 매매계약을 체결하여 다음과 같은 신용장을 수취하였다. 다음의 지문에서 수취한신용장에 대하여 바르게 설명한 것을 모두 고른 것은?

```
MT 700 ISSUE OF DOCUMENTARY CREDIT
: 40 A Form of Documentary Credit        : IRREVOCABLE
(중략)
: 40E Applicable Rules                    : UCPURR LATEST VERSION
: 31D Date and Place of Expiry            : 120930 IN KOREA
: 50 Applicant                            : GANA Trading Co.
                                            Jakarta, Indonesia
: 59 Beneficiary                          : HANIL Trading Co. Ltd.
                                            Seoul, Korea
```

```
: 32B  Currency Code Amount              : USD1,000,000.00
: 41D  Availiable With……  By……          : ANY BANK BY NEGOTIATION
: 42C  Draft At……                        : AT 30 DAYS AFTER SIGHT
: 43P  partial shipment                  : Prohibited
: 43T  transshipment                     : Prohibited
(중략)
46A  Document Required
+  SIGNED COMMERCIAL INVOICE(S) IN TRIPLICATE
+  SIGNED PACKING LIST IN QUINTPLICATE
+  FULL SET CLEAN ON BOARD OCEAN BILLS OF LADING MADE OUT
TO THE ORDER OF 00 BANK MARKED FREIGHT PREPAID AND NOTIFY
APPLICANT
(중략)
```

가. HANIL Trading Co. Ltd. 운송계약을 체결해야 할 의무가 있다.
나. 원본 전통의 무고장선하증권으로서 ○○은행의 지시식으로 표시하고, 화물운임
　　은 후지급, 통지처는 개설의뢰인으로 할 것을 요구하고 있다.
다. HANIL Trading Co. Ltd.는 일람 후 무역대금이 결제되는 취소불능화환신용장을
　　수취하였다.
라. HANIL Trading Co. Ltd.는 서명된 상업송장 3통과 서명된 포장명세서 5통을
　　요구받고 있다.

(1) 가, 나　　(2) 가, 라　　(3) 나, 다　　(4) 나, 라　　(5) 다, 라

6. 다음은 무역거래 형태에 관한 설명이다. (가), (나), (다)의 상황에 비추어 보았을
　 때 어떤 무역거래 형태를 말하는 것인가?

(가) 수출국의 입장에서는 수출확대와 기술축적의 계기가 되는 이점이 있다.
(나) 수출국 상품에 대한 이미지 제고나 독자적인 수출시장의 개척이 어렵다.
(다) 가공무역의 발전된 형태라고 할 수 있다.

(1) 외국인도수출　　(2) 녹다운수출　　(3) 주문자상표부착수출
(4) 제품환매　　(5) 플랜트수출

7. 다음은 과부족용인조항(M/L Clause)에 관한 설명이다. 보가에서 바르게 설명한 것을 모두 고른 것은?

가. 휴대전화 10대 등 개개품목으로 수량이 정하여지는 경우에도 적용된다.

나. 과부족을 용인하는 경우 일반적으로 과부족 부분에 대하여 대금을 정산할 때 정산가격은 계약가격(contract price)에 의하는 것이 일반적이다.

다. 벌크화물의 경우에 있어서 신용장 상의 금액, 수량, 단가 앞에 about나 circa와 같은 용어를 사용하였을 때는 과부족이 허용되지 않는다.

라. 신용장상에 물품수량의 과부족용인문언의 표시가 없더라도 벌크화물의 경우 수량이 명기된 경우에 신용장금액을 초과하지 않는 범위 내에서 5%까지 과부족이 용인된다.

(1) 가, 나　　(2) 가, 라　　(3) 나, 다　　(4) 나, 라　　(5) 다, 라

8. 다음의 보기 (가), (나)에서 설명하는 것을 바르게 연결한 것은 어느 것인가?

(가) This means unloading and reloading from one vessel to another vessel during the course of ocean carriage from the port of loading to the port of discharge stipulated in Credit.

(나) If the Seller manufactured and supplied the goods to the Buyer according ti the specification given by the Buyer, the Buyer shall be liable for all losses and damages incurred and suits and claims brought by the third party due to possible infringement of trademark, patent, utility model, design, copyright or other proprietary right of the third party.

(1) Transshipment － Force Majeure Clause

(2) Installment shipment － Infringement Clause

(3) Transshipment － Infringement Clause

(4) Partial shipment － Letter of Credit

(5) Bill of Lading － Applicable Clause

9. 다음 보기의 (가)와 (나)의 상황에 이용할 수 있는 국제물품매매계약의 품질결정방법이 바르게 연결된 것은 어느 것인가?

(가) 일본의 미우라해운(주)이 한국의 태극중공업(주)로부터 컨테이너선박을 수입하고자 하는 경우

(나) 한국의 현대상사(주)로부터 영국의 Kingdom Co. Ltd가 영국의 BSS에서의 기준에 의해 상품을 수입하고자 하는 경우

(1) 명세서매매 － 규격매매   (2) 규격매매 － 표준품매매

(3) 견본매매 － 명세서매매   (4) 점검매매 － 상표매매

(5) 명세서매매 － 점검매매

10. 다음은 무역관련 서류 중에 하나이다. 이에 대한 설명으로 바르지 않은 것끼리 묶은 것은?

Purchase Note

Daehan Trading Co. Ltd.

C.P.O. Box 1111

Seoul, 151－070, Korea

(중략)

Quantity: Men's Blue Jean, Style No. 100: 500pcs

         Women's Yellow Jean Style No. 201: 1,000pcs

Price: CIF Pusan Port USD 30.00 per price

Total Amount: USD 45,000.00

Payment: Revocable L/C at 90days after sight to be opened in favor of Global

        Trading Co. Ltd.

Shipment: on or about 10 August, 2012.

(중략)

가. 수입업자는 Daehan Trading Co. Ltd.이다.

나. 선적은 2012년 8월 5일부터 8월 15일을 포함한 그 사이에 완료해야 한다.

다. Daehan Trading Co. Ltd.는 ICC(A) 조건 또는 ICC(FPA) 조건으로 통상 Invoice 금액의 110%에 해당하는 보험계약을 체결해야 한다.

라. 일람 후 90일이 만기인 어음이 개입되는 취소불능신용장이다.

(1) 가, 나   (2) 가, 다   (3) 나, 다   (4) 나, 라   (5) 다, 라

[정답]

문제번호	정답	문제번호	정답	문제번호	정답	문제번호	정답	문제번호	정답
1	(2)	2	(2)	3	(3)	4	(2)	5	(2)
6	(3)	7	(4)	8	(3)	9	(1)	10	(5)

1. 다음은 무궁화무역(주)가 통지받은 신용장 중 일부내용이다. 이 신용장의 해석에 대한 설명이 바르지 않은 것을 모두 고른 것은 어느 것인가?

> 44E: Port of Loading/Airport of Departure: Pusan Port
> 44F: Port of Discharge/Airport of Destination: Seattle Port
> 46A: Documents Required
>   + Signed commercial invoice in duplicate
>   + Full set clean on board bill of lading goods consigned to the order of
>   Hana bank marked freight collect and notify applicant
>   + Packing list in triplicate

가. 서명된 상업송장 2통
나. 무사고선적선하증권 3통
다. 운임선불
라. 도착통지처 하나은행

(1) 가, 나, 다　　(2) 가, 다, 마　　(3) 가, 라　　(4) 나, 라　　(5) 다, 라

2. 한국의 국제수지표가 다음과 같이 주어져 있다고 가정하자. 이와 관련한 다음 설명 중에서 바른 것을 모두 고른 것은?

(단위: 억 달러)

거래	수취	지급
상품거래	5,450	5,200
서비스거래	750	830
경상이전거래	20	35
직접투자거래	1,200	1,300
증권투자거래	130	140

가. 한국의 상품수지는 250억 달러 흑자이다.
나. 한국의 서비스수지는 80억 달러 흑자이다.
다. 한국의 경상수지는 155억 달러 적자이다.
라. 한국의 자본수지는 110억 달러 적자이다.
마. 한국은 해외투자보다 국내투자 유치에 더 적극적이었다고 할 수 있다.

(1) 가, 라　　(2) 나, 다　　(3) 다, 라　　(4) 가, 나, 마　　(5) 나, 다, 마

3. 우리나라는 관세법에 의거하여 수입물품에 관세를 부과하고 있다. 다음 중 수입물품에 관세가 부과됨으로써 나타나는 효과를 바르게 설명한 것을 모두 고른 것은 어느 것인가?

> 가. 관세가 부과되는 해당 물품의 국내생산을 감소시킨다.
> 나. 관세가 부과되는 물품의 국내소비를 증가시킨다.
> 다. 소비자의 잉여를 감소시키게 된다.
> 라. 생산자의 잉여를 증가시키게 된다.
> 마. 재정수입을 확충할 수 있게 한다.

(1) 가, 나, 라　　(2) 나, 다, 라　　(3) 다, 라, 마
(4) 가, 나　　　　(5) 나, 라

4. 다음의 보기 (가)와 (나)에서 설명하고 있는 경제통합의 형태를 바르게 연결한 것은 어느 것인가?

> (가) 협정 체결국 간에 관세를 제거하고 공통의 대외관세장벽을 설정하여 실시하고, 회원국 내에서 노동과 자본의 자유로운 이동을 허용하고 있다.
> (나) 협정을 맺은 회원국들 상호 간에 관세를 포함한 모든 무역장벽을 철폐하고 자유무역을 실시하지만 회원국들이 역외 비회원국들에 대하여는 회원국들 나름의 무역보호수준, 즉 독자적인 무역정책을 유지한다.

(1) 자유무역지역 – 관세동맹　　(2) 관세동맹 – 공동시장
(3) 공동시장 – 자유무역지역　　(4) 경제동맹 – 관세동맹　　(5) 공동시장 – 경제동맹

5. 다음은 선하증권의 수리와 관련한 설명이다. 외국환거래은행에서 수리를 거절하게 되는 경우를 모두 고른 것은?

> 가. 한진해운이 갑을무역회사와의 운송계약에 의해 화물을 특정 인수 장소에서 인수하고 본선에 적재되기 전에 선하증권을 발행하였다.
> 나. 동남아해운이 한국무역상사와의 화물 운송계약에 의해 수배된 아리랑호에 계약화물을 선적완료 하였다는 취지의 선하증권을 발행하였다.
> 다. 대한상사는 화물운송계약에 의해 수배된 본선 상에 화물을 선적할 때 "5 Boxes Shortage"라고 비고란(Remarks)에 기재된 선하증권을 발급받았다.
> 라. 대한상사는 선하증권 발행 후 25일이 지나 외국환거래은행에 선하증권을 제시하였는데 신용장에 수리가능하다는 표현이 있다.

(1) 가, 나　　(2) 가, 다　　(3) 나, 다　　(4) 나, 라　　(5) 다, 라

6. 다음의 (가)와 (나)에서 설명하고 있는 무역 관련서류가 바르게 연결된 것은 어느 것인가?

> (가) In the event of the bills of lading for the cargo herein mentioned being hypothecated to any other bank, company, firm or person, we further guarantee to hold you harmless from all consequences what so ever arising therefrom and futhermore undertake to inform you immediately in the event of the bills of lading being so hypothecated.
>
> (나) This letter severs as form of guarantee whereby the shipper agrees to settle a claim against the line by a holder of the bill of lading arising from issuance of a clean bill.

	(가)	(나)
(1)	Insurance policy	Letter of Guarantee
(2)	Letter of Guarantee	Delivery Order
(3)	Delivery Order	Certificate of Origin
(4)	Certificate of Origin	Delivery Order
(5)	Letter of Guarantee	Letter of Indemnity

7. 기업의 해외시장 진출방식에 있어서 계약형태의 방법에 의한 것이 아닌 것을 모두 고른 것은?

> 가. 간접수출
> 나. 국제라이선싱
> 다. 국제프랜차이징
> 라. 계약생산
> 마. 인수합병(M&A)

(1) 가, 나　　(2) 가, 마　　(3) 라, 마　　(4) 나, 다, 라　　(5) 다, 라, 마

8. 국내의 경기가 침체한 상황이다. 금융정책을 실시한 다음의 보기 예문에서 경기 회복에 도움을 줄 수 있는 경우를 바르게 고른 것은?

> 가. 중앙은행이 지급준비율을 인상하였다.
> 나. 중앙은행이 재할인율을 인하하였다.
> 다. 중앙은행이 국채를 매각하는 조치를 취하였다.
> 라. 콜금리를 인하하였다.

(1) 가, 나　　(2) 가, 다　　(3) 나, 다　　(4) 나, 라　　(5) 다, 라

9. 다음은 무역관련 서류 중에 하나이다. 이 서류의 내용과 관련한 아래의 지문에서 바르지 않게 설명하고 있는 것을 모두 고른 것은?

PAGODA CO., KOREA

123−12, PARAN−DONG, PARAN−GU, SEOUL, KOREA

TEL: 82−2−123−4567, FAX: 82−2−123−4568

PURCHASE ORDER

Messrs: K&W PLUS, INC.　　　　　　　　OFFER NO.: YOUNGKI−201107

DATE: AUG. 10, 2012.

Gentlemen:

We are pleased to offer you as follow:

Origin: UNITED STATES OF AMERICA

Shipment: Within 2months after Receipt of your L/C

Loading: LA Port, U.S.A

Destination: PUSAN Port, KOREA

Insurance: To be covered by buyer

Validity of P/O: September 2012.

(중략)

가. 수출업자는 PAGODA CO.이고, 수입업자는 K&W PLUS, INC.이다.

나. K&W PLUS, INC.가 보험계약을 체결해야 한다.

다. 선적항은 LA Port이고, 도착항은 PUSAN Port이다.

라. 선적은 신용장을 수취한 날로부터 2달 이내에 완료해야 한다.

(1) 가, 나　　(2) 가, 다　　(3) 나, 다　　(4) 나, 라　　(5) 다, 라

10. 다음은 Incoterms 2010과 관련한 내용이다. 다음의 지문을 보고 (가)와 (나)에 들어갈 Incoterms 2010의 조건이 바르게 연결된 것을 고른 것은?

While (가) represents the minimum obligation for the seller, (나) represents the maximum obligation for the seller.

(1) DDP−EXW　　(2) DAT−FOB　　(3) EXW−DDP

(4) FOB−CIF　　(5) EXW−FCA

[정답]

문제번호	정답	문제번호	정답	문제번호	정답	문제번호	정답	문제번호	정답
1	(5)	2	(1)	3	(3)	4	(3)	5	(2)
6	(5)	7	(2)	8	(4)	9	(1)	10	(3)

1. 관세 부과를 제외하고 정부가 국내제품과 해외제품을 차별하여 수입을 억제하려는 정책 수단을 비관세장벽(NTB: Non Tariff Barrier)이라 한다. 비관세장벽이 지니고 있는 특성을 설명하고 있는 다음의 보기에서 바르지 않은 것을 모두 고른 것은 어느 것인가?

> 가. 비관세장벽의 무역 제한적 효과를 종합적으로 또는 개별품목별로 계량화하여 측정하는 것이 어렵다.
> 나. 일반적으로 비관세장벽은 그 형태나 시행방법, 경제적 효과 등이 매우 복잡하고 다양하므로 체계적인 분석이나 그 영향을 측정하기 대단히 어렵다.
> 다. 비관세장벽은 수입국에 대한 정보부족 및 수입국의 제도변경이나 변칙적인 운영으로 수출업자에게 불확실성과 위험성을 제거해 준다.
> 라. 비관세장벽이 갖고 있는 제반특성 때문에 상호간의 양허 정도를 비교하여 이를 균일화시킬 수 있는 지표의 설정이 가능하여 정부 간 협상이 용이하다.

(1) 가, 나, 다   (2) 나, 다, 라   (3) 가, 라   (4) 나, 다   (5) 다, 라

2. 현재 세계에는 여러 형태의 경제통합체들이 있다. 다음의 보기 (가), (나), (다)의 해당하는 경제통합의 형태를 바르게 연결한 것은 어느 것인가?

> (가) MERCOSUR, CACM, CARICOM, ACM
> (나) SACU, UDEAS, UDEAO
> (다) AFTA, TPP, FTAAP

(1) 자유무역지역 – 관세동맹 – 공동시장   (2) 관세동맹 – 공동시장 – 자유무역지역
(3) 공동시장 – 관세동맹 – 자유무역지역   (4) 경제동맹 – 관세동맹 – 공동시장
(5) 공동시장 – 경제동맹 – 관세동맹

3. 다음은 Incoterms 2010 조건 중에서 본선인도조건(FOB)과 운임보험료포함인도조건(CIF)과 관련한 지문이다. A와 B에 들어갈 Incoterms2010의 가격조건이 바르게 연결된 것은 어느 것인가?

> (가) "FOB may not be appropriate where goods are handed over to the carrier before they are on board the vessel, for example goods in containers, which are typically delivered at a terminal, in such situations, the (A) rule should be used."
> (나) "CIF may not be appropriate where goods are handed over to the carrier before they are on board the vessel, for example goods in containers, which are typically delivered at a terminal, in such circumstance, the (B) rule should be used."

(1) FCA－CPT　　(2) FCA－CIP　　(3) FAS－CPT　　(4) FAS－CIP　　(5) DAT－DAP

4. 다음은 무역의 유형에 대한 설명들이다. 다음의 보기에서 바르게 설명하지 않는 것을 모두 고른 것은?

> 가. 녹다운(Knock－down) 수출은 완제품을 수출하는 것이 아니라 조립할 수 있는 설비와 능력을 가지고 있는 거래처에 대하여 상품을 부품이나 반제품으로 수출하고, 실수요지에서 제품으로 완성시키도록 하는 현지 조립방식의 수출이다.
>
> 나. 주문자 상표부착(OEM: Original Equipment Manufacturing) 수출은 수입업자로부터 제품생산을 의뢰받아 주문상품에 상대방 상표를 부착하여 인도하는 방식의 수출이다.
>
> 다. 외국인도수출은 수입대금은 국내에서 지급되나 수입물품은 외국에서 인수하는 수입으로서 산업설비수출, 해외건설 등에 쓰이는 기자재를 외국 혹은 현지에서 수입하려고 할 때 운송시간과 경비를 아끼기 위해 수입대금은 국내에서 지급하고, 물품은 곧바로 산업설비 수입국이나 해외현장으로 보내는 경우 이용되는 무역 형태이다.
>
> 라. 위탁가공무역은 무기, 항공기, 첨단기술제품 등을 수출할 때 쓰이는 방식으로, 수입국에서 생산된 부품이나 자재를 수출국이 수입하여 이것들을 수출상품의 생산에 활용함으로써 수출대금의 일부를 상쇄하는 방식이다.

(1) 가, 나　　(2) 가, 라　　(3) 나, 다　　(4) 나, 라　　(5) 다, 라

5. 다음은 화환어음의 추심과정을 설명한 것이다. 추심과정이 올바르게 나열된 것을 고른 것은?

> (가) 수입지의 추심은행은 수입업자에게 관계 선적서류와 화환어음이 도착한 사실을 통지한다.
>
> (나) 수입업자는 수입에 필요한 모든 허가와 승인을 필한 후 수출업자에게 선적지시를 통지한다.
>
> (다) 수입업자는 수입대금을 지급한 후 선적서류를 추심은행으로부터 인도받는다.
>
> (라) 수출업자는 관계 선적서류와 환어음을 발행하여 거래은행에 제시하여 수입업자 앞으로 추심을 의뢰한다.
>
> (마) 수출업자는 선적기일 내에 선적을 완료하여 선하증권을 교부받고 기타 필요한 제반 선적서류를 구비한다.

(1) (가)－(나)－(다)－(라)－(마)　　(2) (나)－(마)－(라)－(가)－(다)

(3) (나)－(라)－(마)－(가)－(다)　　(4) (나)－(마)－(라)－(다)－(가)

(5) (나) - (라) - (마) - (다) - (가)

6. 무역거래당사자들이 청약과 승낙을 통해 무역계약을 체결하여 개별 무역거래에 대한 일반거래협정서를 작성하였다. 다음의 지문에서 설명하고 있는 괄호 안에 들어갈 무역계약조건은 무엇인가?

> (   ): Draft is to be drawn at 30d/s for the full invoice amount under Irrevocable Letter of Credit which should be opened in favor of seller immediately documents attached, namely, Bill of Lading, Insurance Policy, Commercial Invoice and other documents which each contract requires.

(1) PACKING　　　　(2) PAYMENT　　　(3) SHIPMENT
(4) FORCE MAJEURE　　(5) ARBITRATION

7. 다음은 Incoterms 2010 조건에 관련한 지문이다. 괄호 안에 들어갈 Incoterms 2010의 가격조건은 무엇인가?

> "(   ) means that the seller delivers when the goods, once unloaded from the arriving means of transport, are placed at the disposal of the buyer at a named terminal at the named port or place of destination. Terminal includes any place, where covered or not, such as a quay, warehouse, container yard or road, rail or air cargo terminal. The seller bears all risks involved in bringing the goods to and unloading them at the terminal at the named port or place of destination."

(1) FCA　　(2) FAS　　(3) FOB　　(4) CIF　　(5) DAT

8. 다음은 무역대금결제에 관한 설명이다. (가)와 (나) 및 (다)에서 설명하고 있는 국제무역대금결제방식은 무엇인가?

> (가) 신용장하에서 발행된 기한부환어음을 금융기관이 할인, 매입하는 금융방식의 일종이다.
> (나) 대체로 3~5년의 중장기금융수단이다.
> (다) 개도국에 산업설비나 플랜트, 기계류 등을 수출할 경우 연불조건을 제공할 수 있어 금융상의 비교우위를 확보할 수 있다.

(1) 수입화물대도　　(2) 국제팩토링　　(3) 국제포페이팅　　(4) 추심　　(5) 청산계정

9. 다음의 (가)와 (나)는 신용장의 특성에 관련한 설명이다. 각각에 해당하는 특성을 바르게 연결한 것은 어느 것인가?

> (가) A credit by its nature is a separate transaction from the sale or other contract on which it may be based. Banks are in no way concerned with or bound by such contract, even if any reference whatsoever to it is included in the credit.
>
> (나) A nominated bank acting on its nomination, a confirming bank, if any, and the issuing bank must examine a presentation to determine, on the basis of the documents alone, whether or not the documents appear on their face to constitute a complying presentation.

(1) 독립성－추상성   (2) 독립성－서류일치성   (3) 추상성－서류일치성
(4) 서류일치성－독립성   (5) 추상성－독립성

10. 다음은 한국무역(주)가 통지받은 수출신용장 중 일부내용이다. 이 신용장조건과 가장 잘 어울리는 Incoterms조건은 무엇인가?

> 44E: Port of Loading: Pusan Port
> 44F: Port of Discharge: Hong Kong Port
> 46A: Documents Required
>   + Commercial Invoice in duplicate
>   + Packing list in triplicate
>   + Insurance Policy endorsed in blank for 110% of invoice value
>   + Certificate of Origin

(1) CFR Pusan   (2) FAS Pusan   (3) DAT Hong Kong
(4) CIF Hong Kong   (5) CIP Hong Kong

[정답]

문제번호	정답	문제번호	정답	문제번호	정답	문제번호	정답	문제번호	정답
1	(5)	2	(3)	3	(2)	4	(5)	5	(2)
6	(2)	7	(5)	8	(3)	9	(1)	10	(4)

1. 다음은 경제통합과 관련이 있는 효과들을 설명한 것이다. 보기의 (가), (나), (다)
   에서 설명하고 있는 것을 바르게 연결한 것은 어느 것인가?

> (가) 한 나라가 여러 나라와 동시에 자유무역협정을 체결하면 기업들은 수출입물품
>   에 부과되는 관세혜택을 받기 위해 교역상대국이 정하는 원산지규정, 통관절차,
>   표준 등을 준수해야 하는데 무역상대국마다 다른 규정이 적용되기 때문에 시간
>   과 인력, 비용이 다량 투입되어 협정 체결 효과를 반감시킬 수 있는 효과이다.
> (나) 경제통합으로 비회원국의 저생산비 공급자로부터의 수입물품이 협정을 체결한
>   회원국 내의 고생산비 공급자의 상품으로 대체될 경우에 발생한다.
> (다) 경제통합으로 역내국들이 관세인하 및 철폐로 비교우위를 갖게 되는 상품을 중
>   심으로 상호교역을 하게 되고, 역내국들은 비싼 국내상품을 값싼 역내상품으로
>   대체될 경우에 발생한다.

(1) 무역창출효과 - 무역전환효과 - 스파게티볼 효과
(2) 스파게티볼 효과 - 무역전환효과 - 무역창출효과
(3) 무역전환효과 - 스파게티볼 효과 - 무역창출효과
(4) 무역전환효과 - 무역창출효과 - 스파게티볼 효과
(5) 무역창출효과 - 스파게티볼 효과 - 무역전환효과

2. 다음의 (가), (나), (다)의 상황에 근거해 볼 때 필요로 하는 무역서류가 바르게
   연결된 것은?

> (가) 금성상사는 독일의 도이치상사로부터 수입한 커피추출기가 부산항에 도착하여
>   양륙되어 있다는 통지를 선박회사로부터 받았으나 아직 선하증권이 도착하지
>   않아 커피추출기를 인도받지 못하고 있다.
> (나) 아리랑무역은 한국의 수입업자이다. 태국의 바타야상사와 무역계약을 체결함에
>   있어 대금결제에 있어서 환어음이 제시가 되면 결제하는 조건으로 계약을 체결
>   하였다. 그러나 아리랑무역은 대금을 결제할 상황이 되질 않아 인천항에 양하되
>   어 있는 물품을 확보하는 데 어려움을 겪고 있다.
> (다) 부자상사는 무역계약물품을 무궁화호에 선적을 완료하였으나 수량과 포장 상태
>   에서 문제가 발생하여 본선수취증에 사고내용이 기재되었다.

	(가)	(나)	(다)
(1)	파손화물보상장	수입화물선취보증서	화물인도지시서
(2)	파손화물보상장	수입화물대도신청서	화물인도지시서
(3)	수입화물선취보증서	수입화물대도신청서	파손화물보상장
(4)	화물인도지시서	수입화물선취보증서	파손화물보상장
(5)	화물인도지시서	파손화물보상장	수입화물선취보증서

3. 다음은 무역관련 서류 중에 하나이다. 이 서류의 내용과 관련한 아래의 지문에서
바르지 않게 설명하고 있는 것을 모두 고른 것은?

KOREA TRADING CO., LTD.

#603 KONGYOUNG BUDG. 26−3, DADONG CHUNG-KU,

SEOUL, KOREA C.P.O BOX NO.3816 TELEX:K27174 FANCYDH

TEL: 758−2754

OFFER NO. KY−038   Date: July 20, 2012

OFFER SHEET

Messrs. <u>DAEHAN INTERNATIONAL LTD.</u>

<u>Seoul, Korea</u>

REGISTERED NO.8221

HS NO.	Article	Quantity	Unit Price	Amount
		<u>CIF Incheon Port PER LB</u>		
5005-0300	45% Silk 55% Acrylic Mixed.			
	Fancy Yarn, 1/12SMM			
	Raw White in Hank			
		2,000Lbs	@$10.00	S$20,000.00

Orign	:	Japan
Place of Shipment	:	Nagoya, Japan
Time of Shipment	:	Within 30 Days after Receipt of your L/C
Destination	:	Incheon, Korea
Payment	:	By an irrevocable at sight L/C to be opened in favour of YAMATO, SEIMO KABUSHIKI KAISYA 15−39, Higashi−Minatomachi, Izumiotsu-shi, Nagoya, Japan.
Validity	:	Aug. 5, 2012
Remarks	:	
Accepted	:	DAEHAN INTERNATIONAL LTD.

KOREA TRADING CO., LTD.

y. k. park.

Director, Trading Department

가. 선박의 지정(nomination of vessel)과 운송계약체결권은 수입업자에게 있고, 수입
　　업자가 목적항까지의 운임과 보험 등의 일체의 경비를 부담하는 조건이다.
나. 수출업자는 당사자 간에 보험조건에 관한 아무런 약정이 없다면 ICC(C) 조건 또
　　는 ICC(FPA) 조건으로 통상 Invoice 금액의 110%에 해당하는 보험계약을 체결
　　해야 한다.
다. 이 무역서류는 물품매도확약서로서 수입업자는 DAEHAN INTERNATIONAL LTD.
　　이다.
라. 선적은 취소가능일람출급신용장을 수취한 날로부터 30일 이내에 완료해야 한다.

(1) 가, 나, 다　　(2) 가, 다, 마　　(3) 가, 라　　(4) 나, 라　　(5) 다, 라

4. 계약형태에 의한 해외시장진출방식은 무형의 자산인 상표, 저작권 등의 지적 소유
권과 기술적·경영적 노하우 등의 경영자산을 하나의 상품으로 취급하여 해외시장
에 진출하는 방식이다. 다음 중 계약형태에 의한 진출방식의 유형에 대한 (가),
(나), (다), (라)에 해당하는 것을 바르게 연결한 것은?

(가) 한국의 두리전자(주)는 일본의 우미전자(주)에게 표준화된 패키지상품, 시스템
　　및 관리용역을 제공하고 우미전자(주)는 시장에 관한 지식과 자본을 제공하여
　　경영관리에 직접 참여하여 개입하는 사업방식을 체결하였다.
(나) 한국의 온누리(주)는 자사가 보유하고 있는 특허, 기업비결, 노하우, 등록상표,
　　지식, 기술공정 등의 상업적 자산권을 사용할 수 있는 권리를 일본의 하루에(주)
　　에게 제공하고 그 대가로 일정한 로열티, 수수료 등의 대가를 받는 계약협정을
　　체결하였다.
(다) 한국의 대한전자(주)는 3년 동안 일본의 히즈메전자(주)의 일상적인 운영을 할
　　수 있는 권리를 계약하여 대한전자(주)의 경영시스템과 경영노하우를 이전하고
　　이에 대한 대가를 받기로 하였다.
(라) 한국의 무궁화기계(주)는 대만의 두만기계(주)에게 생산 및 제조기술을 제공하면
　　서 선반기계제품의 생산을 주문하고, 그 주문 생산된 제품을 공급받아 현지시장
　　이나 제3국 시장에 판매하는 계약방식을 체결하였다.

	(가)	(나)	(다)	(라)
(1)	프랜차이징	라이선싱	경영관리계약	국제하청생산
(2)	라이선싱	프랜차이징	국제하청생산	경영관리계약
(3)	경영관리계약	국제하청생산	라이선싱	프랜차이징
(4)	라이선싱	프랜차이징	국제하청생산	경영관리계약
(5)	국제하청생산	프랜차이징	라이선싱	경영관리계약

5. 다음은 Incoterms 2010 조건에 관련한 지문이다. 괄호 안에 공통으로 들어갈 Incoterms 2010의 가격조건은 무엇인가?

> "( ) means that the seller delivers when the goods are placed at the disposal of the buyer on the arriving means of transport ready for unloading at the named place of destination. The seller bears all risks involved in bringing the goods to the named place.
>
> ( ) requires the seller to clear the goods for export, where applicable. However, the seller has no obligation to clear the goods for import, pay any import duty or carry out any import customs formalities."

(1) EXW   (2) FCA   (3) DAT   (4) DAP   (5) DDP

6. 다음은 대한무역(주)가 통지받은 신용장 중 일부내용이다. 이 신용장에 대한 바른 설명을 모두 고른 것은?

> 44E: Port of Loading/Airport of Departure: Incheon Port
> 44F: Port of Discharge/Airport of Destination: New York Port
> 46A: Documents Required
>   + Commercial Invoice in triplicate
>   + Packing list in quintuplicate
>   + Insurance Policy endorsed in blank for 110% of invoice value
>   + Certificate of Origin in quadruplicate

> 가. 선적항은 New York Port이고, 양륙항은 Incheon Port이다.
> 나. 상업송장은 2통이 필요하다.
> 다. 포장명세서는 5통이 필요하다.
> 라. 보험증권은 송장가치 110%로 백지배서한 것이 필요하다.
> 마. 선하증권은 4통이 필요하다.

(1) 가, 나, 다   (2) 가, 다, 마   (3) 가, 라   (4) 나, 라   (5) 다, 라

7. 다자무역체제를 근간으로 자유무역을 실현하고자 국제무역질서를 규율하고 세계경제의 성장과 발전을 도모하였던 관세와 무역에 관한 일반협정(GATT)과 GATT의 원칙과 정신을 계승하여 1995년 1월 1일 공식 출범한 세계무역기구(WTO)에 대한 설명으로 바르지 않은 것을 모두 고른 것은?

> 가. GATT는 분쟁해결기구를 가지고 있지 않았으나 체약국들의 무역정책을 주기적으로 검토하였다.
> 나. GATT는 임시적이며 잠정적으로 존재한 반면 WTO는 정식적인 국제기구로서 튼튼한 법적 근거를 가지고 있다.
> 다. WTO는 시장개방 확대를 위해 농산물과 섬유 분야도 새롭게 편입되어 이 분야를 관장하고 있다.
> 라. GATT와 WTO 모두 최혜국대우와 내국민대우 원칙에 입각한 무차별원칙이 기본원칙이다.
> 마. GATT는 서비스 및 지적재산권의 국제무역 분야도 관장하였고, GATT의 제8차 다자간무역협상인 우루과이라운드(UR) 협상의 결과로 WTO가 출범하였다.

(1) 가, 나, 다   (2) 가, 다, 마   (3) 가, 마   (4) 나, 다   (5) 다, 라

8. 다음의 보기 지문들은 무역계약의 협상조건 중에서 수량조건과 선적조건에 관한 설명이다. 수량조건과 선적조건에 대한 바르지 않은 설명을 모두 고른 것은?

> 가. 신용장 상에 선적기간으로 'on or about 20 May'와 같이 기재된 경우 선적기간은 5월 20일까지이다.
> 나. 벌크화물(bulk cargo)을 거래할 때에는 운송과정에서 취급 중의 감량에 대비하여 계약서에 과부족용인조건을 도입하여 more or less 5%와 같이 표기하는 것이 바람직하다.
> 다. 분할선적은 신용장 상에 별도의 금지규정에 관한 내용이 표시되지 않는 경우에는 허용되는 것으로 간주한다.
> 라. 신용장에 과부족용인조항이나 about 등의 표현이 없는 경우에도 잡화품 등 개별포장 상품을 포함한 모든 종류의 물품에 대하여 5% 감량은 항상 허용된다.
> 마. 할부선적에서 해당 선적분이 지연되었다면 그 이전의 선적분에 대해서는 유효하고, 당해 선적분은 무효가 되며, 나머지 잔여의 선적분에 대해서도 무효가 된다.

(1) 가, 나   (2) 가, 라   (3) 나, 다   (4) 나, 라   (5) 다, 라

9. 다음은 Incoterms 2010 조건 중의 하나와 관련이 있는 지문이다. (가), (나),
(다)에서 설명하고 있는 Incoterms 2010의 가격조건은 무엇인가?

> (가) This rule is to be used only for sea or inland waterway transport.
>
> (나) The seller is required to obtain insurance only on minimum cover. Should the buyer wish to have more insurance protection, it will need either to agree as much expressly with the seller or to make its own extra insurance arrangements.
>
> (다) This rule has two critical points, because risk passes and costs are transferred at different places. While the contract will always specify a destination port, it might not specify the port of shipment, which is where risk passes to the buyer. If the shipment port is of particular interest to the buyer, the parties are well advised to identify it as precisely as possible in the contract.

(1) FOB　　　(2) CFR　　　(3) CIF　　　(4) CIP　　　(5) DDP

10. 다음은 A Plus 무역상사가 통지받은 신용장의 내용 중에 일부를 발췌한 것이
다. 이 신용장에 대한 다음의 지문에서 바른 설명을 모두 고른 것은?

MT 700 ISSUE OF DOCUMENTARY CREDIT

: 40 A Form of Documentary Credit	: IRREVOCABLE
(중략)	
: 40E Applicable Rules	: UCPURR LATEST VERSION
: 31D Date and Place of Expiry	: 121030 IN KOREA
: 50 Applicant	: ABC Trading Co.
	Seattle, U.S.A.
: 59 Beneficiary	: A Plus Trading Co. Ltd.
	Seoul, Korea
: 32B Currency Code Amount	: USD5,000,000.00
: 41D Availiable With…… By……	: ANY BANK BY NEGOTIATION
: 42C Draft At……	: AT 45 DAYS AFTER SIGHT
: 43P partial shipment	: Not allowed
: 43T transshipment	: Not allowed
(중략)	
46A Document Required	

+ SIGNED COMMERCIAL INVOICE(S) IN QUADRUPLICATE
+ SIGNED PACKING LIST IN QUINTPLICATE

> + FULL SET CLEAN ON BOARD OCEAN BILLS OF LADING MADE OUT
> TO THE ORDER OF 00 BANK MARKED FREIGHT PREPAID AND
> NOTIFY APPLICANT
> + CERTIFICATE OF ORIGIN IN 5 FOLDS
> + INSPECTION CERTIFICATE IN QUINTPLICATE
> (중략)

> 가. A PLUS 무역상사는 검사증명서, 원산지증명서, 포장명세서, 상업송장을 각각 5통씩 필요로 한다.
> 나. A PLUS 무역상사는 매입은행은 지정되어 있지 않는 취소불능화환신용장을 통지받았고, 일람 후 45일이 만기인 기한부환어음을 발행해야 한다.
> 다. A PLUS 무역상사는 분할선적과 환적을 해서는 안된다.
> 라. 원본 전통의 무고장선하증권으로서 ○○은행의 지시식으로 표시하고, 화물운임은 후지급, 통지처는 개설의뢰인으로 할 것을 요구하고 있다.

(1) 가, 나　　(2) 가, 라　　(3) 나, 다　　(4) 나, 라　　(5) 다, 라

[정답]

문제번호	정답	문제번호	정답	문제번호	정답	문제번호	정답	문제번호	정답
1	(2)	2	(3)	3	(3)	4	(1)	5	(4)
6	(5)	7	(3)	8	(2)	9	(3)	10	(2)

[부록]

일반거래조건협정서(영문/국문)

Agreement on General Terms and Conditions of Business

This agreement entered into between the NIKE CO., INC., New York, U.S.A.(hereinafter called the buyer), and the DAEHAN CO., LTD., Seoul, Korea(hereinafter called to as the seller) witness as follows;

(1) BUSINESS: Both sellers and buyer act as principals and not as agents.

(2) SAMPLES: In case shipment samples be required, the seller shall forward them to the buyer prior to shipment. The seller is to supply the buyer with the sample free of charge.

(3) QUALITY: The quality of the goods to be shipped should be about equal to the sample on which an order is given.

(4) QUANTITY: Weight and quantity determined by the seller, as set forth in shipping documents, shall be final.

(5) PRICES: Unless otherwise specified, prices are to be quoted in U.S. Dollars on C.I.F. New York, U.S.A. basis.

(6) FIRM OFFERS: All firm offers are to remain effective for three days including the day cabled. Sundays and national holidays shall not be counted as days.

(7) ORDERS: Except in cases where firm offers are accepted all orders are to be subject to the seller's final confirmation.

(8) PACKING: Wooden case packing for export is to be carried out, each case bearing the mark NIKE with port mark, running case numbers, and the country of origin.

(9) PAYMENT: Draft is to be drawn at 30d/s for the full invoice amount under Irrevocable Letter of Credit which should be opened in favor of seller immediately documents attached, namely, Bill of Lading, Insurance Policy, Commercial Invoice and other documents which each contract requires.

(10) SHIPMENT: Shipment is to be made within the time stipulated in each offer. The date of Bill of Lading shall be taken as conclusive proof of the day of shipment. Unless expressly agreed upon, the port of shipment shall be at the seller's option.

(11) MARINE INSURANCE: All shipments shall be covered on All Risks including War Risks and S.R.C.C. for the invoice amount plus 10 (ten) percent. All policies shall be made out in U.S.Dollar and claims payable in New York.

(12) SHIPPING NOTICE: Shipment effected against the contract of sale shall be immediately noticed by fax.

(13) MARKING: All Shipments shall be s arranged otherwise.

(14) FORCE MAJEURE: The seller shall not be responsible for the delay in shipment due to force majeure, including mobilization, war, strikes, riots, civil commotion, hostilities, blockade, requisition of vessels, prohibition of export, fires, floods, earthquakes, tempest and any other contingencies, which prevent shipment within the stipulated period. In the event of any of the aforesaid causes arising, documents proving its occurrence or existence shall be sent by the seller to the buyer without delay.

(15) DELAYED SHIPMENT: In all cases of force majeure provided in the Article No. 11 the period of shipment stipulated shall be extended for a period of twenty one (21) days. In case shipment within the extended period should still be prevented by a continuance of the causes mentioned in the Article No.11 or the consequences of any of them, it shall be at the buyer's option either to allow the shipment of late goods or to cancel the order by giving the Sellers the notice of cancellation by cable.

(16) CLAIMS: Claims, if any, shall be submitted by cable within fourteen (14) days after arrival of goods at destination. Certificates by recognized surveyors shall be sent by mail without delay.

(17) ARBITRATION: All claims which cannot be amicably settled between sellers and buyers shall be finally settled by arbitration in Seoul, Korea in accordance with the Commercial Arbitration Rules of the Korea Commercial Arbitration Board and under the Laws of Korea.

(18) JURISDICTION: The award rendered by the arbitrator shall be final and binding upon both parties concerned.

(19) TRADE TERMS: Unless specially stated, the interpretation of trade terms under this contract shall be governed and interpreted by the Incoterms 2010.

(20) GOVERNING LAWS: This agreement shall be governed as to all matters including validity, construction, and performance under and by United Nations Convention on Contracts for the International Sale of Goods(1980).

This agreement shall be valid on and after July 5, 2013.

(Buyer)   (Seller)
INGKA CO., INC.,   MINKOOK CO., LTD.
(signed)   (signed)

일반거래조건협정서

본 협정서는 미국 뉴욕 소재의 NIKE상사(이하 매수인이라 칭함)와 한국 서울 소재 대한 상사(주)(이하 매도인이라 칭함)와의 사이에 체결된 것으로서 다음과 같이 협정한다.

(1) 거래형태: 거래는 매매당사자 모두 본인 대 본인으로 하며 대리인으로 하는 것이 아니다.

(2) 견본: 매도인은 매수인에게 무료로 견본을 제공한다. 선적품의 견본이 필요할 때에는 매도인은 그와 같은 견본을 선적 전에 매수인에게 송부하도록 한다.

(3) 품질: 선적상품의 품질은 발주의 기초가 된 견본과 대체로 일치해야 한다.

(4) 수량: 중량 및 수량은 운송서류에 기재된 것으로 한다.

(5) 가격: 가격은 별도로 정한 경우를 제외하고는 CIF New York, U.S.A. 조건으로 미달러로 견적한다.

(6) 확정청약: 모든 확정청약은 타전일을 포함하여 3일간 유효한 것으로 한다. 다만 일요일과 국경일은 제외된다.

(7) 주문: 확정Offer를 인수한 경우 이외의 모든 주문은 매도인의 최종확인을 필요로 한다.

(8) 포장: 수출용 목재상자로 포장하고 각 상자에는 화인으로서 NIKE 마크, 도착항 표시, 상자 일련번호 및 원산지를 기입해야 한다.

(9) 결제: 환어음은 매매계약체결 직후에 매도인을 수익자로 하여 개설되는 취소불능신용장에 의거하여 송장금액에 대하여 일람 후 30일불로 발행한다. 또한 운송서류 일체, 즉 선하증권, 보험증권, 상업송장 및 매매계약에서 요구하는 기타 서류를 첨부한다.

(10) 선적: 선적은 각 계약에서 정해진 기일 이내에 한다. 선하증권의 발행일을 선적일로 간주하고 별도 합의가 없는 한 선적항은 매도인이 임의로 선택한다.

(11) 해상보험: 모든 선적품은 송장금액의 110%를 보험금액으로 하여 전쟁위험과 파업위험을 특약한 전위험 담보조건으로 부보한다. 모든 보험증권에 금액표시는 미국달러화로 표시하고 뉴욕지급으로 작성한다.

(12) 선적통지: 매매계약에 의해 행한 선적은 즉시 팩스로 통보한다.

(13) 화인: 모든 선적화물에는 약정한 대로 화인을 표시한다.

(14) 불가항력: 매도인은 불가항력으로 인한 선적지연에 대하여 책임을 지지 않는다. 불가항력에는 동원, 전쟁, 파업, 폭동, 소요, 적대행위, 봉쇄, 선박의 징발, 수출금지, 화재, 홍수, 지진, 폭풍우 및 그 밖에 지정기일까지 선적을 불가능하게 하는 우발적인 사고를 포함한다. 이상과 같은 사유가 발생한 경우에는 매도인은 그와 같은 사유의 발생이나 존재를 증명하는 서류를 지체 없이 매수인에게 송부한다.

(15) 선적지연: 제14조에 열거한 모든 불가항력인 경우에는 선적기일이 21일간 연장된다. 연장된 선적기일까지도 제14조의 사유가 계속되거나 또는 그 결과로서 선적이 불가능할 경우에 매수인은 선적지연을 허락하거나 또는 전보로 매도인에게 취소통지를 함으로써 주문을 취소할 수 있는 선택권을 가진다.

(16) 클레임: 클레임은 상품이 목적지에 도착한 후 14일 이내에 타전한다. 그리고 지체 없이 신용 있는 감정인의 증명서를 우송한다.

(17) 중재: 매매당사자 간에 원만한 해결이 되지 않는 모든 클레임은 대한민국 서울특별시에서 대한상사중재원의 상사중재규칙 및 대한민국법에 따라 중재에 의하여 최종적으로 해결한다.

(18) 재판관할: 중재인의 판정은 최종적인 것으로 당사자 쌍방에 대하여 구속력을 가진다.

(19) 거래조건: 별도로 정한 경우를 제외하고는 이 계약의 거래조건의 해석은 최신 Incoterms 2010에 준거한다.

(20) 준거법: 본 계약의 유효성, 성립 및 이행에 관한 모든 사항에 대하여 유엔국제물품매매협약(1980)에 준거한다.

본 협정서는 2013년 7월 5일부터 유효하다.

    (매수인)   (매도인)
    NIKE상사   대한상사(주)
    (서명)   (서명)

참고문헌

구종순, 해상보험, 유원북스, 2012.
______, 무역실무, 박영사, 1999.
김용복, 무역실무, 박영사, 1998.
김정수, 환위험관리해법, 도서출판 두남, 1998.
김현수, 국제무역사, 세종출판사, 2010.
김희철·이신규, 국제무역의 이해, 도서출판 두남, 2000.
남풍우, 무역결제론, 도서출판 두남, 1999.
______, 무역상무론, 도서출판 두남, 1998.
노승혁, 무역실무, 법경사, 1998.
도중권, 해상보험론, 학문사, 1997.
도중권·라공우, 대외무역법, 도서출판 두남, 1999.
문철한, 무역상무론, 동성출판사, 1999.
박대위, 신용장, 법문사, 1999.
______, 무역개론, 박영사, 1998.
______, 무역실무, 법문사, 1998.
박영기, 경제학길라잡이, 도서출판 두남, 2011
박종수, 국제무역의 이해, 두남, 1998.
______, 국제무역실무론, 삼영사, 1997.
______, 국제통상무역관리, 삼영사, 1997.
박형래·오대혁, 무역개론, 도서출판 청람, 2010.
박형래·박영기, 국제무역환경론, 도서출판 두남, 2004.
방희석, 국제운송론, 박영사, 2013.
신두식·이주원, 국제무역클레임과 중재실무, 도서출판 두남, 2012.
이시환·김광수, Incoterms 2010, 도서출판 두남, 2010.
최석범·박종석, 객관식 무역실무연습, 도서출판 두남, 2008.
한국무역협회 국제무역연수원, 무역실무, 1997.
_______________________, 무역운송·보험, 1997.
_______________________, 신용장, 1997.
한국무역협회, 무역실무 매뉴얼, 1998.
____________, 수출입업무요람, 1996.
____________, 국제무역사 기출문제 자료.

박영기 ─────────────────

1987년 따뜻한 봄기운이 느껴지는 어느 봄날 서울 한남동에 있는 단국대학교 상경대학 무역학과에 입학하였고, 1993년 추운 어느 겨울날 졸업하였다. 그해에 동 대학원에 진학하여 국제무역론을 전공하였으며, 「한국 철강 산업에서의 에너지대체성에 관한 연구」로 석사학위를 취득하였다. 잠시의 고민과 갈등을 마치고 1999년 3월 동 대학원 박사과정에 진학하여 국제무역이론을 전공하였으며, 「전자전송물의 국제거래에 대한 관세부과 방안에 관한 연구」로 2003년 더운 여름날 박사학위를 받았다.

현재 대학에서 학생들을 가르치고 있으며, 한국연구재단·강원발전연구원·대구경북연구원 등에서 연구책임자로 활동하였다. 주요 발표논문으로는 「자유무역협정의 확산에 대응한 농촌 활성화 방안」, 「전자적 형태의 무체물의 국제거래 확산이 무역에 미치는 영향」, 「e−무역상사 사업의 성과와 효율성 제고 방안」, 「한국의 선택: 한미자유무역협정 체결의 선결조건」, 「한미투자협정의 난제와 제언」 등이 있으며, 『경제학 길라잡이』, 『글로벌 통상환경』, 『국제무역의 기초와 실제』 등의 저서를 집필하였다. 현재 통상정책에 많은 관심을 가지고 연구를 하고 있다.

E-mail: tradeap@kangwon.ac.kr

무역학 연습

초 판 인 쇄 | 2014년 1월 10일
초 판 발 행 | 2014년 1월 10일

지 은 이 | 박영기
펴 낸 이 | 채종준
펴 낸 곳 | 한국학술정보㈜
주   소 | 경기도 파주시 문발동 파주출판문화정보산업단지 513-5
전   화 | 031) 908-3181(대표)
팩   스 | 031) 908-3189
홈 페 이 지 | http://ebook.kstudy.com
E-mail | 출판사업부 publish@kstudy.com
등   록 | 제일산-115호(2000. 6. 19)

ISBN   978-89-268-5392-4 93320